प्रज्ञा

दिल्ली में जन्मीं प्रज्ञा के 'तक़सीम', 'मन्नत टेलर्स', 'रज्जो मिस्त्री' तथा 'मालूशाही...मेरा छलिया बुरांश' शीर्षक से चार कथा-संग्रह हैं। 'गूदड़ बस्ती', 'धर्मपुर लॉज' और 'काँधों पर घर' उनके बहुप्रशंसित उपन्यास हैं। 'नुक्कड़ नाटक : रचना और प्रस्तुति', 'नाटक से संवाद', 'नाटक : पाठ और मंचन', 'कथा एक अंक की', 'हिन्दी नाटक : स्त्री सन्दर्भ' नाट्यालोचना की किताबें हैं। उनके द्वारा सम्पादित बारह नुक्कड़ नाटक 'जनता के बीच : जनता की बात' किताब में शामिल हैं। वैचारिक लेखन से जुड़े लेख 'आईने के सामने' में संकलित हैं।

उन्हें 'मीरा स्मृति सम्मान', 'महेन्द्रप्रताप स्वर्ण सम्मान', 'शिवना अन्तरराष्ट्रीय कथा सम्मान', 'प्रतिलिपि डॉट कॉम सम्मान', 'स्टोरी मिरर पुरस्कार' से सम्मानित किया गया है। 'तारा की अलवर यात्रा' बाल साहित्य की श्रेणी में प्रथम पुरस्कार, 'भारतेन्दु हरिश्चन्द्र पुरस्कार' से पुरस्कृत है।

फिलहाल किरोड़ीमल कॉलेज, दिल्ली विश्वविद्यालय के हिन्दी विभाग में प्रोफेसर के पद पर कार्यरत हैं।

काठ के पुतले

प्रज्ञा

लोकभारती पेपरबैक्स

लोकभारती पेपरबैक्स में
पहला संस्करण : 2025

लोकभारती पेपरबैक्स : उत्कृष्ट साहित्य के लोकप्रिय संस्करण

लोकभारती प्रकाशन
पहली मंजिल, दरबारी बिल्डिंग, महात्मा गांधी मार्ग
प्रयागराज-211 001
द्वारा प्रकाशित

शाखाएँ : 1-बी, नेताजी सुभाष मार्ग, दरियागंज, नई दिल्ली-110 002
अशोक राजपथ, साइंस कॉलेज के सामने, पटना-800 006
1, अनमोल सोराबजी सन्तुक लेन, धोबी तलाव, मरीन लाइंस, मुम्बई-400 002
वेबसाइट : www.lokbhartiprakashan.com
ई-मेल : info@lokbhartiprakashan.com

विकास कंप्यूटर एंड प्रिंटर्स
ट्रॉनिका सिटी-201 102
द्वारा मुद्रित

मूल्य : ₹295

KAATH KE PUTLEY
Stories by Pragya

ISBN : 978-93-48229-93-9

किसान की तरह कहानी की ज़मीन को स्नेह,
प्रतिबद्धता और मूल्यों से सींचनेवाले
परिकथा के सम्पादक-कथाकार
शंकर सर
को
सादर

क्रम

आप कुछ नहीं जानते

आज की सुबह में कोई खास तब्दीली नहीं थी। रोज़ की तरह घर में भागमभाग मची थी। एक तरफ सुशील-साधना को अपने-अपने ऑफिस निकलने की हड़बड़ी थी तो बच्चों को स्कूल-कॉलेज निकलने की जल्दी और सबको पछाड़ती समय की रफ्तार भी हर सुबह सरीखी थी। देवप्रकाश अपनी सामान्य जिम्मेदारी निभाकर गतिमान घड़ी के स्थिर अंकों की तरह इस भागती सुबह के शान्त दर्शक बने बैठे थे। पिता और दादा की उनकी भूमिका हर सुबह लगभग एक-सी ही रहती। चिल्लपों के बीच शान्त लय-सी।

"पापा! प्लम्बर आएगा आज। कितनी बार फोन किया उसे...पक्का ढीठ है। आज-कल-परसों पर टालता रहा। बाथरूम का नल कितने दिनों से टपक रहा है। जरूर ठीक करवा लेना।" कहते हुए सुशील, साधना के साथ ऑफिस निकल गया। दीप्ति का उनके साथ जाना तय था। सुशील-साधना उसे स्कूल छोड़ते निकल जाते थे। बचा अभिषेक। कानों में हैडफोन लगाए उसकी सुबह का रंग सबसे जुदा था। गाना सुनते अपने काम निपटाता वह सबके बाद कॉलेज जाता। घर से बाहर निकला तो दादा ने हाथ हिलाकर बाय कहा। अभिषेक के कान हैडफोन की गिरफ्त में होने से बाय सुन नहीं सके। आँखों ने जैसे ही हिलते हाथ को देखा तो अभिषेक ने हाथ हिलाकर बाय का जवाब दिया।

घर के चार लोगों के निकलने के बाद घर की दीवारें शान्त हो गईं। जीवन के सात दशक देख चुके देवप्रकाश की दिनचर्या लगभग नियत थी। वे सब के जाने के बाद बिखरे घर को समेटकर देर तक अखबार पढ़ते, नाश्ता करते, परिवार और दोस्तों को व्हाट्सएप पर सुप्रभात का सन्देश और प्रेरक विचार भेजते, फिर कुछ देर टीवी और दोपहर में अन्य रिटायर्ड लोगों की तरह एक झपकी लेने के आदी थे। दोपहर की यह नींद उनकी थकान उतार देती।

यों भी जीवनसंगिनी के गुजर जाने के बाद किसी भी रात पूरी नींद उन्हें कभी नहीं आई। आज झपकी लगी ही थी कि पास रखा फोन घनघनाया। स्क्रीन पर कोई अजनबी नम्बर दिखाई दिया तो उनके मन ने कहा-'प्लम्बर ही होगा...पर बड़ी जल्दी आ गया।' दूसरी तरफ से एक दमदार स्वर गूँजा—"क्या मेरी बात देवप्रकाश जी से हो रही है?"

"हाँ बोल रहा हूँ। आप कौन?" देवप्रकाश ने स्वर पहचानने की भरसक कोशिश की।

"सर! मैं यू.बी.एस बैंक के कस्टमर रिलेशन्स डिपार्टमेंट से अमित शर्मा बोल रहा हूँ।" एक जवान आवाज़ ने जवाब दिया।

"जी बोलिए..." देवप्रकाश को जिज्ञासा हुई आज बैंक से फोन किसलिए आया।

"सर! आपका के.वाई.सी. पूरा नहीं हुआ है इसलिए आपका डेबिट कार्ड आज ब्लॉक हो जाएगा।"

"आप कौन?" देवप्रकाश कुछ सर्तक हुए।

"सर! बताया तो आपके बैंक से...अमित" हलकी-सी खीज स्वर में शामिल थी।

"मैं कैसे भरोसा कर लूँ आप मेरे बैंक से ही बोल रहे हैं।" देवप्रकाश ने बुद्धि का इस्तेमाल किया।

"सर! आपका अकाउंट यूबीएस बैंक में है न?" दूसरी तरफ का स्वर अब भी दमदार था।

"अँ हाँ...है तो..." देवप्रकाश को थोड़ा इत्मीनान हुआ कि आदमी उनके बैंक से ही बोल रहा है।

"तो सर बात ये है कि के.वाई.सी न होने से आपका डेबिट कार्ड ब्लॉक होनेवाला है।" नौजवान ने दोबारा से वही बात दोहराई।

"तो ठीक है मैं बैंक आ जाऊँगा...।" देवप्रकाश को डेबिट कार्ड के ब्लॉक होने से पैदा होनेवाली कठिनाई का एहसास हुआ।

"सर! ब्रांच से डेबिट कार्ड का वेलिडेशन जल्दी नहीं होता। ब्रांच सारी डिटेल्स हमें भेजता है फिर हम प्रोसेस करते हैं। उसमें रफली टैन डेज़ का टाइम लग जाता है। ऐसा है सर आप हमारे हेड ऑफिस आ जाइए। वहीं से आज के आज ठीक हो जाएगा।" आदमी ने उत्साह से भरकर कहा।

"हेड ऑफिस...। कहाँ?" देवप्रकाश हिचकते हुए बोले।

"सर! नोएडा। मैं आपको लोकेशन सेंड कर दूँगा अभी। आप आ जाएँ।"

"नोएडा...आज तो मुश्किल है...मैं एक-दो दिन में आता हूँ।" देवप्रकाश ने सोचा पोते या बहू के साथ किसी दिन चले जाएँगे। नोएडा क्या बगल में धरा है। वैसे भी उन्हें अकेले निकलना ठीक नहीं लगता था।

"एक-दो दिन? आप कुछ जानते तो हैं नहीं...सर! कार्ड आज फ्रीज़ हो जाएगा फिर दस-पन्द्रह दिन लग जाएँगे।" दूसरी तरफ से जवाब आया।

"अब इस समय मैं कहाँ आ पाऊँगा..." देवप्रकाश ने असमर्थता जताई।

"मैं समझ सकता हूँ सर!" दूसरी तरफ से आया स्वर इस बार देवप्रकाश की बात सुनकर ज़रा आत्मीय हुआ। देवप्रकाश को लगातार चिन्ता सता रही थी कि बिना डेबिट कार्ड के उन्हें मुश्किल हो जाएगी। कभी-कभी सुशील भी इस कार्ड का इस्तेमाल किया करता है। बेटी को तीज-त्योहार पर शगुन देना हो तो इस कार्ड से एटीएम से पैसे भी निकाल लाता है। कार्ड बन्द होने से उन्हें सुशील से कहना होगा और वह हर बार की तरह गुस्सा ही करेगा।

"बेटा! कोई और रास्ता है क्या?" देवप्रकाश ने भी आत्मीयता का जवाब आत्मीयता से दिया।

"तरीका तो है अंकल...ऑनलाइन पर उससे पहले आपका खाता वेरीफाई करना पड़ेगा।" बैंक रिप्रेज़ेंटेटिव ने सहयोग किया।

"पर वो तो..." देवप्रकाश फिर हिचकिचाए।

"अंकल! हम बैंक के एम्प्लॉई हैं। हम जानते हैं कि कस्टमर को सावधान रहना चाहिए। आजकल कोई भी फ्रॉड कर सकता है। इसीलिए आपके रजिस्टर्ड मोबाइल नम्बर पर ही सारे डिटेल भेजेंगे।"

"सर! नाइन सिक्स टू थ्री आपके अकाउंट के लास्ट डिजिट्स यही हैं न? आपके फादर का नाम सत्यप्रकाश गुप्ता है और एड्रेस तीन बटा चार शक्ति नगर है।" दूसरी तरफ का आदमी अपनी ड्यूटी को अंजाम दे रहा था।

"हाँ बिलकुल सही।" देवप्रकाश को अब जाकर पूरा भरोसा हुआ। उन्होंने सीधे हाथ से चश्मे की कमानी को ठीक किया।

"अंकल! हम अपटेड कर रहे हैं पर जब बैंक से ओटीपी आएगा तभी प्रोसेस कम्प्लीट होगा के.वाई.सी. का। हम अपने एंड से कुछ नहीं कर सकते।" आदमी ने प्रोसेस समझाया।

"मुझे क्या करना होगा?" देवप्रकाश ने जिज्ञासा व्यक्त की।

"अंकल! घबराने की कोई बात नहीं। सब यहीं से ठीक हो जाएगा। आप मेरे इन्स्ट्रक्शन्स फौलो करें बस। कुछ देर में आपके पास एक ओ.टी.पी. नम्बर आएगा। मैं फोन करता हूँ आपको थोड़ी देर बाद।" कहकर उस आदमी ने फोन काट दिया।

हाथ में मोबाइल लिये देवप्रकाश चिन्ता में कमरे में टहलने लगे। बैंक आदि के काम में भी फोन के इस्तेमाल में उन्हें खासी परेशानी होती। उन्हें याद आते पुराने दिन जब बैंक की लाइन में लगकर पैसे जमा करवा दो, निकलवा लाओ। कार्ड-वार्ड का कोई झंझट नहीं। अब तो बेटा घर बैठे नैट बैंकिंग से मिली सहूलियत का गुणगान किया करता है। देवप्रकाश को पासबुक भी रिन्यू कराने नहीं जाना पड़ता फोन में ही पासबुक का एप बेटे ने डाल जो दिया है। वह सोचने लगे पहले के समय में बैंक आना-जाना होता रहता था। बैंक वालों से वाकफियत भी थी और पहचान होने से लोग एक-दूसरे का हाल-चाल भी ले-दे लेते थे। अब तो बैंक जाना होता नहीं और जब जाओ नये चेहरे अजनबीपन से मिलते हैं। काम की बात हुई और सब खत्म। न सलाम, न दुआ, हाल-चाल तो दूर की बात ठहरी। उन दिनों की याद करके देवप्रकाश को दो पल का सुकून मिला ही था कि कार्ड बन्द होने की चिन्ता और स्वयं पर इस मुसीबत का ठीकरा फूटने की कल्पना से वह सिहर गए। बेटा के शब्द याद आए—"कब तक बचते रहोगे इस तकनीक से। सब सीख लो वरना पछताओगे।" इन शब्दों की सिरहन ने उनकी रीढ़ की हड्डी को झनझना दिया। स्मार्ट फोन के तमाम रहस्यों-जानकारियों से अनभिज्ञ देवप्रकाश को बेटे-पोते-पोती के सामने अक्सर हीन भावना का शिकार होना पड़ता था। उन्होंने ठान लिया कि आज ये काम वे खुद ही कर लेंगे। कभी न कभी तो फोन के ये सब भेद उन्हें भी जानने ही थे। इतने में फोन फिर घनघनाया। वही आवाज़ थी—

"अंकल! आप सुन रहे हैं न?" नौजवान ने कहा।

"हाँ-हाँ तुम बोलो।" चिन्ता से भरा देवप्रकाश का स्वर गूँजा।

"देखिए! मैसेज चेक करें। एक नम्बर आया होगा आपके पास।" स्वर की मजबूती बरकरार थी।

"हाँ आया है।" देवप्रकाश ने नई स्थिति के लिए खुद को तैयार किया।

"नम्बर बोलिए। दो मिनट में आपका के.वाई.सी. हो जाएगा और यू.आई.डी. जनरेट हो जाएगा फिर आपको दिक्कत नहीं आएगी।" आदमी ने निर्देश दिया।

"बेटा! तुम नोट करो मैं नम्बर बोल रहा हूँ।" देवप्रकाश की चिन्ता का निराकरण हो गया तो वह उस अनजान व्यक्ति के प्रति कृतज्ञता से भर उठे।

"नम्बर है नौ तीन एक सात" आत्मविश्वास से भरा देवप्रकाश का स्वर गूँजा। नम्बर बताते ही दूसरी तरफ से फोन कट गया। देवप्रकाश भी चैन से बैठ गए कि घर बैठे ही सब कुछ हो गया। डेबिट कार्ड ब्लॉक होने की चिन्ता से मुक्ति मिली। काम निपटा तो बिस्तर से उठकर रसोई में खाना लेने गए।

अभी प्लेट उठाई ही थी कि फोन में कोई मैसेज घनघनाया। उनके बेसब्र मन ने फोन का रुख किया। मैसेज चैक किया तो उनके होश उड़ गए। उनके खाते से बीस हजार की रकम निकल गई थी। नाश्ते की प्लेट हाथ से छूटकर जमीन पर झन्न से गिरी और चकनाचूर हो गई। पूरे कमरे में दूर-दूर तक प्लेट के बड़े-छोटे टुकड़े बिखर गए। कुछ पल हतप्रभ रहने के बाद उन्होंने फिर मोबाइल देखा। मैसेज को ध्यान से पढ़ा। कई बार सुशील पेमेंट के लिए उनका कार्ड इस्तेमाल कर लिया करता था और बाद में उनके खाते में पैसे डाल देता था। पर मैसेज पढ़ने के बाद ऐसी कोई राहत देवप्रकाश के हिस्से में नहीं आई। उनकी आँखें फर्श पर गड़ गईं। वहाँ प्लेट के टुकड़े नहीं उनका चकनाचूर भरोसा बिखरा था। उनके माथे से पसीना चूने लगा। हाथ काँपने लगे और हलक सूख गया। नाश्ते की सुध-बुध न रही और आँखें देर तक मोबाइल की स्क्रीन पर गड़ी रहीं कि कोई चमत्कार हो जाए और निकाले गए बीस हजार वापस आ जाएँ। पाँच मिनिट...। दस मिनिट...पन्द्रह मिनिट बीत गए। चमत्कार नहीं होना था नहीं हुआ। देवप्रकाश आर्थिक नुकसान और धोखाधड़ी के हथकंडे की दोहरी यातना में गिरफ्त एक ही जगह बैठे रहे। सीने पर भारी बोझ था। हाथ पसीने में सराबोर थे। कमरे में छाई चुप्पी के बीच उनका अशान्त मन जैसे बार-बार कुछ पल पहले घटी दुर्घटना को वर्तमान में दोहराकर गलती सुधारने की असाध्य कल्पना करने लगा। पुराने कैसेट को रिवाइंड करके सुने जानेवाले गीत की तरह समय को रिवाइंड करके नम्बर बताने की अपनी गलती को पॉज़ देने की गहरी छटपटाहट देवप्रकाश के भीतर मौजूद थी। दोपहर में आराम करने का इत्मीनान आज हवा हो गया। घर वैसा ही बिखरा रहा जैसे देवप्रकाश टूटकर बिखर गए थे।

बीस हजार की रकम मामूली नहीं होती। घर भर के कितने काम बन-सँवर जाते-इस चिन्ता के साथ उन्हें उस नौजवान पर भयानक गुस्सा आ रहा था जिसने भरोसा जीतकर उनसे ठगी की। अच्छी तरह से होमवर्क किया था उसने। जानता था घर में बुजुर्ग अकेले हैं। नई तकनीक को जानने में असमर्थ-से। बैंक का नाम, घर का पता सब जानता था। ठगे जाने की पीड़ा से भरे देवप्रकाश के माथे पर पसीने की बूँदें छलछला आईं...यदि घर में घुस आता तो? मन में उठे इस सवाल से उनके सारे शरीर में सिहरन दौड़ गई। आए दिन ठगी की खबरें पढ़नेवाले देवप्रकाश आज स्वयं भुक्तभोगी थे। उनका आहत मन अनेक कल्पनाएँ करने लगा-काश, रकम से कोई सामान खरीद लेते, काश, सुशील ने ही निकाल ली होती। उनका हाथ कई बार मोबाइल पर गया।

कभी सुशील तो कभी साधना का नम्बर निकाला पर हिम्मत नहीं हुई दोनों से बात करने की। हर बार सहमकर रह गए। हर बार आँखों के सामने बेटे का फोन नम्बर था पर साथ ही उसका तमतमाया चेहरा और आग उगलती जबान भी थी। डर के मारे देवप्रकाश की हिम्मत पस्त हो गई। देर-सबेर बेटे को सब पता चलना ही था पर इस समय को देवप्रकाश अपने तईं आगे खिसकाना चाह रहे थे। उन्हें पता था बेटा यही कहेगा—"समझ तो है नहीं आपको उसने अंकल-अंकल कहा और आप आ गए उसके झाँसे में।" देवप्रकाश को बार-बार उस ठग से हुआ संवाद याद आने लगा। मन किया बेटी से बात कर लें फिर सोचा ससुराल में दस कामों में उलझी बेटी नाहक परेशान होगी और अन्तत: उन्हें सुशील से बात करने की सलाह ही देगी। इस विचार को भी उन्होंने मुल्तवी किया। पड़ोसी दोस्त सुखबीर का ख्याल भी आया पर वहाँ भी अनेक अड़चनें थीं। झिझकते हुए उन्होंने बेटे को फोन मिला ही दिया। नहीं मिला। उन्होंने फिर मिलाया पर फोन स्विच ऑफ बता रहा था। देवप्रकाश को पता था कि इस समय सुशील किसी ज़रूरी मीटिंग में होगा। वह हमेशा ऐसा करता है। बहू का फोन बार-बार बिज़ी जा रहा था।

देवप्रकाश निराश थे। आज समय भी काटे नहीं कट रहा था। देवप्रकाश को न भूख-प्यास थी न चैन। घर में चक्कर काटकर थक गए तो सोफे के कोने में एक पैर सीट पर चढ़ाकर उस पर सिर टिकाए चिन्ताओं में खो गए। कितनी ही बार फोन पर ठगनेवाले उस नौजवान के चेहरे-मोहरे की कल्पना कर डाली। बोली से तो पढ़ा-लिखा और सभ्य जान पड़ता था। देवप्रकाश सोचने लगे आजकल जल्द से जल्द कामयाब ज़िन्दगी जीने के लिए पढ़े-लिखे और अनपढ़ नौजवान गलत राह पर चल पड़े हैं। बरोज़गारी ने भी कितने नौजवानों को गलत राह पर धकेल दिया है। उन्हें याद आया चावला जी का बेटा, जो बुरी संगत में पड़कर चोरी-डकैती करनेवाले गैंग का हिस्सा बन गया था। सोचते हुए न जाने कितने नौजवानों की सूरतें दिखाई देने लगीं जिनके सामने आज कोई आदर्श नहीं था। ऐसे-ऐसे धनकुबेरों के चेहरे और नाम दिमाग में गड्ड-मड्ड होने लगे जो देश को चूना लगाकर भाग खड़े हुए। उन्होंने गौर किया कि आर्थिक घोटालों की फेहरिस्त लम्बी होती जा रही है और उससे भी बड़ी होती जा रही है नौजवानों के भीतर भविष्य को लेकर असुरक्षा। सोफे से उठकर वह बिस्तर पर आ बैठे। पैर पेट में धँसाकर लेट गए। अनुभव की पकी उम्र में यूँ धोखा खा जाना देह में हजारों सुइयाँ चुभो रहा था। आँखों के सामने वे चेहरे आकार लेने लगे जिन्हें वर्षों लग जाते हैं ठगे जाने की पीड़ा से मुक्त होने में। कुछ तो आजन्म मुक्त नहीं हो पाते। यातना में कैद इन चेहरों के बरक्स वे क्रूरतम चेहरे भी नमूदार हुए जो

बिना श्रम उपभोग की ऐयाश जिन्दगी में मुब्तला थे। कई-कई चेहरे। सामान्य से विशिष्ट, विशिष्ट से अतिविशिष्ट। दुश्चक्र रचते चेहरे। ऐसा दुश्चक्र जिसमें इंसाफ की उम्मीद सिरे से नदारद थी।

अनेक चेहरों के बीच अचानक एक चेहरा उन्हें अपने बेटे सुशील का भी दिखाई दिया। पिछले कुछ समय से उन्होंने महसूस किया है कि सुशील अब किसी भी बात पर उनसे जल्दी चिढ़ जाता है। पत्नी-बच्चों पर भी सुशील का गुस्सा फूट पड़ता है। कभी-कभी फोन पर ऑफिस के अपने किसी साथी से लड़ रहा होता है। देवप्रकाश को याद आया सुशील पहले ऐसा नहीं था। कितना खुश रहता था। जब उसकी माँ गई तो उनका पूरा ध्यान रखता था। लेकिन अब शायद काम का दबाव उस पर बहुत रहता है। देवप्रकाश ने जब दो-एक बार उसे समझाने की कोशिश की तब भी सुनने के बदले झल्लाया—"पापा! आप सरकारी नौकरीवाले रहे हो मैं कॉरपोरेट में काम करता हूँ। कटथ्रोट मुकाबला होता है आप क्या जानो। जरा सी गलती हुई नहीं कि पिंक स्लिप हाथ में थमा देते हैं। हायर एंड फायर का नियम है। हर महीने परफॉर्मेंस शीट बनती है। कितने प्रेशर हैंडिल करने होते हैं।" गहरी साँस छोड़कर देवप्रकाश ,सुशील की चिन्ता में लग गए। करवट ली तो मन को मना लिया कि बीस हजार के नुकसानवाली बात को छिपाना ठीक नहीं। सुशील आएगा तो वह उसे साफ बता देंगे। आखिर इस अपराध की रिपोर्ट साइबर सेल में होनी चाहिए। अपराधी का पकड़ा जाना जरूरी है। इस विचार के आने से देवप्रकाश को जरा शान्ति मिली।

"हद कर दी आज तो आपने पापा। इतने बड़े हो गए और कुछ भी नहीं सीखा। बैठे-ठाले इतना नुकसान करा दिया। भुगतो अब। दिन भर फोन लिये बैठे रहते हो, अखबार पढ़ते हो पर नहीं एक भी सावधानी की बात नहीं सीखी-समझी। बच्चे तक साइबर क्राइम की घटनाओं से वाकिफ हैं...आप तो उनसे भी गए-बीते हैं।" शाम को सारी घटना जानकर सुशील, पिता पर बेतरह झल्लाया। उसकी आवाज़ बरोकटोक बाहर जा रही थी। अड़ोस-पड़ोस की शर्म और पिता के लिहाज का एक रेशा उसमें बाकी नहीं था। देवप्रकाश सिर झुकाए बेहरकत बैठे रहे। हारे हुए पिता का चेहरा बेटे के जवान क्रोध से और अधिक उदास हो गया। उन्हें लगने लगा दुनिया से धोखा खाए लोग अक्सर परिवार में भी पनाह नहीं पाते। बेटा रह-रहकर उन पर चीख रहा था। एक पल थमता नहीं कि उसके बाद घर सिर पर उठा लेता—"इतना नुकसान हो गया आज सिर्फ आपकी गलती के कारण। कितनी बार कहा मैंने सीख लो सब पर नहीं इन्हें तो बने रहना है लैंड लाइन के जमाने का। कुछ जानते हैं नहीं। ये तू कर दे। वो तू बता दे।

पापा! स्मार्ट फोन लेने से काम नहीं चलता उसके लिए स्मार्ट भी बनना पड़ता है। बन्द करो आज से अपने पास मोबाइल रखना। न जाने आगे और क्या-क्या नुकसान करते रहोगे...वह तो शुक्र है इस अकाउंट में इतनी ही रकम थी वरना आप तो..." सुशील के तर्कों की धार पैने चाकू-सी थी जो पिता की ग्लानि देख पाने में नाकाम उनके अन्तस को लहूलुहान किये दे रही थी। पिता की शर्मिन्दगी से भरी चुप्पी ने बेटे को और मुँहज़ोर बना दिया। सुशील की जबान से निकलते अल्फाज़ कोड़े की तरह देवप्रकाश की खाल उधेड़ रहे थे। उनसे रिस रहे लहू से बेपरवाह सुशील और कोड़े बरसाता जा रहा था। निराश, लाचार और बेबस देवप्रकाश की इस मुद्रा को देखकर बहू और पोते को अब अच्छा नहीं लग रहा था। साधना ने सुशील को चुप रहने का इशारा भी किया पर उसे कोई फर्क नहीं पड़ा। अभिषेक ने पुलिस कम्प्लेंट करने की बात से ध्यान भटकाने की कोशिश की तो सुशील ने उसे भी डपट दिया। देवप्रकाश की पिछली सभी गलतियों की बही भी सुशील ने आज ही खोल डाली और सारा हिसाब बराबर करने पर तुल गया। देर तक चुपचाप सब सुननेवाले देवप्रकाश अब धीरे से उठे और छत की सीढ़ियाँ चढ़ने लगे। सुशील आगे बढ़कर उन्हें रोकना चाहता था पर इस बार साधना ने उसे थाम लिया। किसी ने देवप्रकाश को नहीं रोका।

छत पर बिछे फोल्डिंग बेड पर देवप्रकाश ने अपनी बेजान देह को धकेल दिया। अगल-बगल दोनों हाथों को सहारा लिया तो एक नि:श्वास निकली जिसमें दुख और अपमान घुले थे। छत वीरान थी। पनीली आँखों से उन्होंने आसमान को ताका। देर तक ताकते रहे जब तक कुछ देर पहले घर में उठा शोर और मन का झंझावात विषम से कुछ सम पर नहीं आ गया। उनकी सारी चेतना बादलों की गिरफ्त में थी। बादलों के कई टुकड़े आसमान में तिर रहे थे। शाम के इस समय आसमान की धरती पर कत्थई-गुलाबी आभा में बादलों की सफेदी घुल रही थी। बादलों के झुरमुट छोटी-बड़ी-विशालकाय आकृतियों में आसमान में भरे थे।

बहुत देर तक देवप्रकाश आसमान में बादलों के बनते-बिगड़ते दृश्यों में स्मृतियों के संसार को जीते रहे। नीचे से पोती के आवाज लगाने पर ही वर्तमान में लौटे। अपने पसीजे हाथों को पजामे से रगड़ा। एक ठंडी साँस ली और अपने आपसे कहा आज से मोबाइल का इस्तेमाल एकदम बन्द। हाथों को शान्त भाव से चेहरे पर मसला। 'बस अब और नहीं...'-मन में ये शब्द गूँजे तो आँखें अकेलेपन की साथी उस छत को ऐसे निहारने लगीं जैसे उसे आखिरी बार देख रही हों।

अगले दिन की सुबह भागमभाग से भरी थी पर रोज की चिल्लपों नदारद थी। घर की दीवारें कल के गुस्से को पीकर उदास थीं। देवप्रकाश को आज बेटा-बहू दोनों में से किसी ने कोई भी काम नहीं बताया था। अवसाद में उनसे जो बन सकता था वह अपनी समझ से कर रहे थे। सोफे के कवर ढंग से बिछाने से लेकर बिखरे सामान को यथावत रखने तक। रोज के कामों से अधिक काम खोजकर वह जैसे अपने अपराधबोध को कम करना चाह रहे थे। बेटा-बहू की बातें आज बहुत संक्षिप्त थीं। शब्दों का काम संकेत कर रहे थे। लम्बी-अनथक बातें आज मुद्राओं के खोल में सिमटी थीं। दीप्ति-अभिषेक भी जानते थे अब घर का माहौल कुछ दिन बाद ही सामान्य हो पाएगा।

दीप्ति को स्कूल छोड़ते ही साधना ने सुशील से कहा—"तुम्हें कल अपने गुस्से पर जरा तो काबू करना चाहिए था। पापा को क्या दुख नहीं हुआ होगा नुकसान का। तुमने एक बार भी उनसे उनके दुख के बारे में जाना? लगे बरसने। देखा नहीं कल से कितने खामोश हैं पापा। पूरा दिन कुछ खाया भी नहीं। आज सुबह भी तुमने एक शब्द नहीं कहा उनसे।"

"कल शाम को साइबर सेल में रिपोर्ट मैंने कर तो दी। बैंक में भी मैनेजर को मेल किया पर गलती सरासर पापा की है। टी.वी. चीख-चीखकर अपराधों को बताता रहता है। घंटों आँख गड़ाए सब देखते हैं पर जब अपनी बारी आई तो झट शिकार हो गए। इतना नुकसान कर दिया और मैं कुछ कहूँ भी नहीं।" सुशील ने चिढ़कर कहा।

"पिता हैं तुम्हारे...। कोई गैर नहीं..."

"गैरों पर क्या गुस्सा किया जाता है? इतने बड़े हो गए और कुछ नहीं जानते।" पिछली शाम फिर सुशील को याद आई और सुशील पिछली शाम की तरह ही गुस्से में आपा खोने लगा।

"मैं तो समझा ही सकती हूँ...जो होना था हो गया अब आगे बढ़ो।" साधना से रहा नहीं गया। सुशील ने एक क्षण के लिए साधना को देखा और फिर आगे के ट्रैफिक से जूझने लगा। इसके बाद देर तक दोनों में से कोई कुछ नहीं बोला।

ऑफिस जाते ही सुशील अपने काम में लग गया। काम कम नहीं था फिर भी मन था कि बार-बार बीस हजार रुपये की तरफ इशारा कर रहा था और दिमाग सामने स्क्रीन पर ऑफिस के काम में लगा था। लम्बे समय तक स्क्रीन देखकर जब सुशील की आँखें भारी हो चलीं उसने चश्मा हटाया और कुर्सी पर पीठ टिकाकर आँखें बन्द करके सुस्ताने लगा। अचानक उसे कल अपने चीखने की आवाज़ें सुनाई देने लगीं—"इतना नुकसान हो गया आज सिर्फ आपकी गलती के कारण।

कितनी बार कहा मैंने सीख लो सब पर नहीं इन्हें तो बने रहना है लैंड लाइन के जमाने का। पापा! स्मार्ट फोन लेने से काम नहीं चलता उसके लिए स्मार्ट भी बनना पड़ता है।" एक बार, दो बार, तीन बार...सुशील के दिमाग में कल के शब्द सुनाई देने लगे पर आज उसकी आँखों को पिता की बेबसी भी दिखाई दी। सुबह साधना की कही बात याद आई—"पिता हैं तुम्हारे कोई गैर नहीं..." एक झटके में सुशील ने अपनी आराम करती देह को समेटा। आगे झुका तो कल बेटे-बेटी का उदास चेहरा दिखाई दिया जिन्हें अपने दादा पर पड़ रही डाँट अच्छी नहीं लग रही थी। सुशील ने मोबाइल हाथ में लिया और पशोपेश में पड़ा रहा। पापा की बहुत-सी छवियाँ दिमाग में हलचल मचाने लगीं। बार-बार कल कहे गए अपने तीखे शब्द उसे सुनाई देने लगे। दुविधा में रहकर कुछ देर बाद उसने पापा का नम्बर मिला दिया। उसके कान पापा की आवाज़ सुनना चाह रहे थे पर मोबाइल कनेक्ट नहीं हो पा रहा था। बार-बार एक ही आवाज़ सुनाई दे रही थी—नॉट रीचेबल। सुशील ने लगातार कई बार फोन मिलाया। उसे जरा धैर्य नहीं था। कुछ देर बाद आउट ऑफ कवरेज एरिया की आवाज सुनाई पड़ने लगी। अब सुशील को चिन्ता हुई-कहाँ गए पापा? बाहर आना-जाना उन्हें पसन्द नहीं था। सुबह से दोपहर अखबार उनका संगी था और बाद में टी.वी. कहीं भी जाना होता तो साधना या अभिषेक को एक दिन पहले ही साथ चलने के लिए कह देते। सुशील की बेचैनी बढ़ने लगी। जब रहा नहीं गया तो उसने साधना को फोन लगाया पर काम की व्यस्तता के चलते साधना ने कॉल बैक का मैसेज भेज दिया। कुछ देर परेशानी झेलकर सुशील ने पड़ोस के सुखबीर अंकल को फोन लगाया।

"अंकल! पापा फोन नहीं उठा रहे क्या आप देखकर बता दोगे?" सवाल पूछते हुए सुशील के मन में सवालों का बवंडर उठने लगा। पापा कहाँ गए? फोन क्यों नहीं उठा रहे? कहीं...। कहीं...आशंकाओं ने उसके मन में हाहाकार मचा दिया।

"पुत्तर जी! घर के बाहर ताला लगा है।" कुछ देर बाद सुखबीर अंकल ने उसे सूचना दी।

"ताला? ताला क्यों? कहाँ गए पापा? ऐसे तो कहीं नहीं जाते। कहीं कल की बदमजगी से तो...।" सुशील के अनकहे शब्दों ने आज बहुत कुछ कह डाला। उसके लिए यह निर्णय की घड़ी थी। एक क्षण बाद उसने डैस्कटॉप बन्द किया। कुर्सी छोड़ी और सीधा बॉस के केबिन में जा पहुँचा।

"सर! फादर की तबीयत आज कुछ ठीक नहीं है। मुझे घर जाना पड़ेगा।" सुशील ने अनुरोध किया।

"ठीक है अभी चले जाओ पर पेंडिंग काम आज रात तक पूरा करके जरूर भेज देना।" बॉस ने अपने काम का हर्जा होने से बचा लिया।

"श्योर सर।" केबिन से निकलकर सुशील ने अपना सामान उठाया। पास बैठे अपने साथी से कहा—"मुझे कुछ ठीक नहीं लग रहा। घर वापस जा रहा हूँ।" साथी चौंक गया। उसके हाँ-नहीं करने का भी इन्तजार सुशील ने नहीं किया।

घर पहुँचने का पहचाना हुआ रास्ता आज सुशील को अनजान लग रहा था। सवालों का जंगल बेतरह बढ़ गया था जिसके साथ बढ़ गई थी सुशील की घबराहट। कल की अपनी कही बातें आज सुशील के कानों में लावे की तरह घुल रही थीं। पापा ने कैसे बर्दाश्त किया होगा उन्हें कहीं कुछ हो तो... अरे नहीं...नहीं" उसने अपने सिर को झटका दिया और खाली सड़क देखकर गाड़ी को टॉप गेयर में डाल दिया। वह अपने ख्यालों और सवालों से घिरा था कि अचानक कॉलोनी के गेट के पास एक बच्चा अपनी साइकिल लिये एकदम से सुशील की गाड़ी के लगभग सामने आ गया। उसने घबराकर ब्रेक लगाई और बच्चे पर ज़ोर से चिल्लाया "क्या है ये ! देखकर नहीं चला सकते? अभी यह कहकर वह चुप ही हुआ था कि पीछे से एक आदमी दौड़ता हुआ पहुँच गया और सुशील से माफी माँगने लगा। "सॉरी...सॉरी भाई साहब गलती से मेरा बेटा लेन से सड़क पर आ गया। मैं माफी माँगता हूँ।" सुशील और ज़ोर से चिल्लाया "अभी कुछ हो जाता तो...आप तो मेरा गला पकड़ लेते।" "सॉरी, सॉरी भाई साहब इसकी गलती के लिए मैं माफी माँगता हूँ।" उसने दोनों हाथ जोड़े और अपने बेटे को गोद में उठाया, चूमा और मुड़कर साइकिल को घसीटता गली में चला गया। सुशील कुछ देर तक बेटे और पिता को देखता रहा। उसकी साँसें अभी भी तेज़ थीं। उसने गाड़ी आगे बढ़ा दी पर उसकी आँखों के सामने बेटे को चूमते और उसकी गलती के लिए माफी माँगते पिता की वह तस्वीर देर तक बनी रही। वह घर पहुँचा तो दरवाजे पर ताला था। सुखबीर अंकल बाहर ही मिल गए। उन्होंने बिना कुछ बोले कन्धे उचकाए। देवप्रकाश की कोई खबर नहीं थी। सुशील की साँसें और तेज़ हुईं। 'आखिर कहाँ गए पापा?' वह तीर की तरह पड़ोस के कुछ और घरों की ओर लपका। यह जानते हुए भी कि देवप्रकाश भूले से भी उन घरों में जाते नहीं, सुशील ने उम्मीद का दामन थामे रखा। हर दरवाजे पर उसके सवाल का एक ही जवाब मिला जिसने सुशील की उम्मीद की आँखें धुँधली कर दीं। सोचने-समझने की कोशिशें बेकार होने पर निराश कदमों से जब सुशील घर का ताला खोल रहा था उसी वक्त देवप्रकाश आते दिखाई दिये।

सब्जी के थैले उनकी उँगलियों में फँसे थे और पसीने से तर-बतर वह घर की ओर बढ़ रहे थे।

"तू ? इस वक्त? यहाँ कैसे?" एक साँस में तीन सवाल देवप्रकाश के मुँह से निकले। थैलों के वजन के साथ दूर से पैदल चलकर आते हुए देवप्रकाश हाँफ रहे थे। सुशील ने आगे बढ़कर उनके हाथों से कुछ थैले ले लिये। सुशील अपनी झल्लाहट दबाकर इतना ही कह पाया—"इतनी देर से आपको फोन कर रहा था। फोन कहाँ है? और आज क्या जरूरत पड़ गई बाहर निकलने की?"

दोनों घर के अन्दर आए। देवप्रकाश चुपचाप सब्जियाँ फ्रिज में रखने लगे। एक के बाद एक थैला निकालकर बहुत करीने से फ्रिज में रखते हुए उन्हें आज सुबह की याद आई। सुबह गुस्से में घर को ताला लगाकर वह कहीं दूर जाने का निर्णय करके आगे बढ़े ही थे कि दिवंगत पत्नी के शब्द कानों में गूँजे—"बच्चों से झगड़ा...उनसे बराबरी? फिर तुममें और उनमें फर्क क्या है।" कहती हुई पत्नी न जाने कितनी बार बाप-बेटे की चुप्पी को पिघलाकर हँसी का झरना बना देती थी। धोखे, अपमान और पीड़ा से जड़ इन्द्रियाँ जरा सचेतन हुईं तो देवप्रकाश में ऊर्जा लौटी। हौले से सिर को झटका। दरवाजे पर ताला लगाकर उनके कदमों ने राह बदल ली और सब्जी बाजार की ओर बढ़ गए।

सुशील सोफे पर बैठा पिता को सब्जियाँ लगाते देख रहा था। थोड़ी देर पहले की उसकी घबराहट फिर बौखलाहट में बदलने लगी। वह सोचने लगा बाज़ार ही जाना था तो एक मैसेज ही कर देते। चिन्ता तो नहीं होती। पूरे कमरे में दोनों के बिना बोले अनेक सवाल खड़े थे। अचानक सुशील चौंका। उसके सामने जो घटित हो रहा था शायद पहली मर्तबा था। अपने अब तक के जीवन में उसने यह सब पहले कभी नहीं देखा था। बचपन की एक धुँधली-सी स्मृति कौंधी—"देखो भई! कोई काम करवा लो पर ये सब्जी-फब्जी लाना मुझसे कभी नहीं होगा।" सब्जियाँ फ्रिज के हवाले करके देवप्रकाश रसोई में चले गए। सुशील हतप्रभ-सा सोफे में सिमट गया। एक क्षण बाद उठकर रसोई तक गया और पापा को ग़ौर से देखने लगा। पिता को इस तरह चुप देख सुशील की खीझ घुलने लगी।

"आपका फोन कहाँ है पापा?" कुछ समय बाद सुशील ने फिर पूछा। जवाब में देवप्रकाश कुछ नहीं बोले।

"पापा! फोन बार-बार नॉट रीचेबल बता रहा है। काम में मेरा मन नहीं लगा इसलिए...।" टूटे-फूटे शब्दों में सुशील ने घर आने का कारण बता ही दिया।

"तूने ही तो कल कहा था...तबसे मेज की दराज़ में पड़ा है फोन। मैंने हाथ भी नहीं लगाया...वहीं होगा...देख ले।" ठंडे स्वर में देवप्रकाश ने जवाब दिया।

सुशील ने हैरानी से पापा को देखा। अपनी जगह से उठा और मेज तक पहुँचा। दराज़ खोली और फोन निकाला। फोन में बैटरी खत्म थी। सुशील की आँखें इधर-उधर कुछ देखने लगीं। देवप्रकाश एकदम शान्त थे। फोन में चार्जर पिन कनेक्ट कर सुशील फोन और चार्जर पापा के हाथ में देते हुए बोला—"आप भी न...। कल के लिए सॉरी पापा। बस मैं थोड़ा परेशान हो गया था। आप फोन चार्ज करके रखो! जरूरत पड़ती है। आप घर में अकेले रहते हैं न। किसी भी वक्त कोई इमरजेन्सी..."

देवप्रकाश ने बेटे के शब्दों की कोमलता को महसूस किया। फोन और चार्जर हाथ में लेकर उन्होंने सीधे हाथ से अपने चश्मे को आदतन ठीक किया। हौले से मुस्कुराए और फोन को चार्जिंग पर लगा दिया।

फील्ड वर्क

उनमें से अधिकांश राजधानी के सम्पन्न इलाकों में पली-बढ़ी थीं और खुशकिस्मती से विवाह के बाद भी दूसरे सम्पन्न इलाके में पहुँचा दी गई थीं। इसीलिए तमाम सुविधाओं की उनकी आदतें जवानी में ही पककर वृद्ध हो चली थीं। उनके समूह में शेष जिनका सम्बन्ध राजधानी से पहले न था और जो बाद में राजधानी में पहुँचाई गईं थीं वे भी बड़े शहरों में रही थीं। बड़े शहर अपने मिज़ाज़ में लगभग समान होते हैं। चाहे राजधानी का इलाका हो या उससे बाहर फिर पिछली सदी के अन्त की खास मेहरबानी के चलते उन सभी के भिन्न-भिन्न शहरों को पहचान के स्तर पर एक करने के लिए भूमंडलीकरण की विशेष कृपादृष्टि रही थी। जिसके आने-बसने और पैर पसारने की वजह से राजधानी और बड़े शहरों का चरित्र लगभग एक-सा हो चला था। क्या कस्बे, क्या शहर और पूरा देश सभी बाजार में बदलकर इठला-इतरा रहे थे और बाजार भी एक जगह कहाँ ठहरा? अमरबेल के पीले तारों के जंजाल की तरह फैलता ही गया और पुराने हरेपन का रस चूसकर उसे जड़ से मिटाता चला और हुआ यूँ कि धीरे-धीरे खुशियों के सारे सिरे बाजार से होकर गुजरने लगे।

यों सभी भद्र महिलाओं को पहनने-ओढ़ने, खाने-पीने की पूरी आजादी बचपन से ही मिली इसीलिए शादी के तमाम अधिकार उन्होंने स्वेच्छा से माता-पिता को सौंप दिये थे। माता-पिता जिनके सही निर्णयों ने इन सप्त धाराओं को राजधानी में पहुँचाया और एक-दूसरे से मिलवाया। मुलाकातें बढ़ने लगीं और अधिक समय गुजारने के लिए घर छोटा पड़ गया। बाजार विनम्रता से पहले ही झुका खड़ा था। घर में होनेवाली किट्टी पार्टी अब शहर के आलीशान रेस्तराँ और महँगे क्लबों में होने लगी। सप्त धाराओं के अलावा आठवीं सुप्रभा को इनके साथ देखकर किसी को भी हैरानी जरूर हो सकती थी कि वह इनके बीच क्या कर रही है?

अविवाहित और अपनी रुचि के कामों को अंजाम देनेवाली सुप्रभा कभी-कभी इनके साथ देखी जाती थी पर उस दिन की दोपहर सुप्रभा के बिना गुलजार थी। कनॉट प्लेस के एक भव्य रेस्तराँ में मासिक किट्टी चल रही थी। रेस्तराँ में इन सात सुरों की गूँज ने रेस्तराँ में बजनेवाले शान्त-मद्धम सुर के संगीत की कमर तोड़ दी। रेस्तराँ का यह हिस्सा किट्टी पार्टियों के लिए ही बनाया गया था। एक बड़ी अंडाकार टेबल जिसके इर्द-गिर्द पन्द्रह कुर्सियाँ मजे में और बीस कुछ कोशिश के बाद आ सकती थीं। वे सात, पन्द्रह कुर्सियों की जगह से आठ को निकलवाकर खुलकर बैठ गई थीं। बड़े समूहों के लिए दूसरी मंजिल का हॉल था। नीचे के इस हॉल से एक लम्बा गलियारा तय करके अलग हिस्से में अन्य लोगों के लिए खाने-पीने की व्यवस्था थी। शोर की आवाजाही रोकने के लिए तिरंगे फूलोंवाले ग्लास डोर को बन्द कर दिया जाता था।

चटख ऑरेंज पार्टी गाउन में मिसेज पंडित आज बहुत खिल रही थीं। सबकी पोशाकों और मेकअप पर भारी पड़ने से उनका आत्मविश्वास दोगुना हो चला था। उनके आत्मविश्वास की डिग्री से पार्टी में आने के साथ ही मिसेज सिंह और मिसेज गुप्ता का आत्मविश्वास चरमराने लगा था। हर बार इन सबमें एक प्रतियोगिता छिड़ी रहती कि आज सुन्दर दिखने में कौन बाजी मारेगी। हर बार किट्टी की जगह तय करने से लेकर स्नैक्स-ड्रिंक्स-खाने का जिम्मा मिसेज पंडित का ही रहता। उनके चहककर सारी व्यवस्था करने के बाद सब अपनी पसन्द का लुत्फ उठा रहे थे। खाने-पीने के रस अपनी जगह लेकिन हर बार की तरह निन्दा रस की अबाध धारा प्रवाहित थी। विषय भी पुराना नहीं था। सातों अनुभव की पाठशाला खोले बैठी थीं। मिसेज पंडित, मिसेज झा, मिसेज गुप्ता, मिसेज कश्यप, मिसेज सिंह, मिसेज चक्रवर्ती और मिसेज चौधरी। वे सब अपने नामों की जगह इन्हीं उपनामों से स्वयं को पुकारा जाना उचित समझती थीं। उन्हें विवाहित होने पर ही नहीं अपने धनाढ्य पतियों पर भी बड़ा गर्व था जिनकी वजह से वे नौकरी-चाकरी के झंझटों से मुक्त जिन्दगी बिता रही थीं। पर सच तो यह है हर व्यक्ति सुखी होकर भी पूरा सुखी कहाँ है?

"यकीन जानिए जीवन के सारे ठाठ पति से हैं पर इस ठाठ की कितनी भारी कीमत अदा करनी पड़ती है, मुझसे बेहतर कौन जानता है। एक तो पति ही घर में कम मिलता है और दमदार पति के माता-पिता उससे भी दमदार, भाई-बहन सिरचढ़े-बिगड़ैल और अपने ही बच्चे एक नम्बर के नालायक। सारा दिन सब सँभालने में खर्च हो जाता है। यही दो-चार पल हैं जो जिन्दगी के तोहफा से मालूम पड़ते हैं।" कहते हुए मिसेज झा ने ग्रिल्ड पाइनएप्पल का एक बड़ा-सा

पीस उठाकर मुँह के रास्ते उदरस्थ किया। उसका मीठा-तीखा स्वाद उनके दुख में मरहम का काम दे रहा था। होड़ वह जज्बा है जो सुख और दुख में कोई अन्तर नहीं देखता। उसकी निगाह में सब समान होते हैं। मिसेज सिंह में यह जज्बा हिलोरें लेने लगा। जेठानी उनकी दुखती रग थी फिर मिसेज झा के दुख से वे हार कैसे मानतीं? अनुभव की प्रामाणिकता के साथ सबसे अधिक दुखी होने की दारुण कथाओं का दौर हर बार की तरह शुरू हो गया। स्नैक्स के दूसरे तर तगड़े कोर्स ने उन्हें इस दुख से उबरने में बहुत मदद दी। पीड़ा की बेचैन अभिव्यक्ति से मुक्त होना हर बार की तरह उनका प्राथमिक दायित्व था। अपने दुखों से दृष्टि हटी तो सबका ध्यान देश-दुनिया-समाज और सुप्रभा पर गया। उस सुप्रभा पर जिसके नाम का 'सु' वे इच्छा से कभी भी उड़ा देतीं।

"आज कहाँ है तुम्हारी प्यारी प्रभा? आज भी नदारद?" तनी भौंहों और तिरछे होंठों की अर्थपूर्ण मुस्कान के साथ मिसेज कश्यप ने मिसेज चौधरी को टटोला।

"मेरी सुप्रभा? जाइए...मैंने तो सिर्फ उसे इसीलिए शामिल किया था कि वह हम सबसे जरा अलग है तो एक वेरायटी रहेगी।" मिसेज चौधरी ने तुरन्त स्पष्टीकरण दे डाला।

"मिसेज चौधरी! वेरायटी के साथ-साथ मन्थली फंड का शेयर मनी भी तो बढ़ता है उसके होने से।" मिसेज चक्रवर्ती ने मिसेज चौधरी को आँख मारते हुए कहा। अर्थतंत्र पर उनकी गहरी पकड़ थी। इस किट्टी पार्टी की योजना में मिसेज चक्रवर्ती ने प्रयोजन ढूँढ़कर उसका मनोरंजन से इतर एक आर्थिक पक्ष खड़ा किया था—"हम बेराजगार महिलाओं की अच्छी आमदनी का जरिया है यह किट्टी। हर माह इसमें एक मोटी रकम इनवेस्ट करके हम अपनी बारी आने पर उससे तगड़ी खरीदारी करते हैं।" मिसेज चक्रवर्ती जान भी न पाई थीं बाजार उन्हें अपनी ओर खींचकर फिर एक दूसरे बाजार की राह दिखा रहा है।

"इस बार भी प्रभा किसी संस्था के साथ फील्डवर्क पर गई है।" मिसेज गुप्ता ने ऑलिव्ज़ पर मेहरबान होते हुए कहा।

"इस बार फिर किसी गाँव का रुख या कोई नया फील्ड वर्क?" हवा में मिसेज झा का सवाल तैर गया।

"कहा नहीं था प्रभा ने असली भारत तो गाँवों मे बसता है।" मिसेज कश्यप ने बुरा-सा मुँह बनाते हुए कहा।

"तो क्या हम नकली भारत का हिस्सा हैं? राजधानी में रहनेवाले हम लोग क्या नकली भारतीय हैं?" मिसेज पंडित का स्वर उखड़ गया।

“अच्छी शोशेबाज़ी है यह फील्डवर्क...उँह हम भी तो रोज़ फील्ड वर्क ही करते हैं। घर की फील्ड में दिन-रात नहीं लगे रहते?” मिसेज गुप्ता ने रूपकों में बात कहने वाली अपनी कला का मुजाहिरा किया।

“वैसे एक बात कहूँ हमारे बाबा जी भी कहते हैं गाँव-देहात के लोग सीधे-सच्चे ईश्वर के परम भक्त होते हैं। दान-पुण्य और सेवा में निराले। इसीलिए तो कितने गाँवों में बाबा जी के आश्रम बने हैं। बाबा जी हमेशा कहते हैं इन जैसे लोगों के कारण ही पृथ्वी पर धरम बचा हुआ है। ऐसे लोग गाँव से चलकर शहर आते हैं तो शहरों को भी सच्चे साधक नसीब होते हैं।” मिसेज सिंह ने अपने गुणी बाबा जी के मार्फत गाँवों की पैरवी करने में देर न लगाई। होड़ के जज्बे ने फिर करवट ली। मिसेज चक्रवर्ती ने नहले पर दहला मारते हुए कहा—“फिल्मों में देखा है हमने गाँव। कितनी हरियाली और शान्ति है गाँवों में। सुकून ही सुकून।”

“सच कह रही हैं मिसेज चक्रवर्ती हमारे नसीब में कहाँ ऐसा सुख?” मिसेज कश्यप आह भरती हुई पनीर खाने लगीं।

“क्यों न इस बार एक टूर गाँव का कर लिया जाए ?” मिसेज झा के कहते ही सबकी आँखें चमक उठीं।

“सही है, चेंज हो जाएगा। हम लोग हर बार देश या विदेश में महँगी और रौनकदार जगहों को ही देखते चले आ रहे हैं। इस बार असली भारत देखते हैं। वैसे भी कोरोना के चलते कहीं बाहर निकलना नहीं हो रहा। रूटीनी जिन्दगी बड़ी बोरियत से भरी है। अब केसेज़ कुछ कम हैं तो चलो घूम ही आएँ।” मिसेज गुप्ता चहककर बोलीं।

“जीवन को एक नई किक मिलेगी और प्रभा भी साथ रहेगी तो उसकी अकड़ भी उड़नछू हो जाएगी।” मिसेज चौधरी भी चुप न रहीं।

“चलिए आप सबको भोपाल लिये चलते हैं। घर में एक शादी है वहाँ से चार-पाँच घंटे के रास्ते के बाद गढ़ा से कुछ आगे गाँव में हमारी काफी पुश्तैनी जमीनें हैं। बाग भी है। दादा जी के दोस्तों की दावतें वहीं हुआ करती थीं। सालों से जाना नहीं हुआ। इस बहाने पुरखों की भूमि को नमन ही कर आएँगे।” मिसेज सिंह के प्रस्ताव को सभी की सहर्ष सहमति मिली।

जल्द ही टिकिट बुक हो गए। भोपाल पहुँचकर सभी ने भव्य शादी का आनन्द लिया। आलीशान होटल के प्रांगण में डीजे के मुकाबले पिछड़ रहे लोकगीतों के बीच श्रृंगार-पोशाक से लकदक होकर नाच-गाना, खाना-पीना और महँगे तोहफों की भेंट से सारी मिसेज मंडली परमानन्द में लीन थी। अब बारी थी यात्रा के असल उद्देश्य की। यानी असली भारत के दर्शन की।

मिसेज सिंह ने भाई सत्यप्रकाश से कहकर सारी व्यवस्था करवाई। भोजन-पानी के साथ दो गाड़ियाँ मय ड्राइवर सुबह ही भोपाल से कई किलोमीटर आगे गढ़ा के लिए रवाना हुईं। मिसेज सिंह की रिश्तेदारी और भाई का घर वहाँ था। धनौआ गाँव उससे कुछ आगे था। एक गाड़ी में बातों का सिरा मिसेज सिंह के जिम्मे था। वे बचपन में देखे गाँव की धुँधली लगभग विस्मृत स्मृतियों से समाँ बाँधकर अपने दादा जी की प्रतिष्ठा का गुणगान कर रही थीं। सुप्रभा उनसे मँझोले-छोटे किसानों, उनकी काश्त और खासतौर पर गाँव की स्त्रियों के विषय में कुछ जानना चाहती भी तो वे बगले झाँकने लगतीं। दूसरी गाड़ी में चिन्तन की अलग धारा प्रवाहित हो रही थी।

"जबसे गाँव का टूर बना है तबसे मुझे तो सपने भी गाँव के आ रहे हैं। गाँव की सुन्दर और अल्हड़ गोरियाँ कमर पर रखे मटके से पानी छलकाती मदमस्त चाल में दिखाई देती हैं। हरे-भरे खेतों में लड़के-लड़कियाँ खुशी से फसल बोते दिखते हैं।" मिसेज झा उत्साह में बोल रही थीं।

"रियल इंडिया देखने की बात जाने हमें जिन्दगी में क्यूँ नहीं सूझी? मेरे कानों में तो बार-बार 'मेरे देश की धरती सोना उगले' और 'घर आजा परदेसी तेरा देस बुलाए रे' जैसे गाने गूँज रहे हैं।" मिसेज पंडित ऐसे मौकों पर फिल्मों का अपना पक्का ज्ञान व्यक्त करने में तनिक संकोच नहीं करतीं।

"पता है मिस्टर चौधरी ने तो हर अड़ंगा अटकाया कि मैं गाँव जा ही न सकूं। बोले-' कहाँ गन्दगी में जाओगी?' कैसे घर-परिवार की जिम्मेदारी दो दिन के लिए झटककर आई हूँ। नौकर हैं फिर भी काम तो मुझे ही करवाना होता है।" मिसेज चौधरी शहीदाना स्वर में बोलीं।

"वैसे जा तो रहे हैं हम पर गाँव के लोगों से क्या बात करेंगे? गन्दगी-गरीबी का माहौल और वे सब अनपढ़ और गँवार फिर न कोई शऊर। ठीक भी रहेगा चलना?" देर से चुप मिसेज गुप्ता ने हस्तक्षेप किया।

"यही तो मिस्टर चौधरी भी कह रहे थे...भई! हमारी सरकार विकास के तहत कितनी कोशिश कर रही है कि गाँवों में सब पढ़-लिख जाएँ पर कोई पढ़ना ही न चाहे तो सरकार जबर्दस्ती तो दिमाग में ज्ञान नहीं उँडे़ल सकती न।" मिसेज चौधरी ने तर्कणाशक्ति की मिसाल पेश की।

"ऐसी बात नहीं है। गाँव बदल चुके हैं। अब खस्ताहाल नहीं हैं। आप लोग कुछ पढ़ती-लिखती हैं नहीं। कितना सुधार-विकास हो चला है गाँवों में। गाँवों में खाते-पीते किसान हैं। कुछ समय पहले ही व्हाट्सएप पर एक मैसेज खूब चला था कि किसानों की इनकम दोगुनी हो गई है।" मिसेज पंडित ने ज्ञान के गुरूर

से भरकर कहा तो मिसेज गुप्ता जहर का घूँट पीकर रह गईं। दोनों में बरसों से छत्तीस का आँकड़ा जो ठहरा।

"सौ फीसद सच कहा आपने, सात-आठ महीने बीत गए। देखो दिल्ली में डेरा जमाए हुए हैं किसान। कहने को किसान बिलों का विरोध है पर इनके लिए कैसी दिक्कत? धरने की जगह दावतें उड़ाई जा रही हैं। पित्ज़ा और हलवे की पार्टियाँ चल रही हैं। कहाँ की तंगी-गरीबी?" मिसेज चौधरी ने हर बार की तरह मिसेज पंडित का समर्थन किया।

रास्ते में एक जगह रुककर नाश्ता-पानी हुआ। नाश्ता एक महँगी दुकान से पैक करवाया गया था। खाने के रैपर पर भी खासा खर्च किया गया था पर पकवान फीका ही निकला। बेस्वाद नाश्ते ने यात्रा का आनन्द आधा कर दिया। सोचा था रास्ते में किसी अच्छी जगह कुछ खाकर आनन्द को दूना किया जाएगा पर अब रास्ते में सारी मिसेज मंडली के लायक एक दुकान नहीं मिली। बाजार के दर्शन से सबने नाक-भौं सिकोड़ लिये। काफी दूरी के बाद कोई बाजार दिखता भी तो जगह-जगह खेती के औजार, हैंडपम्प की दुकानें। मिठाई की दुकानें थीं भी पर कैसी बेरौनक। मोटी-मोटी जलेबियाँ,पोहे और गुलाबजामुन खुले में रखे बिक रहे थे पर उनकी हैसियत इस मंडली के अनुरूप न थी। जरूरत भर की चीजों से भरे इक्का-दुक्का बाजार देखकर सबको राजधानी के शानदार मॉल बेतरह याद आए। खरीदारी का कीड़ा कबसे से मन में उछाल मारकर ढह गया था।

सुबह आठ बजे की यात्रा से चार-पाँच घंटे का सफर बिताकर दोनों गाड़ियाँ गढ़ा पहुँचीं। मिसेज सिंह के भाई का घर यहीं था। बड़ा बाजार था। जरूरत की लगभग सब दुकानें थीं पर शहरी रौनकदार दुकान कोई नहीं थी। तय हुआ पहले मिसेज सिंह के घर जाएँगे। फिर खाना खाकर, फ्रेश होकर गाँव। मिसेज सिंह का मायका किसी हवेली से कम नहीं था। घर की सम्पन्न हालत देखकर मिसेज पंडित ने अपनी मंडली के सामने हँसकर कन्धे उचकाए मानो कह रही हों—"मैंने तो पहले ही कहा था गाँव में अब कोई गरीब नहीं।" मिसेज गुप्ता जलकर रह गईं।

एक बड़े से कमरे में ठाठदार तरीके से बैठे सत्यप्रकाश सिंह से सब महिलाओं ने अपने तरीके से बातचीत की।

"आप कबसे खेती-बाड़ी से जुड़े हैं?" मिसेज पंडित सबसे पहले बोलीं।

"हमारे दादा-परदादा के जमाने से...पर अब हम लोग फसल नहीं उगाते। उगाने की जरूरत ही नहीं पड़ती। कितने किसान हैं, वही जोतते हैं हमारे खेत।

हमारे बच्चे तो सब बाहर ही पढ़ रहे हैं। वे सब तो शहर के हो गए हैं।" कहते हुए सत्यप्रकाश सिंह ने अपने झक्क सफेद कुर्ते की सिलवटों पर अपना हाथ फेरा। महिलाओं से अकेले क्या बातचीत करें यह सोचकर उन्होंने जल्द ही अपनी पत्नी को आवाज लगा दी और वहाँ से छुट्टी पाई। पत्नी बन-ठनकर सामने आई। दोनों हाथ जोड़कर मुस्कुराते हुए सबको नमस्कार किया। कुछ देर घर-परिवार की बातें हुईं और फिर वह मेहमाननवाजी में लग गई। सभी का खूब स्वागत हुआ। मिसेज मंडली को यकीन हो गया कि गाँव किसी भी हालत में शहर से पीछे नहीं हैं। यहाँ खाते-पीते लोग हैं। बढ़िया तरीके से रहते हैं। बल्कि उनसे भी बड़े घर में रह रहे हैं। बच्चे शहरों के नामी-गिरामी स्कूलों में पढ़ रहे हैं।

"भाई साहब! हम किसान स्त्रियों से मिलना चाहते हैं?" कुछ देर बाद सत्यप्रकाश सिंह के कमरे में दाखिल होने पर माहौल के बनावटीपन से उकताकर सुप्रभा ने पूछा। बहुत देर से सुप्रभा को यह डर खाए जा रहा था कहीं सभी लोग यहाँ की सुविधा देखकर यहीं न टिक जाएँ। कहीं ऐसा न हो इस सम्पन्न घर को ही पर्याप्त गाँव दर्शन मानकर वापस चल दें। वह चाहती थी उसकी साथिनें वास्तविक गाँव को भी देखें।

"आप सचमुच गाँव, उन औरतों से मिलने जाएँगी?" मिसेज सिंह के अनुज की आँखें सामान्य से अधिक फैल गईं। उन्हें तो यही लगा था शौक के मारे गाँव आईं शहरी स्त्रियाँ हैं। शौक तो इसी घर से पूरा हो जाएगा।

"दरअसल हम तो गाँव आए ही इसलिए थे कि उन सभी से एक बार मिल लें।"

सुप्रभा ने सहज भाव से कहा तो मिसेज पंडित की सन्तुष्ट मुद्रा में खलल पड़ गया। दिन भर की थकान के बाद और गाँव के सबसे बड़े किसान के घर-परिवार से मिलने के बाद अब बचा ही क्या है गाँव में। उन्हें सुप्रभा पर झुँझलाहट हो रही थी पर अब तीर कमान से निकल चुका था सो हवेलीनुमा घर से निकलकर सबको फिर गाड़ियों में बिठाया गया। सत्यप्रकाश सिंह अपनी मोटरसाइकिल पर गाड़ियों के संग चले। गाड़ियाँ एक कच्ची पगडंडी पर उतर गईं। कुछ समय बाद गाड़ियाँ छोड़कर पैदल चलना कुछ लोगों के लिए बवाल-ए-जान हो गया। बामुश्किल आधा किलोमीटर चलने में ही साँसों की लय विषम हो गई। मरतीं क्या न करतीं...। मिसेज सिंह के अनुज की अगुवाई में आठों महिलाएँ आगे बढ़ गईं। मिसेज सिंह के भाई सबको पहले गाँव का चक्कर लगाकर फिर अपनी पुश्तैनी जमीन और बाग पर ले जाना चाहते थे। गाँव हरा-भरा था। बरसात के बाद धुला-धुला-सा।

लगभग सौ परिवारों की आबादीवाला छोटा-सा गाँव था। गाँव में घुसते ही सँकरी-सी एक गली से गुजरते कच्चे रास्ते के साथ एक ताल था जहाँ भैंसें गले तक डूबी थीं। वहीं पास की कच्ची दीवारों पर उपले चिपके थे। आठों महिलाओं को सत्यप्रकाश सिंह के साथ देखकर उछलकूद में मगन बच्चों के खेल में खलल पड़ गया। भव्यता की चमक-दमक से बच्चे जड़ हो गए। वे जिज्ञासा से भरकर उन लोगों की गतिविधि पर दृष्टि जमाए खड़े हो गए। कुछ उनसे दूरी बनाकर उनके पीछे चलने लगे। सत्यप्रकाश सिंह यहाँ के लिए अपरिचित नहीं था पर उसके संग जो काफिला चल रहा था वह नये किस्म का अजूबा जरूर था। काफिला आगे बढ़ा तो एक प्राचीन शिव मन्दिर के बाहर कुछ बुजुर्ग पुरुष बैठे मिले। राम-राम के बाद सत्यप्रकाश सिंह ने ही गाँव की महिलाओं को किसी के घर इकट्ठा होने के लिए कहा। कुछ देर रुककर सत्यप्रकाश सिंह सभी को गाँव के भीतर ले गए। अधिकांश शहरी महिलाएँ आँखें फाड़े देखती चल रही थीं। फिल्मी दुनिया का हसीन गाँव अब तक आँखों से ओझल था। न वहाँ सुन्दर-सजी-धजी गोरियाँ दिख रही थीं न नेपथ्य में गीतों की धुन बज रही थी। शान्ति में डूबे गाँव में अचानक बोल पड़ती किसी चिड़िया की या पशुओं की आवाज को साफ सुना जा सकता था। गली के इर्द-गिर्द कई मकान थे। गली से अगले मोड़ के कोने पर ही एक मकान के पास दस-पन्द्रह स्त्रियाँ खड़ी दिखाई दीं। वहीं दो-तीन खाटें बिछा दी गई थीं।

"देखो! सब बहनें शहर से आईं हैं यहाँ गाँव देखने...इन्हें गाँव के बारे में, अपने बारे में बताओ।" जल्दी से आदेशात्मक स्वर में सत्यप्रकाश सिंह ने कहा और बहन सहित सबको बात करने बैठने का इशारा करके आगे निकल गए। हाँफ रही स्त्रियाँ कुछ देर के पशोपेश के बाद खाटों में धँस गईं जबकि ग्रामीण स्त्रियाँ उनके सामने कुछ देर खड़ी रहीं फिर जमीन पर ही बैठ गईं। छींट की सस्ती साड़ियों में वे सभी शहरी स्त्रियों की सज-धज से आक्रान्त थीं। जमीन पर बैठीं स्त्रियों के चेहरे ताँबई चमक से भरपूर थे। उनके हाथ श्रम से मजबूत हो चले थे। चेहरे पर अनुभव की प्रौढ़ता थी। कुछ मिनट की चुप्पी के बाद बातों की कमान मिसेज पंडित ने सँभाली—

"आप लोग यहाँ कैसे रहती हो? कामकाज क्या करती हो?"

एक पल को उन देहाती स्त्रियों ने एक-दूसरे की ओर देखा। कुछ सकुचाईं, कुछ को बात का सन्दर्भ समझ नहीं आया। एक स्त्री ने साथ बैठी एक अन्य स्त्री को कोहनी मारकर बोलने के लिए कहा। कुछ असहज भाव लिये उस स्त्री ने कहा— "यहाँ रहते हैं, जैसे सब रहते हैं।" उसकी बात पर अन्य ग्रामीण स्त्रियाँ हँस पड़ीं।

देहाती स्त्री के पास भले ही ऊँची डिग्रियाँ न हों पर जवाब दो टूक था। उसकी आवाज जितनी सपाट थी जवाब उतना ही खरा था। आवाज़ तरल होती भी कैसे, इन शहरी स्त्रियों से ठीक से परिचय तक न हुआ था किसी का और बिठा दिया गया उन्हें आपबीती-जगबीती सुनाने।

मिसेज मंडली में हलका-सा तनाव उभर आया। अधिकांश ने मिसेज सिंह को देखा और बात बढ़ाने का इशारा किया। मिसेज सिंह ने अपने दादा का परिचय देकर बताया कि ये गाँव, खेत और बाग उनके दादा के हैं। स्त्रियों ने उनके दादा को साक्षात नहीं देखा था हाँ उनकी ख्याति-कथाएँ जरूर सुनी थीं इसलिए उनमें से कुछ के चेहरे पर हलकी-सी मुस्कान उभरी। मिसेज सिंह हाल-चाल पूछने लगीं पर अपरिचय की दीवार तो अभी तक बुलन्द थी। माहौल की असहजता भाँपते हुए सुप्रभा ने कहा—"चाय-पानी को नहीं पूछेंगी आप लोग? बड़ी दूर से चलकर आ रहे हैं आपसे मिलने।" मिसेज मंडली का मुँह खुला का खुला रह गया। उन्हें सुप्रभा पर गुस्सा आया कि कुछ भी बोल देती है। यहाँ कौन पियेगा चाय-पानी? मिसेज चौधरी और मिसेज झा ने अपने पर्स से झट मिनरल वॉटर की बोतलें निकालकर पानी पिया। सुप्रभा के शब्दों से ग्रामीण माहौल में छाई बर्फ पिघलने लगी। स्त्रियाँ पहले उसकी बात से चकित हुईं फिर हरकत में आईं। कुछ जवान स्त्रियाँ चेहरे पर हँसी से रिश्ते का पुल बनाती तुरन्त उठकर घर के अन्दर चली गईं। पकी उम्र की स्त्रियों के चेहरे पर सवाल पसरा था कि ये धनी परिवार की स्त्रियाँ हमारे यहाँ का पानी पी लेंगी? सुप्रभा ने मिसेज गुप्ता का हाथ थामा और स्त्रियों के पीछे घर के अन्दर दाखिल हो गई। स्त्रियाँ की हैरानी पहले सीमा से परे गई फिर वे कुछ सहज हुईं।

घर के अन्दर एक दरवाजा खुलते ही सीधे हाथ की तरफ बरमा लगा था। उसके नीचे नाली थी। उसके आगे कुछ खुली जगह थी वहीं दो कमरे से थे। कमरों के आगे लीपी हुई जमीन से लगे छप्पर डले दो कमरे थे। आगेवाले हिस्से में एक चूल्हा था दूसरी तरफ चक्की। बाहर कीकर का पेड़। उसके आगे पशुओं के चारे की नाँद थी। एक तरफ उपलों का बिटौरा भी था जिसकी तरफ इशारा करके सुप्रभा ने पूछा—"इस उपलों की झोंपड़ी को क्या कहते हैं आपकी बोली में?"

स्त्रियाँ फिक्क से हँसी। फिर हँसी सँभालकर एक बोली—"मरज्जा...टपरी ही समझ लो आप।"

घर के अन्दर मिसेज गुप्ता तो अनमने भाव से खड़ी रहीं पर सुप्रभा ने वहाँ बैठकर घर का जायजा लिया और घर के अन्दर बैठी बच्चियों से तुरन्त बातचीत

शुरू कर दी। उसके लिए इंसानों से जुड़ना पहेली न था। बातचीत के साथ उसने महसूस किया कि अन्दर आईं ग्रामीण स्त्रियाँ कुछ परेशान हैं। फुसफुसाहट में बातें करते हुए वे उलझे सवाल का हल निकाल रही थीं। उनमें से एक स्त्री हाँ में सिर हिलाती तुरन्त घर की दहलीज से बाहर चली गई। वे सब शायद चाय-वाय के इन्तजाम में जुट गई थीं। बाहर की कमान मिसेज सिंह सँभाले हुई थीं। वह सुन कम और बोल अधिक रही थीं। लग रहा था कि जैसे प्रवचन दे रही हों। अन्य महिलाएँ उकता रही थीं। घर के भीतर कुछ देर समय बिताकर सुप्रभा, मिसेज गुप्ता को लेकर बाहर आई ताकि घर में स्त्रियाँ उसकी अचानक बातचीत से अपने ही घर में असुरक्षित न महसूस करें।

"खेती की यहाँ क्या हालत है?" सुप्रभा अपने चिरपरिचित अन्दाज में बाहर बैठी ग्रामीण स्त्रियों से बतियाने लगी।

"हो जाती है गुजर-बसर..." एक औरत ने बहुत सीमित शब्दों में जो कहा न के बराबर था।

"कौन-सी फसलें होती हैं यहाँ?" सीधा सवाल पूछकर सुप्रभा ने संवाद को जकड़नेवाली बर्फ को अपनेपन की नरमी से तोड़ा।

"ज्यादा करके तो गेंहूँ,मूँगफला,मसूर,सोयाबीन, मूँग ही।" जवाब संक्षिप्त पर पूरा था।

"बरस में दो बार प्याज की फसल भी होती है।" एक अन्य स्त्री ने भी बात पूरी की।

"खेती की जमीन अपनी है?" अबकी सुप्रभा ने बात की गहराई में जानेवाला सवाल किया।

"जिनके साथ आप सभी आई हो उन्होंने कुछ नहीं बताया क्या?" देहाती लोगों में साहस स्पष्टता का सबसे धवल रंग होता है। सुप्रभा के साथ मिसेज मंडली चकित होकर उस स्त्री को देखने लगी। मिसेज सिंह अपने भाई के बारे में ऐसी बात करनेवाली स्त्री को घूरने लगीं।

"नहीं ।" सीधी बात का सीधा जवाब सुप्रभा ने स्त्री की आँखों मे आँख डालकर दिया।

"हम सब जनी खेत मजूर हैं। जो आए थे उनके खेत की मजूर। उनके जैसे कुछ और लोगों के खेत भी यहाँ हैं।" एक अन्य स्त्री ने सभी की ओर देखकर कहा।

"उनका घर तो बड़ा शानदार है आप सबके घर की हालत तो..." अर्थतंत्र पर पकड़ रखनेवाली मिसेज चक्रवर्ती के अटपटे सवाल से ग्रामीण महिलाएँ

एक पल को चकित जरूर हुईं पर जल्द ही उनकी अल्पबुद्धि को क्षमा करते हुए उनमें से एक तिरछे होंठों की हँसी से बोले बिना न रह पाई—"अब मालिक और मजूर का घर है। फरक तो होगा न?" मिसेज मंडली की कुछ सदस्य यह देखकर हैरान हुईं कि मिसेज चक्रवर्ती को अपनी कमअक्ल पर भी काफी गुमान था। बात को सँभालते हुए मिसेज कश्यप ने बात का सिरा फिर उनकी मेहनत-मशक्कत की ओर मोड़ दिया। उन सभी औरतें की तकलीफें समान थीं।

"गाँव की हालत तो यह है कि कितने लोग-बाग छोड़-छाड़कर चले गए। बाकी बचे लोगों के पास कोई जमीन नहीं। मालिकों की जमीन बटाई पर ले लेते हैं। सारी मेहनत और पैसा हमारा फसल का मोल आधा-आधा।"

"और अगर फसल का नुकसान हो जाए तब?" मिसेज गुप्ता चुप न रह सकी।

"तब क्या नुकसान हमारा फायदा उनका। करजा-फरजा जो कुछ हमारे माथे। वे फायदे के हिस्सेदार नुकसान के हम अकेले।"

"करजा? हमने तो सुना है कि गाँवों को हर साल बहुत मदद दी जाती है। सरकार सब्सिडी दे रही है। एम.एस.पी. दे रही है। बीमा दे रही है, लोन भी दे रही है...अब क्या सरकार की जान लोगे? और ये सारा खर्चा तो हमारे ही टैक्स से निकल रहा है उसकी बात तो कोई करता नहीं।" मिसेज चौधरी तमककर बोलीं तो मिसेज झा ने तुरन्त हामी भरते हुए कहा—"व्हाट्सएप पर लगातार खबरें मिलती रहती हैं हमें, गाँव पहली बार आए हैं तो क्या।"

कर्जे की बात कहनेवाली स्त्री के शब्द दुख की भाप से पसीजे थे। ऐसा लगा जैसे जमीन पर कुछ उकड़ूँ तो कुछ आलथी—पालथी मारे बैठी सभी स्त्रियों का दुख एक की जबान से बाहर आया हो। मिसेज चौधरी और मिसेज झा की बातों से उनका दुख दूना हो चला। वैसे भी दुख कहकर कहाँ व्यक्त होता है उसे महसूस किया जाता है। नुकसान-फायदे की बात आह की तरह उस स्त्री के मुँह से निकली थी शायद इसीलिए मिसेज पंडित, मिसेज गुप्ता, मिसेज कश्यप और सुप्रभा को उनकी पीड़ा का एहसास होने लगा। पूरे माहौल में चुप्पी रच गई थी। सब बेहरकत से उन ग्रामीण सूत्रियों के चेहरों पर चस्पाँ दुखों की लकीरें पढ़ रहे थे। वे सब लकीरें जुड़कर एक बड़ी कथा कह रहे थे जो असली भारत से जुड़ी थी।

दो पल की चुप्पी के बाद कहीं से एक बुजुर्ग के किसी बच्चे को लताड़ने की आवाज ने माहौल को नये सिरे से सक्रिय किया तो मिसेज चौधरी ने अपनेपन से एक स्त्री से कहा—"यहाँ स्कूल अस्पताल हैं न? बच्चे का जन्म अस्पताल में होता है या यहीं घरों में?"

"हाँ है तो एक स्कूल यहाँ...पेले नई था। ऐसे तो स्कूल हैं पर लड़कियों को पढ़ने भेजना आसान नहीं। बाईचानस कोई-कोई पढ़ जाती हैं। हाँ, लड़के जाते हैं पढ़ने।" कहते हुए उसने बड़ी देर से गोद में मचल रहे अधनंगे बच्चे को थपथपाया और दोनों घुटनों को एक लय में हिलाने लगी।"

"अरे! मर गई री..." बातचीत के बीच ही एक स्त्री दर्द से चल्ला पड़ी।

जमीन पर बैठी स्त्रियों में हड़कम्प-सा मच गया। वे जल्दी-जल्दी जगह बनाने लगीं। दर्द से कराह रही स्त्री अपने पैर जमीन पर रगड़ रही थी। कुछ स्त्रियाँ उसके हाथ-पैर मलने लगीं। शहरी स्त्रियाँ हैरानी से सारे दृश्य को देख रही थीं। सब खाटों को छोड़कर उठ खड़ी हुईं। उन्होंने गौर किया कराह रही स्त्री गर्भ से थी। उसकी हालत देखकर कोई भी बता सकता था कि जचगी किसी भी समय हो सकती है। दर्द से पीली पड़ गई स्त्री का माथा पसीने से भीग चला। उनमें से एक तुरन्त बाहर की ओर दौड़ गई। मिसेज सिंह ने आँखों से सवाल किया तो एक स्त्री ने बताया कि वह दाई को बुलाने गई है। कुछ देर बाद वही स्त्री खाली हाथ लौटी। दाई घर पर नहीं थी। गर्भवती स्त्री की चीखें तेज होती जा रही थीं।

"इसे हॉस्पिटल क्यों नहीं ले जाते।" मिसेज सिंह ने पूछा।

"यहाँ पास में नहीं है कोई अस्पताल...इसका आदमी भी शहर में मजूरी करता है।" अपनी विवशता बताते हुए किसान स्त्री ने जवाब दिया। थोड़ी देर में गर्भवती स्त्री का बूढ़ा ससुर वहाँ आ पहुँचा। दर्द से उसकी चीखें तेज होती जा रही थीं। मामले की गम्भीरता देखकर सुप्रभा से रहा नहीं गया।

"मिसेज सिंह आप जल्दी से इसे हॉस्पिटल भिजवाएँ...गाड़ी तो है हमारे पास।" स्त्री की चीखों से अभी-अभी पिघली मिसेज मंडली सुप्रभा का फरमान सुनते ही जम गई। उनकी तनी हुई भौंहें साफ बता रही थीं कि गाड़ी जाने और लौटने में समय के लगाए अनुमान से उन्हें परेशानी हो रही है कि देर हो गई तो वापस कैसे जाएँगे। इधर सुप्रभा भी जिद पर अड़ गई। उसने किसी तरह ड्राइवर के साथ स्त्री के बूढ़े ससुर और दो औरतों को अस्पताल की ओर रवाना करवाया। मिसेज सिंह का उपकार मानते हुए एक उम्रदराज स्त्री का भीगा मन अपनेपन से कह उठा—

"बाल-बच्चे तो तुम्हारे भी होंगे। कोख में आया बालक तो अपना समय पूरा करके ही आता है। इस समय की दुख-तकलीफ तो हमारी-तुम्हारी सबकी एक-सी होती है।" ऐसा कहकर उस औरत ने जैसे मिसेज मंडली और अपने बीच की आर्थिक खाई को ही पाट दिया। शहरी स्त्रियाँ इस घटना को देखकर

सोचने लगीं कि उनके बच्चों की पैदाइश के समय में कितनी सुविधाएँ दौड़ी चली आई थीं।

"अबकी बाबा जी से कहूँगी कि एक आश्रम हमारे इस गाँव में भी जरूर बनवाएँ। बाबा जी का नाम लेने भर से ही कष्ट दूर हो जाते हैं।" मिसेज सिंह ने जोर देकर कहा।

"क्या वो बाबा जी हमारे दुख मिटा पाएँगे? पुराने मन्दिर के भोले बाबा तो पेले से ही हैं। उन्होंने हमारी बरसों की विनती अब तक पूरी नहीं की। अरजी दे रखी है हमने कि किसानी का मोल नहीं कम-से-कम उपज का पूरा मोल तो दिलवा दें...देखो किस दिन विनती पूरी होगी।"

माहौल में कुछ पल छाई खामोशी को घर के अन्दर से बाहर आई तीन-चार स्त्रियों ने तोड़ा। हाथ में दो-दो कप चाय के उठाकर बाहर आकर उन्होंने एक स्टूल पर रख दिये। बड़े अपनेपन और आदर के साथ उन्होंने मिसेज मंडली से चाय पीने को कहा। माहौल में एक नयापन आ गया। दर्जन भर कपों में गरमागरम चाय समाई थी। कप दो तरह के थे पर बिलकुल नये लग रहे थे जैसे पहली बार डिब्बे से निकलकर हवा में साँस ले रहे हों। भीतर से एक और स्त्री थाली में बिस्किट लिए आई और चारपाई में धँसी स्त्रियों के आगे बारी-बारी से थाली घुमाने लगी। प्रभा ने चाय का कप उठाया तो कुछ स्त्रियों के चेहरे चहके जबकि प्रभा के साथ की स्त्रियों ने 'बाद में लेंगे' कहते हुए चाय के प्यालों को नहीं छुआ।

"आओ आओ बऊ! यहाँ आओ। इधर।"

"हाँ-हाँ मिलो इनसे ये सब शहर से आई हैं।"

"बऊ?...। माने? कौन हैं ये?" मिसेज गुप्ता ने ग्रामीण स्त्रियों की ओर सवाल उछाला।

"बऊ नहीं जानती...अब क्या बताएँ बड़ी-बूढ़ी...बड़ी जिज्जी ही समझ लो। सीतू बऊ।" अगली पंक्ति में बैठी एक स्त्री ने मुस्कुराते हुए बताया।

अधेड़ उम्र की पक्के रंगवाली वजनदार स्त्री के आते ही माहौल में उत्साह भर गया। शहर की सभी महिलाओं ने उसे भरपूर दृष्टि से देखा। सलीके से बाँधी गई अच्छी साड़ी उस स्त्री के पैरों से कुछ ऊपर की ओर थी। पैरों में चमड़े की अच्छी चप्पल थीं और चाँदी के तोड़े भी थे। चेहरे पर पूरा सिंगार था। आँखों में मोटा-सा काजल और हाथ में भर-भर चूड़ियाँ। एक बड़ी सी कंठी गले में दिखाई दे रही थी। सीतू की धज और सम्मान से शहरी स्त्रियाँ तनिक अचकचाईं। उधर गाँव की स्त्रियाँ उसके सत्कार में लग गईं। एक भागकर अन्दर से कोई कुर्सी-वुर्सी लाने को गई तब तक तो सीतू बऊ बाकियों के साथ जमीन पर ही बैठ गई।

काफी देर से जमीन पर चुप्पी साधे बैठी स्त्रियाँ उसके आने से कुछ सहज हुईं।

"यहाँ बड़ा नाम है हमारी बऊ का। खूब बढ़िया गाती हैं। कृष्ण के गीत-भजन सुनो इनसे। जवाबी राई में इनके जैसा कोई नहीं। कहाँ-कहाँ से लोग आते हैं इन्हें सुनने...जबलपुर, भोपाल, इन्दौर, जाने कहाँ-कहाँ इनके परोगराम होते रहते हैं।" उस महिला ने शहरी महिलाओं की आँखों से टपकती जिज्ञासा को कुछ हद तक शान्त किया।

"तीजन बाई के ग्रुपवाली।" मिसेज गुप्ता ने झट से कहा।

"वह तो छत्तीसगढ़ की हैं, पंडवानी की उस्ताद। हम तो राई-भजन गाते हैं। दीदी तो ऊँचे कदवाली हैं। हम उनकी बराबर कहाँ।" सादगी और विनम्रता से सीतू बऊ ने एक बड़े कलाकार का सम्मान किया। माहौल बदला-बदला सा हो गया।

"राई माने?" अबकी सुप्रभा की जिज्ञासा ने पर फैलाए।

"राग है हमारा फिर उस पर रई-राई की तरह थिरकती हैं कलाकार।" सीतू का उत्तर संक्षिप्त था। उसके आने से जमीन अधिक गुलजार हो गई और खाटों पर बैठी भद्र स्त्रियाँ शान्त। कुछ देर पहले अपने इलाके में जो अजनबी हो चली थीं अब बात-बेबात उनकी हँसी छूट रही थी। अपने-अपने किस्सों-बातों में वे मस्त हो गईं। मेहमानों का कहीं कोई अपमान न हो इसलिए सीतू ने ही खाटों को सम्बोधित किया।

"आप सब दिल्ली से आई हो?"

"हाँ हम सब...और यह तो दुनिया घूमती रहती है अभी कुछ दिन पहले ही मुम्बई से आई है।" मिसेज सिंह ने सुप्रभा की ओर इशारा करते हुए सीतू से बातचीत आगे बढ़ाते हुए कहा।

"तुमने कभी गई हो दिल्ली-मुम्बई?" मिसेज चौधरी ने सोचा इसीसे बात आगे बढ़ाकर राजधानी का कुछ गुणगान किया जाए।

"हाँ-हाँ ये तो कई जगह घूमती फिरती हैं। ऐ बऊ कहो न कुछ।" एक स्त्री ने सीतू को कोहनी मारकर कहा।

"हाँ हम भी गए थे बम्बे अब तो मुम्बई कहते हैं न। बड़ा प्रोग्राम था उस बार। ताज में टिकाया था हम सबको। शरीर में थकन समाई हो तो क्या ताज क्या गाँव? एक बिस्तर ही तो चाहिए सोने भर को।" सीतू ने ताज को उसके सारे गौरव से हीन करते हुए सहजता से उसे थकन उतारने की एक जगह से ज्यादा न माना। लेकिन शहर की स्त्रियों के मुँह खुले के खुले रह गए। एक देहाती-भुच्च महिला को ताज जैसा भव्य होटल नसीब हो चुका है। अगले ही पल उनमें से

कुछ ने मुँह बनाया जैसे कह रही हों-' रही न देहाती। ताज का मजा उठाने की जगह इस दो कौड़ी के गाँव से उसकी तुलना कर रही है।" सबसे अनजान सीतू ने स्टूल से चाय का प्याला उठाया और बाकी लोगों से भी चाय पीने को कहा। ग्रामीण स्त्रियों ने इशारे से बताया चाय मेहमानों के लिए बनी है तो सीतू ने मेहमानों से चाय पीने का आग्रह किया।

"आप सब एक बिरादरी से हैं?" चाय का प्याला थामते हुए सुप्रभा ने सवाल किया।

"नहीं यह जो है न रज्जक है बाकी कुर्मी,जाटव, लोधी...हम सब ऐसे ही हैं।" एक स्त्री ने चाय लानेवाली स्त्री की ओर इशारा किया। सुप्रभा ने चाय का घूंट गले में उतारा पर मिसेज चक्रवर्ती ने प्याले की ओर बढ़ाया हाथ तुरन्त खींच लिया। मिसेज सिंह के लिए तो चाय पीना वैसे भी गलत था मालिक लोग और मजूर के घर की चाय? शहर में रहती हैं तो क्या नियम-कायदा भी कोई चीज है। हाँ मिसेज कश्यप अपने स्वभाव से अलग न जाने कैसे बिस्किट उठा लिया।

"कौन-कौनसे भजन गाती हैं आप? किस गुरू के घर सीखा गाना?" मिसेज कश्यप ने बात बदल दी।

"जिन्दगी से बड़ा गुरू कौन है भला।" सीतू के सीमित शब्दों ने बड़ी बात कही।

"पहले कहाँ ऐसी थी बऊ...गाने का शौक तो था पर ऐसे नहीं गाती थी। इनके पति तो किसान थे। बड़े बेटे की शादी अच्छी फसल की आस पर कर दी पर फसल बर्बाद हो गई। कहाँ से लाते पैसा? छोटे किसानों की तो न बैंक सुनता है, न सरकार उनका बीमा करती है। सबसे हारकर अपनी जान ले ली। बड़ा बेटा आज भी खुद को बाप की मौत का जिम्मेदार मानकर रोता है।" बऊ के साथ बैठी स्त्री ने साफ कहा।

राजधानी से आई स्त्रियाँ सीतू का मुँह ताकने लगीं।

"पता नहीं क्यों सरकार को बेवजह बदनाम करते रहते हैं? कुछ चैनल्स भी आत्महत्या की खबरें दिखाते हैं। जो दिखता है जरूरी तो नहीं वही सच भी हो।" मिसेज पंडित ने फुसफुसाकर मिसेज सिंह से कहा।

"आप लोग तो दिल्ली में रहती हैं हमसे ज्यादा दुख-तकलीफ देख रही होंगी किसानों की।" सीतू बोल पड़ी।

मिसेज पंडित , मिसेज गुप्ता, मिसेज चौधरी ने उसकी बात पर मुँह बनाया।

"गाना कबसे शुरू किया आपने?" सुप्रभा अपनी साथिनों के खोललेपन पर पर्दा डालते हुए बोली।

"जिन्दगी के दुखों ने सिखा दिया...पहले पति गया फिर बच्चे। नौ बच्चे थे अब चार बाकी हैं। दो बेटा-दो बेटी। यही दर्द और सारे आँसू गीतों में ढालकर नया जनम पाया है।"

सुप्रभा ने गर्दन नीचे झुका ली। उसकी आँखें शून्य में ताक रही थीं। मिसेज सिंह,मिसेज कश्यप से उसकी आँखें मिलीं तो वहाँ भी उसे नमी दिखाई दी।

"चाय पियो न आप सब, ठंडी हो जाएगी।" एक स्त्री ने फिर आग्रह किया तो बाकियों ने भी आँखों से अनुरोध दोहराया पर मिसेज मंडली ने चाय न लेकर 'हें-हें' करते हुए टाल दिया।

"तुम तो यहाँ की बाकी औरतों से अलग लगती हो। पैसा खूब होगा तुम्हारे पास? तुम्हारे गीतों का तो बढ़िया मार्किट होगा, खूब बिकते होंगे?" मिसेज पंडित ने सीतू के दुख से बेपरवाह होकर उसे कुरेदा।

"ऐ जिज्जी! क्या सब रुपये-पैसे से बड़े होते हैं? जिन्दगी ने बहुत बड़ी कीमत ली है हमसे तब जाकर ये दिन नसीब हुए हैं। हाँ हमारे गीत-भजन की हमारी कला हमारा सच्चा धन है और ये जो सब बैठी हैं न हमारे गीत सुनने वाली...ये हैं हमारा असली धन।" सीतू बऊ ने बिना किसी अहंकार के शान्त स्वर में कहा। कुछ शहराती स्त्रियाँ उसके दुख से पिघल रही थीं और दुखों की चट्टान को फोड़कर निकल आई उसकी गायन कला के अंकुर से प्रभावित हो रही थीं।

सीतू के संग जमीन पर बैठी कुछ स्त्रियाँ उसके हाथ की चूड़ियों को निहार रही थीं। शहरी स्त्रियों की नजर भी अनायास वहाँ चली गईं।

"जानती हो जो तुमने पहना है उसे शंख पोला कहते हैं। कलकत्ता में मिलता है।" मिसेज चौधरी ने विषय बदला।

"हमारे पास है असली वाला। कई-कई हैं। यह प्लास्टिकवाला तो बहुत सस्ता मिलता है बाजार में।" मिसेज चक्रवर्ती भला कैसे चुप रहतीं। सीतू के हाथ में पड़े शंख पोला के सैट को प्लास्टिक का समझकर उन्होंने अपना ज्ञान-अभिमान उँड़ेल दिया।

"न न आप देखो ध्यान से यह पिलास्टिक नहीं है। असली है। हम गए थे कलकत्ता वहाँ बन रहा था दुकान में रेती से खच्च-खच्च घिसकर बना रहा था कारीगर। देखो तो तुम लोग क्या प्लास्टिक की तरह एकदम गोल दिखता है?... नहीं न। शंख जो है टेढ़ा-मेढ़ा है। असली है।"

"सीतू बऊ अच्छी चीजों की बड़ी सौकीन हैं...ये जो चाय के नये कप हैं न ये भी इनके घर से ही आए हैं।" सीतू की तारीफ में एक स्त्री ने कसीदे पढ़े।

सीतू से शंख पोला का सच सुनकर मिसेज चक्रवर्ती चारों खाने चित्त हो गईं। अगल-बगल झाँकने लगीं। उनकी साँप-छछूँदर सी गति देखकर मिसेज कश्यप और मिसेज चौधरी की हँसी रोके नहीं रुक रही थी। हमेशा अपने पति के रुतबे तले दोस्तों को दबानेवाली मिसेज चक्रवर्ती को आज सीतू से हारते देखकर दोनों के दिलों को रुहानी खुशी मिली। सीतू का ध्यान चाय की प्यालियों की तरफ था। पास रखी खाली थाली से उसने चाय पर बैठ रही मक्खियों को दूर भगाया।

"आप लोग भी तो चाय-बिस्किट लो न।" सुप्रभा ने जैसे ही चाय पीकर अपना खाली कप स्टूल पर रखते हुए कहा तो फिर सबका ध्यान ठंडी हो रही चाय की ओर गया। सीतू सहित अन्य स्त्रियाँ भी मिसेज मंडली से इसरार करने लगीं।

"नहीं-नहीं अब चाय का टाइम निकल गया।"

"सिंह भैया के घर से अभी कुछ देर पहले ही तो चाय पीकर चले थे।"

"न न पेट बहुत भरा हुआ है।"

"अब लौटने का समय हो रहा है।"

चाय न पीने के अनेक बहाने और बोलने-बतियाने, उमंग-मदद के रंग आर्थिक-जातीय-स्वच्छता के समीकरणों से हारी हुई शक्ल में उतरकर हवा में तैरने लगे। बहुत प्यार से बनाई गई चाय नये-नकोर कपों में ठंडी हुई जा रही थी। सुप्रभा ने अन्य को इशारा भी किया पर किसी के क़ान पर जूँ नहीं रेंगी। सीतू से चाय की उपेक्षा देखी नहीं गई क्योंकि वह सिर्फ चाय की उपेक्षा नहीं थी।

"बहुत प्यार से बनाई है इन लोगों ने...दूधवाली चाय आप सबके लिए। चाय पिए बिना तो हम आपको जाने नहीं देंगे।" सीतू की विनम्रता पर दृढ़ता हावी थी।

सीतू की बात पर सुप्रभा और मिसेज कश्यप को छोड़कर मंडली की शेष छह भद्र महिलाओं ने चाय के कपों को फाँसी का फन्दा समझकर घूरना शुरू किया और जमीन पर बैठीं महिलाएँ उस मंडली की महिलाओं के माथे की सिलवटें पढ़ने लगीं। असली भारत उनके चाय के प्याले उठा लिये जाने का इन्तज़ार करता रहा।

कैद में बारिश

"रंगों की इस दुनिया में
एक रंग तेरा
एक रंग मेरा
मिलकर खिला देते हैं हजारों रंग
ये रंग मिलकर न जाने कहाँ से ले आते हैं
ढेर-सा उजाला
हँसी की खनक
कैसे आँखों में उतर आती है
चिरकाल से बहती कोई अजस्त्र धार
तब हमारे सपनों की दुनिया के रंग
अचानक
कुछ और चटख हो जाते हैं...
....
"आगे...चुप क्यों हो गईं? सुनाओ न...सुन तो रहा हूँ चारु।"

पास बैठी चारु के शब्दों में आसमान का कोई सिरा खोजते मुकुल ने घास के कालीन पर करवट लेकर कहा। चारु के आगे सारे दृश्य, अदृश्य थे। कुछ शब्द आसपास गूंजे भी पर कान में उतरे नहीं तो मुकुल ने प्यार से उसकी हथेली पर अपना चेहरा रख दिया। स्पर्श की दुनिया के तार शब्दों से कहाँ झंकृत होते हैं? चेहरे का परस पाकर चारु की हथेलियाँ मुकुल के बालों में खुद-ब खुद फिरने लगीं।

"और सुनाओ न चारु...सच यार सुन रहा था।"

"अच्छा? सुन रहे थे? झूठे..."

"कसम से सुन रहा था।"

"आज तो यही है...कल...परसों या किसी दिन कुछ और शब्द जोड़ लूँगी, उनमें लुकाछिपी का खेल खेलते हम दोनों को जब थोड़ा और खोज लूँगी, जिस दिन सपनों की मनचाही बारिश में भीग लेंगे हम-तुम तब शायद इसे पूरा कर पाऊँगी।"

"जिस दिन पूरा करके सुनाओगी उस दिन का वादा-तुम्हारी एक विश जरूर पूरी करूँगा। बिलीव मी।" विश्वास पगे शब्दों से मुकुल ने कहा।

"विश? वह तो कविता सुन लेने से ही पूरी हो जाएगी वैसे जीवन में कुछ शब्द अधूरे भी रहें तो कितना अच्छा है न, ताकि खोज के सिलसिले न थमें।"

चारु का चेहरा मुकुल पर जम गया, एक मुस्कान दोनों की आँखों में तैरी और मुकुल फिर निश्चिन्त होकर घास पर सीधा लेट गया। दोनों की निगाह में अपना-अपना आसमान था।

लोदी गार्डन का इत्मीनान न होता, मौसम की यह गुनगुनी धूप न होती, कविता के ये शब्द न होते तो चारु और मुकुल का एकान्त कहाँ से सिरजता? यूँ तो कॉलेज में भी एक सजा-सँवरा लॉन है पर कायदे के गलियारों में इश्क की लम्बी उड़ान कोई कैसे उड़े? तिस पर चारु की शायराना फितरत जिसे कोई चौहद्दी कभी भाती ही नहीं। एक रास्ता जो आगे बढ़े और फिर किसी तिराहे से जा मिले। तिराहे से फिर कोई राह फूटे और एक नई जगह कदम उठ जाएँ। कभी-कभी साथ चलता मुकुल उसे सीधे-आसान रास्ते से जल्द मेन गेट पर लाने की कोशिश करता पर चारु मुख्य रास्ता छोड़ किसी अनगढ़ पगडंडी का हाथ थाम लेती। आज भी दोनों यहाँ भाग आए अपने सुकून की तलाश में। कहाँ पूसा के आई.एच.एम. की केटरिंग टैक्नोलॉजी और एप्लाइड न्यूट्रीशन्स की क्लासेज़ और कहाँ ये दिल की उन्मुक्त तरंग? कहाँ दुनिया के मानचित्र पर फैले पाँच सितारा होटलों की चेन में शामिल हो जाने की जद्दोजहद कहाँ खुद को ही भूल जाने का दुस्साहसी जज़्बा? कई बार मुकुल को लगता चारु को इस कोर्स के अलावा कुछ और ही करना चाहिए था पर अगले ही क्षण खुद को डपटता अगर कुछ और करती तो उसे कैसे मिलती? फिर चारु अपने शौक के लिए चाहे कहीं से समय निकाले कोर्स के छूटे सिरे मजबूती से पकड़े रहती है। हर सेमेस्टर में अव्वल। कोई भी राह चुनती सफल रहती पर मम्मी-डैडी से जिद करके इस कोर्स में दाखिला लिया। दिल्ली में रहते हुए भी घर से अलग

हॉस्टल में रह रही है। शुरू-शुरू में उसकी मम्मी कितना परेशान हो जाया करती थीं कि हर हफ्ते छोटे भाई के संग उसे देखने चली आती थीं कितने सारे सामान और पकवान के साथ।

कॉलेज के नये-पुराने प्रेमियों में चारु-मुकुल का नाम जवान लड़के-लड़कियाँ एक ठंडी आह के साथ लेते। साँवले अनूठे सौन्दर्य में तीखे नैन-नक्शवाली चारु भीड़ से अलग, सोच की लय पर मन्थर गति से चलती कितनों की हसरतों की दुनिया की मलिका थी तो मधुर हँसी से दिलों को बेकाबू करनेवाला फेयरी टेल का-सा प्रिन्स था मुकुल। उन दोनों की दुनिया में अपनी हसरतों के अलावा दूसरों की आहों के लिए जगह ही कहाँ थी?

चारु के पिता व्यापारी आदमी थे और माँ व्यस्त व्यापारियों की त्रस्त बीवियों की तरह घर-बाहर को टिपटॉप बनाए रखनेवाली धुरी। समृद्धि के तमाम रंगों के नीचे वह एक स्त्री थी। बच्चों के बचपन में माँ की सुखद यादें और पिता की व्यस्तताओं के माँ द्वारा दिये अनेक स्पष्टीकरण थे। एक स्त्री जिसके रात-दिन घर, बच्चों और पति से बँधे होते हैं। जो जीवन की सारी विचित्रताओं, सारी उलझनों को सुलझाने का हुनर सीखने में अपनी जिन्दगी लगाती है। मुकुल की पारिवारिक स्थिति बदतर तो नहीं कही जा सकती थी पर वह हर मायने में चारु के परिवार से कमतर ही थी। यह जरूर है आनेवाले कल में मुकुल की अपनी हालत चमकदार होकर हैसियत के पलड़े में कम नहीं रहनेवाली थी। मुकुल की फितरत शायराना नहीं थी पर चारु के प्यार के असर ने उसे इस दुनिया को समझना, प्यार करना जरूर सिखाया था। फैज़-फराज़-गालिब की न जाने कितनी ग़ज़लें चारु उसे व्हाट्सएप किया करती। बेतहाशा भागती दुनिया में ठहरकर खुद को देखना सिखा रही थी चारु। बड़ी-सी दुनिया में दोनों ने अपनी होनेवाली दुनिया का एक घर बनाया था जहाँ सुकून की दीवारें उम्मीद की छत थामे होंगी। जहाँ दरवाजे एक-दूजे के इन्तजार में हर पल धड़कते मिलेंगे और कमरों में गूँजेगी दोनों की हँसी।

"डैडी! कोई भी नहीं सिर्फ मुकुल। मैं मुकुल के अलावा किसी और के बारे में सोच भी नहीं सकती।"

घर में जो बात अब तक खुलकर नहीं हुई थी चारु ने उसके किनारे खड़ी हुई संशय की दीवारें क्षण भर में ढहा दीं।

"पर बेटा! उनका स्टैंडर्ड...फिर हम..." इससे पहले कि मिस्टर चौहान अपनी बात आगे बढ़ाते चारु ने उनके गले में बाँहें डाल दीं और कहा—

"डैडी! मैं और मुकुल वो स्टैंडर्ड बना लेंगे कि आप रश्क करेंगे एक दिन।"

"मैं उस दिन का इन्तज़ार करूँगा...।"

मिस्टर चौहान की अधूरी बात में अपनी बात जोड़ते हुए मिसेज चौहान चिन्तित-सी बोलीं—"कुछ तो सोच चारु? बात सिर्फ पैसे की नहीं उसका परिवार हमसे बहुत अलग है और तू? कैसे एडजस्ट होगी? समझ नहीं आता।"

"इतनी फिक्र मत करो ममा,आइल मैनेज...। कहिए न डैडी दिया मुझे मुकुल...कहिए..."

"जा दिया तुझे मुकुल।"

मिस्टर चौहान के आखिरी चारों शब्द पहले भी कई मर्तबा इस घर की दीवारों ने सुने हैं। हर बार जब भी चारु ने कोई चीज़ माँगी उसे ऐसे ही मिलती रही। मिसेज चौहान को याद आया उसका दसवाँ जन्मदिन जब उसने एक बड़े-से टैडी बेयर की फरमाइश की थी और मिस्टर चौहान ने कहा था—जा दिया तुझे...। तबसे कितनी मर्तबा इस वाक्य का आखिरी शब्द ही बदला बाकी सब वैसा ही रहा। चारु अपने पापा की लाड़ली और समझदार बेटी थी।

चारु-मुकुल की कई रुचियों के साथ उनकी आर्थिक हैसियत और जाति भी एक-सी न थी। चारु चौहान और मुकुल गुप्ता। दुनिया की नजरों में इन नामों के साथ जातियाँ जुड़ी थीं पर दोनों को तो आगे-पीछे प्रेम ही नजर आता था। ग्रेजुएशन के बाद दोनों का होटल मैनेजमेंट में एम.बी.ए. करने का भी विचार था पर उससे पहले वे अपनी फील्ड में अनुभव पाना चाह रहे थे। पढ़ाई के कुछ अर्से बाद जैसाकि उम्मीद थी दोनों ही राजधानी के दो अच्छे होटल में अस्थाई नौकरी पा गए। चारु ने एम.बी.ए. के बाद किसी अच्छे पद पर जाने के विचार से शुरुआत में एक अस्थाई नौकरी ले ली। उसने अपनी रुचि के मुताबिक किचन लाइन में फूड एंड बेवरेज डिपार्टमेंट सँभाल लिया तो मुकुल ने फ्रंट ऑफिस में मार्केटिंग, सेल्स जैसे काम सँभाले। दोनों को कई बार होटल के प्रोमोशन्स प्रोग्राम के सिलसिले में बाहर भी जाना पड़ता था। घूमने-फिरने के आनन्द के साथ दोनों जल्द ही अपने तसव्वुर के घर को शक्ल देने को बेताब थे। मुकुल के घर में भी चारु को लेकर कम बवाल नहीं मचा पर धीरे-धीरे लड़के की जिद और समाज में मिस्टर चौहान के स्टेटस ने सारी शिकायतों का मुँह बन्द कर ही दिया। एक भव्य कार्यक्रम में परिवारों की मौजूदगी में दोनों के एक होने का ऐलान करके एक निजी निर्णय पर सामाजिक मोहर लगी। सगाई और शादी इसी साल होनी थी।

"क्या बात है चारु! न फोन पिक कर रही हो न मैसेज का जवाब दे रही हो...। सब ठीक तो है न?"

परेशान स्वर में फोन पर मुकुल ने चारु से पूछा। दरअसल चारु मुम्बई में स्किल डेवलेपमेंट इन इवंट प्लैनिंग प्रोग्राम में ट्रेनिंग के लिए गई थी। तीन महीने की ट्रेनिंग होटल ताज में रखी गई थी। देश-विदेश से कई नामी रिसोर्स पर्सन बुलाए गए थे और चुनिन्दा लोंगों को ही इसमें भागीदारी करने को मिली थी। मुकुल के यहाँ से भी कुछ लोग आए थे। मुम्बई जाने से पहले सब ठीक था, पहुँचने पर भी कुछ खास न बदला था पर कुछ हफ्तों के भीतर चारु-मुकुल की दुनिया में बहुत कुछ बदलने लगा। मुकुल ने महसूस किया चारु के शब्द अब उसके मन के गलियारे से नहीं सिर्फ कानों से गुजरते हैं। मुकुल से होनेवाली लम्बी बातों ने कब अपना दामन सिकोड़ लिया। मुकुल परेशान तो था पर मन में यही सोचा कि काम का तनाव चारु को मोहलत नहीं दे रहा होगा। राहतों के आसमान ऐसी ही तसल्लियों से टिके रहते हैं।

"कौन कमबख्त तुम्हें लड़की कहता है। तुम तरन्नुम में बजती पूरी ग़ज़ल हो चारु।"

मुम्बई जाने के पहले ही दिन हुई गेट टू गैदर में लखनऊ से आए प्रांजल सिंह ने अतिरिक्त छूट लेते हुए चारु से कहा। चारु ने पहले परवाह नहीं की पर अगले कुछ दिनों प्रांजल की आँखें ही नहीं उसके शब्द, उसकी हरकतें चारु के आगे दीवाना बनी घूमने लगीं तो वह चौंकी।

"तुम फ्लर्ट अच्छा कर लेते हो। लगता है काफी अनुभव है।"

चारु से रहा न गया तो उसने सख्त भंगिमा में तंज़ घोलकर प्रांजल से कहा।

"हमारा इश्क फ्लर्ट? खैर मैं तो अपने आज को भरपूर जीता हूँ।"

"मिस्टर प्रांजल! ज़िन्दगी में आनेवाला कल भी बेहद जरूरी है।"

"किसने देखा है उसे?...तुम तो काफी सीरियस लगती हो, तुम बताओ कैसी है कल की सूरत?"

"वह जो हम आज बनाते हैं।"

"तो क्या कल ठीक वैसा ही बन गया हमेशा तुम्हारी जिन्दगी में? जैसा तुमने चाहा?"

"बना भी कई बार..."

"हमेशा तो नहीं? मैडम चारु! मेरा यकीन आज है और इस इकतरफा इश्क जिसे तुमने फ्लर्ट कहा मैं उसमें भी खुश हूँ। एक ही जिन्दगी मिली है और उसे जीने का शऊर यही है कि उसमें न कोई रिग्रेट रहे न कोई मलाल। सुना तो होगा ही-च्वाइस इज़ योअर्स फ्यूचर इज़ योअर्स। मेरी च्वाइस आज से जुड़ी है। एट लीस्ट आइ एम नॉट अ हिप्पोक्रेट कि मन में कुछ ज़बान पर कुछ।

बात सीधी, अन्दाज साफ। इसमें क्या गलत है कि तुम्हारी खूबसूरती मुझे अपनी ओर खींचती है। तुम्हारी अदा, तुम्हारी शोखी, तुम्हारे बात करने का सलीका सब कुछ। मेरी जुबान मेरे मन के रिमोट से चलती है और तारीफ तो तारीफ ही होती है उसे तौलनेवाले मेरे तराजू में सौ ग्राम या एक किलो के दो अलग वेट मेरे पास तो नहीं हैं।"

इस मुलाकात में चारु, प्रांजल की बातों के जवाब में चुप-सी रह गई। एक खलिश जरूर मन में रही। दिन भर में उसने कितनी दफा सिर झटका और खुद को प्रांजल के ख्याल से अलग किया। कुछ दिन बाद चारु ने महसूस किया कि अक्सर लंच टाइम में प्राजंल चारु के नजदीक बना रहता है और एक दिन तो चारु के कान चौकन्ने हुए। 'रंजिश ही सही दिल ही दुखाने के लिए आ..." कोई फराज़ की ग़ज़ल गुनगुना रहा था। चारु पीछे पलटी तो यह कोई और नहीं प्राजंल ही था। चारु ने एक ठंडी 'ऊंह' का शब्द उचारा और साथ खड़ी अपनी दोस्त से कहा—"ग़ज़ल गुनगुनाना और उसका पारखी होना दो अलग बातें हैं।" यह बात प्रांजल को सुनाने के लिए कही गई थी।

"तू मुझसे ख़फा है तो ज़माने के लिए आ..."

प्रांजल ने जवाबी तीर में मुस्कुराते हुए ग़ज़ल गुनगुनाना नहीं छोड़ा।

लंच के बादवाले सेशन में यूँ ही चारु ने प्रांजल सिंह की फेसबुक प्रोफाइल पर ताका-झाँकी की। कई सैलिब्रिटी शैफ्स के साथ वहाँ प्रांजल की तस्वीरें थीं। खुद की ईजाद की कई डिशेज़ की तस्वीरों के साथ शेरो-शायरी, घूमने-फिरने और दोस्तों के संग मस्तियों का मेला लगा था। प्रोफाइल पर उसकी तस्वीर की जगह लिखा था—'स्काई हैज़ ए लिमिट...आइ एम बियोंड द लिमिट'।

ट्रेनिंग के दौरान महीने के अन्त में एक शनिवार की शाम को क्रूज़ से सब अगली सुबह गोवा पहुँचे। दिन भर गोवा के कई बीच घूमे, खाया-पिया। ट्रेनिंग के बँधे-बँधाए कार्यक्रम से मुक्त यहाँ की आजाद हवा में प्रांजल ने चारु की नजदीकी का कोई मौका न चूका। देर रात सब फिर मुम्बई के लिए चल पड़े। एक छोटी-सी यात्रा में क्रूज़ पर नाचने-गाने के साथ अपने हुनर को पेश करने का एक रंगारंग कार्यक्रम भी रखा गया। चारु की बारी आने पर उसने अपनी पसन्दीदा ग़ज़ल सुनाई तो उसे लगा जैसे अकेला प्रांजल ही उसकी ग़ज़ल पूरे मन से सुनकर झूम रहा है। इस यात्रा में प्रांजल और चारु के बीच की पहलेवाली नोक-झोंक के तीखे सिरे झड़ गए। दूरियों के शिखरों को पहचान की एक डोर ने देर से ही सही पर बाँध लिया। प्रांजल की चारु को फेसबुक पर भेजी फ्रेंड रिक्वेस्ट भी स्वीकार कर ली गई। प्रांजल ने पहला काम चारु की शेयर की गई

ग़ज़लों पर अपनी राय लिखकर जाहिर करने का किया ताकि वह जता सके शायरी उसने रटी भर नहीं है उसके बारे में कुछ जानता भी है। रात के खाने के बाद कई लोग जब अपने-अपने समूहों में बैठे थे चारु-प्रांजल डैक पर काफी देर खड़े होकर पानी के विस्तार को देखते बतियाते रहे। डेक पर बनी शॉप से कॉफी ली और चुस्कियाँ भरते हुए पिया।

"चारु! तुम्हारे लिये एक सरप्राइज़ है।"

गोआ से लौटकर अगले दिन प्रांजल ने चारु से कहा।

"क्या है?" चारु ने भीतर के आवेग को दबाते हुए संयत शब्दों में कहा।

"इसके लिए कल शाम तक का इन्तज़ार करो।" प्रांजल के शब्द कोई रहस्य बुन रहे थे।

यूँ चारु ने ठंडापन जरूर दिखाया पर भीतर से कल शाम के इन्तजार में सेंकेंड-मिनट-घंटों को सफर उसके लिए लम्बा हो चला। आखिर क्या होगा? कैसा होगा के सवालों के जंगल में भटकते हुए शाम हुई और प्रांजल ने चारु के सामने खुद बनाया फॉरबिडन फ्रूट सर्व किया। आसपास कई लोगों की निगाह दोनों पर थी। चॉकलेट और रेस्पबेरी के चटख रंग, भीनी-सी खुशबू में डूबी इस डिश की एक चम्मच चारु ने बड़ी शोखी के साथ उठाई और चखी। मिठास मुँह में नहीं सीधा दिल में उतर गई। चारु ने कुछ नहीं कहा पर प्रांजल ने आज बाजी मार ली। उस रात दोनों के बीच की सहजता एक कदम और आगे बढ़ गई। चारु को महसूस हो रहा था कि ऐसा क्षण उसके जीवन में पहली बार आया है। यूँ तो मुकुल ने उसके नाज़-नखरे उठाए थे पर इस तरह सरप्राइज़ देने का अन्दाज़ उसके पास कहाँ था?

"तुम वाकई कमाल हो...मेरा मतलब तुम्हारी डिश।"

चारु ने प्रांजल की तारीफ करते हुए एक झटके में केन्द्र बदल दिया।

"अब सच मुँह से निकल ही गया है तो उसे मानने में क्या हर्ज है। वैसे एक बात कहूँ मेरी मंजिल सिर्फ एक अच्छा शैफ बने रहना नहीं मैं मिचिलिन स्टार बनना चाहता हूँ। नाम और पैसा कमाना चाहता हूँ। विदेशों में घूमना-बसना चाहता हूँ। चारु चौहान! लाइफ भले ही छोटी हो पर उसमें सपने तो हम बड़े देख सकते हैं न? यह भी कोई लाइफ है-'यस सर! यस सर!...आइल डू द नीडफुल सर।' जब तक दो-चार टेलीविज़न चैनल पर अपना चेहरा न चमके तो सब बेकार है। दुनिया को मुट्ठी में महसूस करने की ताकत का नशा ही कुछ और होगा। क्यों?"

चारु ने कोई जवाब नहीं दिया पर वह प्रांजल के सपनों से, उसके स्टाइल से वह आज गहरे तौर पर प्रभावित हुई। फोन पर मुकुल की कई मिस्ड कॉल थीं पर न जाने क्यों उससे बात करने का चारु का मन नहीं हुआ। पिछले कुछ दिनों से मुकुल से बात करना चारु के लिए अजीब-सा होता जा रहा था। फोन पर कुछ देर बाद बार-बार 'और...और क्या' जैसे शब्दों की मौजूदगी बढ़ने लगी। न जाने जीवन के मुताल्लिक प्रांजल के फलसफों का असर था, उसके दिलफेंक अन्दाज से भरी शायराना बातों का जादू या फिर उसकी पूरी शख्सियत का एक सम्मोहन-चारु का हर दिन उसमें बिंधता गया और अतीत धुँधलाने लगा। अतीत का एक सीधा-सादा वृत्त कब त्रिकोण से चौकोर हुआ। चौकोर आकृति कब षट्कोण में ढली और तमाम तरह से बरजने पर भी इस षट्कोण ने अपने सारे सिरे खोल दिये। एक नया क्षितिज खुल रहा था पर दिनोंदिन अतीत से मुक्त होता जा रहा चारु का मन दो फाँकों में बँट गया। कभी-कभी दोनों में जिरह छिड़ जाती—

"मैं आखिर प्रांजल को जानती ही कितना हूँ जबकि मुकुल लम्बे समय से मेरे साथ है।"

चारु का मन कहता।

"जानने के लिए क्या सारी जिन्दगी की जरूरत होती है?" मन का दूसरा कोना सवाल करता।

"पर मुकुल मेरा प्यार था।" चारु का मन उसे झिंझोड़ता।

"जब वह प्यार था? फिर यह क्या है?" मन का दूसरा कोना पहले से टकराता।

"यह गलत हुआ न?" शर्मिन्दा मन कह उठता।

"इसमें क्या गलत है?" साहसी मन का कोना शर्मिन्दा मन पर हावी हो जाता।

"पर अब तो सब तय हो गया है। ममा-डैड क्या कहेंगे?" पहला कोना हताशा में पाँव पटकता।

"तय हो गया तो फिर चैन क्यों नहीं? और लाइफ तुम्हें जीनी है। ममा-डैड को नहीं। वह तुम्हारे हैं, देर-सबेर तुम्हारे साथ आ ही जाएँगे। जीवन हर क्षण नई सूरत में खड़ा होता है, अपने लिये पहले से बेहतर तुम्हें चुनना है। उसे चुनना है जो तुम्हारे जैसा है।"

मन का दूसरा कोना सिर उठाकर जिरह करता। यही कारण था कि चारु की मुकुल से होनेवाली लम्बी बातें अब थकने लगीं। नर्मी, कसक, बेताबी-जिन

रसायनों से मुकुल-चारु के प्रेम का स्वप्निल संसार बना था वह रसायन न जाने कहाँ रिस गया? मन के तारों में अब वह झंकार शेष न रही जिसे मुकुल ने भी कुछ-कुछ समझ लिया।

जबसे चारु के भीतर यह झंझावात उठा था बेचैन चारु का सारा सुकून प्रांजल की एक झलक पाने को बेताब रहने लगा। समय की तमाम पाबन्दियों से मुक्त दोनों घंटों बतियाते। दुनिया-जहान की बातों से चलते हुए अब उनकी बातों में केवल चारु और प्रांजल रह गए। तीसरे हर किसी का वजूद मिट चला। चारु पहले मन से लड़ी फिर लड़कर हार मान ली और अब इस हार में उसे जीत का सुख महसूस होने लगा। इस नये सुख में ऐसी बँधी कि अतीत दुखदाई हो चला। दो महीने में उसकी दुनिया का पूरा भूगोल बदल गया। मुकुल अब एक पछतावा रह गया और चारु जल्द से जल्द इस पछतावे से मुक्त होना चाहती थी ताकि उसका वर्तमान, अतीत की छायाओं से मुक्त रहे। आखिर बहुत सोच-समझकर चारु ने मुकुल से सब कह दिया।

"यह सब क्या है चारु? आखिर मेरा कसूर क्या है?" मुकुल ने गुस्से को काबू करते हुए कहा।

"कुसूर तो किसी का नहीं..." चारु ने मुकुल की बातों का सीधा जवाब न देकर खुद को सबसे पहले बरी किया।

"और हमारे वे सब दिन? वे वादे? हमारा वह घर?" मुकुल की बेचैन आवाज़ ने सवाल किये जो देर तक चारु के जवाबों का रास्ता देखते रहे। एक लम्बी चुप्पी जब सब्र खो बैठी तो दूसरी तरफ से मुकुल ने पूछा—

"यह तुम्हारा आखिरी फैसला है चारु?"

मुकुल ने अपनी अधीरता, क्रोध-कम्पन, स्वरभंग और पनीली आँखों को भरसक संयत रखा पर काफी देर से चारु को यादों के रास्ते पर प्यार के घर का वादा याद दिलाकर वह थक चुका था। चारु आज हर वादे से मुक्त थी। हर बन्धन उसे वापस लौटाने की काबिलियत खो चुका था।

"हाँ! मुकुल। मुझे लगता है मैं प्रांजल के साथ खुश रहूँगी। तुम्हारे लिये मुझे बहुत दुख..."

इस चट्टानी निर्णय के बाद अब दुख की उमड़ती किसी नदी के लिए सारी राहें बन्द हो चुकी थीं। इसीलिए मुकुल ने अधूरी बात में फोन काट दिया। उसे याद आया कुछ साल पहले चारु ने कहा था कुछ शब्द अधूरे ही रह जाएँ तो क्या बुरा है।

"यह क्या पागलपन है?" मिस्टर चौहान, चारु पर गरजे। फोन पर हो रही बात से ही चारु ने उनकी माथे की त्योरियों और क्रोध से भरी आँखों की भंगिमा का अनुमान लगा लिया।"

"मुकुल ने बताया होगा आपको?" चारु ने एक ठंडा जवाब दिया।

"तो क्या गलत किया उसने? तुमने तो वह भी जरूरी नहीं समझा। पहले जब मैं और तुम्हारी ममा कह रहे थे कि यह रिश्ता ठीक नहीं तब तो मुकुल की जिद्द किये बैठी थीं। अब दो ही महीनों में ऐसा क्या हो गया?" मिस्टर चौहान की झुँझलाहट लगातार बढ़ती जा रही थी।

"ज़िन्दगी तो मुझे जीनी है न...आप लोग समझेंगे नहीं।" चारु झुँझलाई।

"अब तो सब कहना-सुनना बेकार है। कितनी लड़कियों को मिलती है मनचाही आजादी? तुम्हें भी कसकर रखते तो आज यह दिन न देखना पड़ता..." मिस्टर चौहान बोले।

"ममा से कहिएगा मैं ठीक हूँ, महीने भर में कोर्स खत्म हो जाएगा। चिन्ता न करें।" चारु ने डैड के फोन रखने से पहले कहा।

"कुछ भी करो..." और मिस्टर चौहान ने फोन डिसकनेक्ट कर दिया।

चारु की दो दुनियाएँ समानान्तर चल रही थीं। नई दुनिया का प्यार पुरानी दुनिया के धिक्कार पर हावी था। धीरे-धीरे दुनिया की शक्ल दो नहीं एक हो गई और उस दुनिया में प्रांजल से हो रही मुलाकातों की खुशबू बिखर गई।

चारु से हुई आखिरी बात को दो महीने बीत चले। मुकुल होटल में ही था जब उसका फोन बजा। दूसरी तरफ चारु की मम्मी थी।

"बेटा मुकुल! जो कुछ भी हुआ न जाने किसकी मर्जी थी। पर मेरे कहने से एक बार, सिर्फ एक बार आकर चारु से मिल लो। बहुत उदास है चारु। जबसे लौटी है घर से बाहर नहीं निकली। किसी से कुछ कहती भी नहीं। हम तो हार गए। तुम उसे समझते हो...एक बार आ जाओ। बस एक बार, एक तुम ही तो हो..."

मिसेज चौहान का स्वर आज घबराहट, बेचैनी और बेचारगी में भीगा मुकुल से सहारा माँग रहा था। चारु के नये ख्वाब चकनाचूर हो गए थे और शीशे के उस महल की किरचों ने उसके मन को लहूलुहान कर दिया था। कुछ दिन पहले के इठलाते सतरंग अब स्याह थे। हसरतें मुर्दा होकर किसी ताबूत की पनाह माँग रही थीं। जिस्म जैसे हरकत खो बैठा, लबों पे तैरते सारे नगमें रूठ-से गए। भरोसा हो तो दलदली जमीन पर भी पगडंडी बनाई जा सकती है पर चारु के जीवन के तमाम सपने, भरोसे की जिस डोर पर झूल रहे थे वह डोर टूट चुकी थी।

"सॉरी आंटी। आजकल बहुत बिज़ी हूँ...और मेरे घर पर भी इस बारे में आप लोग बात न करें तो बेहतर।"

क्यों, क्या, कब, कैसे- तमाम सवालों के झंझावात में घिरे रहकर भी मुकुल ने पूरी निस्पृहता से जवाब दिया। जिस चारु के नाम से ही पूरे शरीर में एक जलतरंग बज उठता था वह आज रूठा हुआ था। होटल के हॉस्पिटैलिटी डिपार्टमेंट के गौतम ने मुम्बई से लौटकार चारु के कुछ किस्से जरूर छेड़ने चाहे थे पर मुकुल की सख्त भंगिमा और कड़े मन ने उसके उत्साह को पहली सीढ़ी पर ही ध्वस्त कर दिया। चारु का अवसाद, उसका नौकरी छोड़ना, उसके अकेलेपन से आज जैसे मुकुल का कोई रिश्ता नहीं था। मुकुल के मन की नमी सूखकर रेगिस्तान हो चली थी जहाँ प्रेम को बाँधने का हर ठिकाना धूल में मिलकर अपनी पहचान खो रहा था। घर में सब लोग बार-बार पूछते शादी के बारे में क्या सोच रहे हो? चारु कहाँ है? फोन क्यों नहीं उठाती?-सच को छिपाकर बहुत मजबूती के साथ सभी को टालने के बहाने गढ़ने में मुकुल अभ्यस्त हो चला था। अभी चारु की ट्रेनिंग है, अभी दूसरी नौकरी खोजनी है, एम.बी.ए. करना है फिर हो जाएगी शादी -ऐसे बहानों से उसने घर की सवाल उठाती निगाहों को बरज दिया था। अपनी दुनिया से चारु का हर नक्श मिटा देने के बाद भी मुकुल के मन की खलिश बराबर बनी हुई थी जो उसे किसी करवट चैन न लेने देती।

पीड़ा के आख्यान समय के अन्तराल के बाद तकलीफ तो देते हैं पर उनकी चुभन धीरे-धीरे कम होती जाती है। मन के जीवन में लौटने की पहली राह उम्मीद का दामन थाम लेना है। छह महीने से घर में बन्द चारु ने आज खिड़की से पर्दा उठाया तो कमरे में धूप उतर आई। खिड़की खोली तो हवा का एक झोंका चेहरे को थपथपा गया और थोड़ा-सा आसमान कमरे में झाँकने लगा। अचानक चारु की नजरों के सामने कुछ बरस पहले के प्रेमी मुकुल-चारु घूम गए जो आसमान को तकते अपना घर ढूँढ़ रहे थे। बेसाख्ता चारु का हाथ मोबाइल पर गया पर अगले ही पल मन के अनेक संशय जाग गए। सब चारु के बराबर उठ खड़े हुए और फिर और ऊँचे, और ऊँचे उठते गए। सब मिलकर चारु को घेरने लगे तो चारु तड़पकर खड़ी हो गई। संशय अचानक वहीं ठहर गए। छह माह का वक्फा, पछतावे से लड़कर जुटाई हिम्मत और स्मृति में बसे मुकुल के प्यार ने चारु के संशय की दीवार ढहाकर मुकुल से मिलने का मन बनाया।

अर्से बाद दोनों की यह एक अजीब मुलाकात थी जहाँ चारु-सी चारु न थी और मुकुल-सा मुकुल नहीं। पुराने प्यार की गन्ध लिये चारु ने ही इस मुलाकात की ऊबड़-खाबड़ जमीन को समतल करने की कोशिश की—

"जानती हूँ अब कुछ भी बाकी नहीं पर मुझे माफ भी नहीं करोगे मुकुल?" चारु ने हिचकते हुए बात की कमान सँभाली।

"माफी जैसी कोई बात नहीं चारु।" मुकुल के मन की निस्पृह दीवार में अर्से बाद दरार पड़ी।

"मुकुल! जिन्दगी की ठोकर ने मुझे कुछ सिखाया हो न सिखाया हो पर अब उसमें मुझे सिर्फ तुम्हारे साथ बीता अपना कल ही जिन्दा दिखाई देता है। जानती हूँ तुम्हारे लिये इस पर यकीन करना मुश्किल है पर...।" चारु ने अपना हाथ मुकुल की हथेली पर रख दिया।

"मैं तुमसे बहुत प्यार करता था चारु...करता रहूँगा।"

स्पर्श की नमी ने मुकुल के मन के रेगिस्तान पर कुछ बूँदें बिखेर दीं।

"कल करते थे...कल भी करोगे पर...आज?"

चारु यह कहने तो नहीं आई थी पर मन के नीचे इच्छा का एक अंकुर अचानक पनपकर बोल उठा।

"मेरा मन अजीब-सा हो गया है चारु। इस अजीब घर में अब तुम खुश रह सकोगी क्या? हम खुश रह सकेंगे क्या?"

"मुकुल! हम साथ होंगे तो फिर से ढूँढ़ लाएँगे अपने सपनों का घर।" चारु की आँखों में बारिश का टुकड़ा उतर आया।

"चारु! तुम्हें अब मुश्किल होगी...। मेरे साथ...।"

"मुकुल! जो सबसे ज्यादा मुश्किल था वह समय मैं काट आई हूँ...। फिर भी मैं इन्तज़ार करूँगी।"

"देख लो चारु! मैं कोई देवता नहीं हूँ, एक आम इंसान हूँ। आम इंसानों में भी बहुतों से बेहतर नहीं। जैसा हूँ, वैसा हूँ। मेरे साथ हर हाल में तुम्हें रहना होगा...कहीं तुम बाद में सोचो...।"

झिझकते शब्दों में भी मुकुल ने साफ बात कह डाली।

"मुकुल! मैं आज यहाँ सिर्फ भरोसे की जमीन पर चलकर आई हूँ कि तूफानों के बाद भी तुम्हारा प्यार मुझे समझेगा...मैं तुम्हारे लिए अपनी कोशिश करूँगी मुकुल पर तुम भी कोशिश करना..." चारु की आँखें बरसाती नदी हो चलीं, मुकुल उसमें बह रहा था।

अपेक्षाओं की भी एक एक्सपायरी डेट होती है उसके बाद भी जो कायम रहे वही रिश्ता सच्चा होता है-यही सच लिये चारु-मुकुल की नई जिन्दगी की शुरुआत हुई। परिवार जुड़े, मिलना-जुलना बढ़ा और फिर पूरी धूम-धाम से शादी की तैयारी में लग गए। मुकुल-चारु के बीच के कड़वे सच से परिचित कुछ

लोगों ने मुकुल की मर्दानगी को कई कोणों से छीलने-खुरचने की कोशिश भी की। शादी के कार्ड बँटने पर लंच टाइम में मुकुल को छेड़ने की गरज से गौतम ने अपने ग्रुप में उसे सुनाते हुए कहा—"यार! मैं किसी का जूठा नहीं खा सकता। लोग पता नहीं देखकर भी कैसे निगल लेते हैं? मुझे तो बड़ी घिन आती है।"

गौतम के चेहरे पर घृणा की अनेक परतों में छिपे अर्थ को मुकुल ने पढ़ लिया। गौतम ने यह जुमला जान-बूझकर हवा में छोड़ा था। मुकुल का चेहरा तल्ख हुआ पर उसे समझ आ गया तल्खियों पर नाराज होना, हड़बड़ाकर उनका स्पष्टीकरण देना अपने को ही किसी कटघरे में खड़ा करने जैसा है। वह चुप तो रहा पर भविष्य में इस तरह के अपमान से बचने के लिए उसे इस जगह को छोड़ना जरूरी लगने लगा। मैनेजर की पैरवी से उसे कुमाऊँ के होटल बिनसर में नई नौकरी भी मिल गई। मुकुल ने ज्वाइन करने के बाद ही सबको बताया। घरवाले चौंके। चारु को भी झटका लगा कि उसे बिना बताए मुकुल ज्वाइन भी कर आया। कहाँ अच्छी-खासी नौकरी, राजधानी में आगे बढ़ने के चमचमाते रास्ते और कहाँ बिनसर की यह साधारण नौकरी? चारु को पहली मर्तबा तो अजीब लगा पर फिर उसने सोचा कुछ समय के लिए यह नया एकान्त दोनों को करीब ले आएगा। दोनों के बीच दूरी, अजनबियत के बन गए पहाड़ तो जरूर दरक गए थे पर उनके दरकने से कई छोटे-बड़े पत्थर अभी राह में बिखरे थे। चारु को लगा उन्हें कूट-पीसकर जमीन बनाने में यह अकेलापन कारगर रहेगा। उसने सोचा नई जगह पाकर दोनों का रिश्ता भी नया हो जाएगा।

"चारु की नौकरी का क्या होगा मुकुल? यहाँ तुम दोनों का फ्यूचर हर हाल में अच्छा रहता फिर वहाँ कोई ऐशो-आराम भी कहाँ है? कैसे रहोगे?"

मिसेज चौहान के लाख मना करने पर भी मिस्टर चौहान किसी भी तरह अपने सवाल के तीर को रोक नहीं पाए।

"मैं नहीं चाहता कि शादी करके हम दोनों अलग रहें। मैं वहाँ रहूँ और ये यहाँ और जब कई महीनों से चारु ने नौकरी छोड़ ही रखी है तो कुछ दिन और सही। फिर वहाँ भी कुछ ऑप्शन्स हैं...देखा जाएगा।" मुकुल ने दो टूक जवाब दिया तो मिस्टर चौहान एक पल को ठिठके। तनाव में कसमसाती मिसेज चौहान आखिर बीच में बोल ही पड़ीं—

"ठीक ही तो कह रहा है मुकुल। नौकरी तो करनी ही है पर साथ रहना भी तो जरूरी है और सुविधाएँ तो हम जुटा देंगे।"

"नहीं आंटी! मैं देख आया हूँ। सब सुविधाएँ हैं वहाँ आप नाहक चिन्ता न करें।"

इस बार मुकुल ने सीधे तौर पर भविष्य में हो सकनेवाले किसी भी बाहरी दखल का अधखुला दरवाजा पूरी तरह बन्द कर दिया।

मिस्टर चौहान ने चारु की तरफ देखा तो उसके चेहरे पर बिछी सन्तुष्टि ने बता दिया कि चारु को मुकुल की किसी बात से कोई भी आपत्ति नहीं।

मार्च के अन्तिम सप्ताह में शादी के बाद दोनों कुछ दिन घर-परिवार के साथ रहकर बिनसर चले आए। शाम के झुटपुटे में बिनसर की चढ़ाई, दूर तक फैली नीरवता और प्रकृति की अनगढ़ सुन्दरता चारु को अपनी ओर खींचने लगी। कार के ड्राइवर की मौजूदगी को सिरे से नकारकर उसने मुकुल की बाँह में अपना हाथ डालकर मुकुल के कन्धे पर सिर रख दिया। मुकुल को ड्राइवर की मौजूदगी का एहसास बना रहा। उसने ठंडी हवा के लिए खिड़की के शीशे खोल दिये। चारु ने गहरी साँस लेकर इस हवा को भीतर भरा तो एक शीतल सुकून से भर गई। ऊँचाई पर बने होटल में दोनों रिस्पेशन पर पहुँचे। इमारत के बाहर की सादगी इमारत के भीतर भी मौजूद थी। दीवारें-फर्नीचर-डिवाइडर-पेंटिंग्स-कालीन-शेल्फ-कुछ आर्ट पीसेज़ सभी बरसों से अपनी-अपनी जगह पर टिके लग रहे थे। डिवाइडर के पीछे बना डाइनिंग हॉल भी बेहद साधारण था। वहाँ असाधारण बस बाहर फैली प्रकृति थी जो हॉल की खिड़कियों से सभी को अपनी ओर खींचती थी। बुक-शेल्फ में रखे पर्यटन के पैम्फ्लेट्स देखते हुए चारु ने महसूस किया यहाँ बड़े होटलों की चकाचौंध जैसा कुछ भी नहीं था। घूमने आए दो परिवार अपने कमरों में जाने के इन्तज़ार में बैठे थे। छुट्टी के बाद मुकुल ने चार्ज लिया और दोनों स्टाफ क्वार्टर में गए। दो कमरों का एक छोटा-सा क्वार्टर था। जरूरत भर का फर्नीचर बेहद सादगी से कमरों में जमा था।

बिनसर का यह नया जीवन हर कोलाहल और सारी शहरी व्यस्तताओं से परे था। होटल की जिम्मेदारियाँ पूरी थीं और सबसे बढ़कर थे यहाँ रहने के नियम। जंगल के बीच स्थित इस होटल में लोगों को प्रकृति की निकटता महसूस कराने के लिए निश्चित घंटों के लिए ही बिजली की सुविधा दी जाती थी। अँधेरे के बाद जल्द सोना, सीमित मात्रा में पानी का इस्तेमाल लेकिन इनके बरक्स सीमाहीन ताज़ा हवा, घूमने के लिए अन्तहीन जंगल, देखने के लिए आकाश, दूर तक दिखनेवाली पर्वतमाला-प्रकृति के विस्तार में खींचकर कुछ दिन बाद प्रकृति को पूरी सघनता में महसूस करने का मौका देती। चारु जल्द ही नई गृहस्थी में रच-बस गई। उसे यह नया एकान्त बहुत भा रहा था। क्वार्टर में इंटरनेट न आना जरूर तकलीफदेह था पर उसने जल्द अपने आपको इस सबके अनुरूप ढाल लिया। जब कभी इंटरनेट की जरूरत होती तो वह होटल के ऑफिस चली जाती। नये जीवन में दोनों प्रकृति

के एकदम नजदीक थे पर दोनों की प्रकृति एक-दूजे की पूरी नजदीकी अभी नहीं पा सकी थी। दोनों जानते थे ऊपर की सहजता को बनाना आसान है पर प्यार को दोबारा उसी शिद्दत से पनपने में समय लगना था।

चारु की कविताओं को एक बार फिर धरती मिलने लगी। जीवन के जीवन में लौट आने का जश्न चारु पौधों-फूल-पत्तियों से मिलकर, जंगल में भटककर खुद को पाने में लगा रही थी। कोई खास सोशल सर्किल यहाँ नहीं था। स्टाफ के कुछ लोग थे तो उनका परिवार साथ नहीं था जिनका था उनसे राबता रखने का चारु-मुकुल का कोई मन नहीं था। लोग भी इस नये शादी-शुदा जोड़े की निजता को बनाए रखने के हिमायती थे। चारु जिस सच से बेखबर थी वह सच न मुकुल के मन को शान्त रहने दे रहा था न उसके जीवन को। मुकुल का दो फाँकों में बँटा मन आजकल समय मिलते ही सवालों के जंगल उगा देता—

"ऊपरी मन से ही साथ रहना था तो एक जि़न्दगी में बँधे क्यों? किसी ने जबर्दस्ती तो की नहीं थी।" एक मन डपटता।

"चारु के नजदीक जाता हूँ तो पता नहीं क्यों खुद को जकड़ा हुआ पाता हूँ।" दूसरा मन सफाई देता।

"क्यों भला?" मन का रोष सिर उठाता।

"चारु पर मेरा भरोसा...। न जाने क्यों...। समझ नहीं पाता।" मन की झिझक सामने आती।

"बिना भरोसे के शादी? प्यार करते हो न उससे?" वकील बना मन कोंचता।

"प्यार...। वह तो है पर...न जाने क्यों मुझे महसूस होता है कि कहीं कोई एक दीवार है जो अचानक उठ खड़ी होती है...शायद सब जल्दी हो गया।" मन फिर परेशानी में घिरता।

"जल्दी हो गया? यह कैसे मान लूँ?" मन का वकील जोर से हँसा।

"बीते कल की कड़ी आज से जोड़ने को होता हूँ तो चारु का गुजरा कल बीच में आ खड़ा होता है।" मन फिर सफाई देता।

"तो तुम उससे बीते कल का बदला ले रहे हो?" सवाल का तीखा कोना उभरता।

"बदला तो नहीं...मैं इन्तजार में हूँ कि..."

"तुम उसे जान-बूझकर यहाँ भगा लाए, उसकी नौकरी? उसका प्यार? उसका भरोसा? क्या दे रहे हो तुम उसे? एक लड़की से उसका सब कुछ छीन लिया तुमने।" मन गरजता।

"मैं भी तो भाग आया हूँ सब छोड़कर।" मन की विवशता सर पटकती।

"कितना कठिन है न, प्यार के खोल के नीचे के पुरुष को दबा पाना? फिर जीवन भागने का नहीं मुश्किलों के बीहड़ में धँसने का नाम है।" मन दूसरे हिस्से की कमजोरी का मजाक उड़ाता।

स्पष्टीकरण और डपट के दुश्चक्र में फँसे मुकुल के आगे तस्वीर के रंग धुँधले थे। चारु असलियत से नावाकिफ थी पर यह तय था कि इस बार अगर रंग रूठते तो चारु को फिर से प्यार का कैनवेस मिल पाना मुश्किल था। मुकुल ने सोचा था कि दोनों के बीच में समय सारे सवालों का हल ढूँढ़ निकालेगा पर समय के साथ मुकुल की कदमताल जरूरी थी। वह अपने तईं कुछ कोशिशें भी करता पर नाकामी उसके संग चलती।

"मैनेजर ने आज माली को बहुत तेज डाँट लगाई, जाने क्या-क्या बोलते रहे देर तक। पौधों को छाँटने का कैंचा-हाँ यही कहा था उन्होंने...वह नहीं मिल रहा था। माली ने यह कहा तो मैनेजर ने ये...फिर माली भी हाथ बाँधे खड़ा रहा। वो मिस्टर कालरा आज फिर से अजीब-सा कुर्ता पहनकर चले आए। काले कुर्ते में पीले-पीले गोले। बता रहे थे मिसेज कालरा काफी खोजकर लाई हैं। मिस्टर कालरा को गोभी बिलकुल पसन्द नहीं पर मिसेज कालरा आए दिन गोभी बनाती हैं...।"

आजकल मुकुल ड्यूटी से लौटने पर चारु का मन रखने के लिए उसे ऑफिस का छोटे से छोटा ब्यौरा भी बताने लगा था। उसके भीतर का चोर नहीं तो और कौन था यह? कब, कौन आया के साथ क्या बोला, क्या खाया, क्या पहनकर आया, कैसे गया यानी ऊब की हद तक जानेवाले डिटेल न जाने उसकी बातों में कहाँ से आ गए थे? चारु याद करती कि कभी मुकुल ने ही उससे कहा था—"वे लोग मुझे जरा नहीं सुहाते जो ऑफिस को घर लिये चले आते हैं।" यूँ मुकुल की बातों से घर में एक शोर बना रहता। दोनों के बीच बहुत सारे शब्द थे, बहुत सारी ध्वनियाँ थीं पर अर्थ की वह लय गायब थी जिनसे कभी चुप्पियों में भी दिल धड़कता था। मुकुल भी आजकल जबरन बोलकर खुद को बहुत थका हुआ महसूस करता।

यहाँ आए दो महीने बीत चले थे। मौसम में बिखरी हवा की नमी खत्म-सी हो रही थी ठीक उसी तरह जिस तरह चारु के यहाँ आने पर दिल को ताजगी से भरनेवाली ट्रैकिंग,फूल-पौधे-पेड़-पहाड़ अब सब फीके पड़ने लगे थे। जून का महीना शुरू होते ही चीड़ के जंगलों में आग लगने से हवा धुँए से भर गई थी। चारों तरफ कई दिनों से एक दमघोंटू गन्ध फैली थी, मौसम में एक चिपचिपी गरमाहट थी।

शुरू में अल्मोड़ा और आसपास घूम आने की राहत बटोरनेवाला चारु का मन उदास था। अपनी दुनिया की बेचैनी को चारु अपनी कविता की दुनिया से दुरुस्त करने की भरसक कोशिश करती। चारु, मुकुल से कोई शिकायत नहीं करती पर आजकल उसका मन हमेशा पूछता—"तू मुकुल से प्यार कर रही है या कोई प्रायश्चित्त?" और चारु इसका कोई जवाब नहीं दे पाती। उसे याद आता स्कूल की किताब में पढ़ा था प्रेम का धागा टूटने पर उसमें गाँठ पड़ जाती है। चारु अक्सर मुकुल के सीने पर हाथ फिराकर उस गाँठ को टटोलती। शादी के बाद चारु को लगा था उनके बँधन की गिरह उन्हें कुछ और खोलेगी पर अब लगने लगा जैसे ये शादी नहीं रिश्ते में पड़ी एक गाँठ है। चारु के सवाल और मुकुल की खलिश आखिर कब तक छिपे रहते? देर-सबेर एक-दूसरे के सामने खड़े हो ही गए। जिन्दगी के सारे सुखमय सपने किसी अन्तहीन जेल में कैद थे। एक छत के नीचे दोनों थे पर प्यार की नर्म हथेली पर अधिकार का स्पर्श न था। शब्द घर का पता भूलने लगे थे। हवा से महक, आग से तपिश, पानी से नमी और बादल से बारिश सब रीत रहे थे। दो देह निस्पन्द थीं और खुशी घर-आँगन को पहचानने से इंकार करने लगी थी।

"तुम चली आना...सारी बन्दिशें तोड़कर, कर देना हैरान मुझे बोरियत भरे दिनों की ऊब मिटाकर। धरती पर पड़ी दर्द की दरारों को भर देना। एक झरना बहने लगे मेरे एकदम सामने। निहारती रहूँ मैं एकटक। मेरी ख्वाहिशों को न जाने कबसे तुम्हारा इन्तजार है। मैं भीग जाऊँ, खुशी में डूबी रहूँ गले तक... फिर जहाँ की खुशबू को गहरी साँसों में भरकर हौले से उठूँ और जोर से लगा लूँ तुमको गले, तुम बारिश नहीं मेरा प्यार हो..."—चारु का मन उम्मीद की फिसलती जा रही किसी रेखा को थामने की पूरी कोशिश करता। चारु मन के इन शब्दों को ज़बान पर नहीं लाती पर शब्दों में बसी हसरतों से मुकुल को निहारा करती। मुकुल उसे अपनी ओर ताकते, इशारे से पूछता-'क्या हुआ?' तो चारु भी बिना बोले 'सब ठीक है' के अन्दाज में सिर हिला देती। चाहत के आसमान जाने क्यों किलों में कैद थे? एक पूरी जिन्दगी की ख्वाहिश अधूरे प्यार से भला कैसे मुमकिन थी?

देर रात तक जागने के कारण मुकुल सुबह देर से उठा तो मौसम उमस से भरा महसूस हुआ। चारु नहा रही थी। मुकुल ने उठकर खिड़की से पर्दा उठाया ही था कि उसकी नजर चारु की साइड टेबल पर चली गई। हमेशा की तरह एक किताब वहाँ रखी थी। किताब में पेन्सिल दबी थी और काग़ज़ का एक शैतान कोना बाहर आकर मुकुल को रिझाने लगा। मुकुल की नजर काग़ज़ पर

और ध्यान चारु की आहट पर स्थिर हो गया। जब यह विश्वास हुआ कि चारु को अभी समय लगेगा तो उसने कागज को किताब से आजाद किया। काग़ज़ पर चारु के शब्द थे—

तुम्हारे मन का हरा रंग
मेरे मन पर पड़े
बेजान पीले पत्ते बुहार देता है
तुम्हारी उभरी नसों की नीलाई
कौंध कर मेरे दिमाग में बन जाती है विचार
तुम्हारी रक्ताभ हथेलियाँ
जब थाम लेती हैं मेरी बाँहें
खिल जाता है इन्द्रधनुष

कविता के नीचे छोटे-छोटे शब्दों में लिखा था—"बरसों की एक अधूरी कविता पूरी हुई...क्या अब लौटा सकोगे मेरे मुकुल को?"

मुकुल की सारी इन्द्रियाँ जड़ हो गईं। वह दंग था चारु की खाली दुनिया के बावजूद कविता की भरी-पूरी दुनिया देखकर। यह कविता नहीं उन दोनों की हो सकनेवाली दुनिया थी जिसमें एक ही शब्द था—प्यार। उसे याद आया चारु को दिया गया कुछ बरस पहले का वादा। महीनों से मुकुल के माथे की उभरी-तनी नसें आज ढीली पड़ीं तो उचाट-सा उसका मन जोर से धड़कने लगा। वह आगे बढ़कर चारु को बाँहों में भर लेना चाहता था। दूरियों के तिनके अविश्वास से रची अजनबीयत की शह पाकर न जाने कब पहाड़ बन जाएँ और कब दूरियों के पहाड़ भरोसे की छाँव पाकर रेत हो जाएँ। जिन्दगी इन्हीं पहाड़ों के रेत या रेत के पहाड़ हो जाने की दास्तानें आजीवन रचती चलती है। इससे पहले कि मुकुल खुद को सँभाल पाता इंटरकॉम की घंटी घनघनाई। दूसरी तरफ से मैनेजर ने इमरजेंसी में मुकुल को याद किया, वह नाश्ते पर मुकुल के इन्तज़ार में बैठा था। नहाकर आई चारु को उसने ठिठककर देखा तो देखता रह गया। सुबह की उजली किरण में मुकुल की मुस्कान उलझ गई। अगले ही पल हड़बड़ाया मुकुल चारु को हैरान छोड़कर फटाफट तैयार हुआ और बिना कुछ बोले सीधा ऑफिस की ओर भागा। दोनों के बीच सिर्फ एक कदम का अन्तराल बाकी था। वह कदम उठकर हर शिखर ढहाने का माद्दा रखता था। आसमानी धूप को बादलों ने ढक लिया था। दिन में भी अँधेरा-सा होने लगा। नीले-धूसर आसमान में बहुत सारी रूई उड़ रही थी। चिपचिपी गर्मी को बेधती ठंडी हवा कमीज के कालर के नीचे मुकुल की गर्दन को सहला गई। उसे आज सारे काम निपटाकर घर भागने की जल्दी थी।

"मुकुल! यहाँ पास ही हमारी दीनापानी की ब्रांच में एक वेकेन्सी है। कहो तो चारु के लिए बात चलाऊँ?" मुकुल ने जब अकाउँट्स से जुड़ी एक समस्या सुलझा ली तो मैनेजर ने उससे पूछा।

"श्योर सर! चारु आई.एच.एम. पूसा की टॉप स्कोरर रही है। फिर दो महीने में इलाके से उसकी जान-पहचान भी हो गई है। उससे बेटर यहाँ आपको कौन मिलेगा?"

मुकुल के मन की सारी जकड़न आज काफूर हो गई। बाहर आसमान बरसने की तैयारी में था। सारे काम निपटाते हुए उसने काम सम्बन्धी मेल चेक करने के दौरान पर्सनल मेल भी देखी। एक नई ई-मेल आईडी से उसे एक मेल आया था। मुकुल ने क्लिक किया और उसके सामने एक खत था—

> "डियर मिस्टर मुकुल
> चारु इज़ ए रियल बिच। तुझे छोड़कर मेरे पास चली आई। मैंने छोड़ा तो तुझे थूककर चाटने जा पहुँची। उस पर कभी बिलीव मत करना और हमेशा पैरों के नीचे रखना।
> एक्चुअली शी डिज़र्व दिस
> प्रांजल सिंह।"

मेल के साथ प्रांजल और चारु के किसी नजदीक लम्हे की एक तस्वीर भी जान-बूझकर अटैच की गई थी। अचानक आसमान में एक तेज़ गड़गड़ाहट हुई। बाहर बादलों ने शोर मचा दिया था। हवा तेज थी। बादलों की जमी रुई के बिखरकर उड़ जाने का पूरा खतरा था। ऑफिस में बैठे मुकुल पर प्रांजल के शब्दों और भेजी गई तस्वीर का तेज हमला अभी-अभी हुआ था। कुछ पल के बाद संयत होकर मुकुल की उँगलियाँ मेल का जवाब देने को हुईं—तुमने उसके ख्वाबों की दुनिया जलाई, प्यार के सारे हर्फ मसल दिये। तुमने ही क्यों मैंने भी तो...हम दोनों बराबर के गुनहगार हैं। हमने उसे जता दिया उसकी दुनिया जो रंग,रूप, स्पर्श, खुशबू से मिलकर बनी है वह झूठ है। हमने अपने-अपने तरीके से उसकी मासूमियत से बदले लिये। वह हमसे ऊँचा उड़ने को तैयार थी हमने उसकी परवाज़ को कैद किया। एक गलती की उसने कई सजाएँ पाईं। वह प्यार की दुनिया बसाना चाहती थी। हम दोनों गलती को गलती बनाएँ रखने पर आमादा रहे...पर मिस्टर प्रांजल! तुम रहो अपनी नफरत के साथ मैं अब इस गुनाह में और शामिल नहीं। शुक्रगुज़ार हूँ कि तुमने इतना ब्लंटली

सब कहा—मन के इन शब्दों को मुकुल की उँगलियाँ लिखना चाहती थीं पर उसका सारा गुस्सा बार-बार प्रांजल के शब्दों में अटक रहा था—"एक्चुअली शी डिज़र्व दिस।"

मुकुल ने बिना किसी सम्बोधन के केवल तीन शब्द मेल के जवाब में लिखे—"गो टू हेल।"

उसकी भेजी हुई तस्वीर डिलीट करके सेंडर को ब्लॉक कर दिया। मुकुल अब कुछ हलका महसूस कर रहा था।

राहत का आसमान थोड़ा और फैल गया, उम्मीद की धरती पर चटख घास दिखने लगी। हवा में सौन्धी मिट्टी की महक थी। बारिश की बूँदें धरती से टकराने लगीं। आसमान से सूरज लापता हो गया और बारिश तिगुन की धुन में टप-टप-टपाटप बरसने लगी। मुकुल की बेताबी ने चारु को एक मैसेज भेजा—

"तुम्हारी कविता को पढ़ने की गुस्ताखी कर ली...चारु! आज हमारी कविता पूरी हो गई।

तुम्हारा मुकुल।"

बारिश थमने का नाम नहीं ले रही थी। मुकुल उसके थमने के इन्तज़ार में था। वह जानता था बा़रिश के बाद एक नया सूरज उगेगा जो बिनसर में अर्थ भर देगा। अचानक उसके फोन पर एक मैसेज आया। चारु के शब्द थे—

बारिश में यादें हैं तरबतर
काग़ज़ की कश्ती बना मन
बहुत पीछे तैर जाना चाहता है...

धारासार बारिश में भीगता मुकुल स्टाफ क्वार्टर की ओर भागा जा रहा था।

काना प्लॉट

बबली की मौसी उसकी माँ की पीढ़ी की आखिरी जीवित दास्तान थीं। आज पंचतत्वों में विलीन हो गईं। पति से तलाक के बगैर अलग रहीं और बाँझ होने के कलंक को जीवन भर बहन के बच्चों से लाड़-चाव करती धोती रहीं। पैर तले की जमीन जल बोर्ड की नौकरी से आजीवन ठोस रही। रिटायरमेंट के बाद सब-कुछ बेचबाच के पिता के पुराने मोहल्ले की मस्जिदवाली गली में ही एक काने प्लॉट पर मकान बनवाकर रहने लगीं। पिता की दोनों बेटियों में नौकरी करनेवाली भी अकेली रहीं मालती मौसी और पति को छोड़कर अलग रहने वाली भी इकलौती वही थीं। बबली के नाना-नानी जब तलक जीवित रहे कहते रहे—"मालती का कोई एक काम बिना बखेड़े हो जाए उस दिन हमारा नाम बदल देना।" जीवन भर कोई न कोई अड़ंगेबाज उनके नये काम में अड़ंगा लगाए रहा। जीवन के सब झमेलों से मुक्त होकर मालती मौसी अपनी अन्तिम यात्रा पर शान्ति से निकल ही रही थीं कि पाले-पोसे वे बच्चे जो जिन्दगी भर लाड़-चाव की डोरी से बँधे रहे, आज मुँह फुलाए झुँझला रहे थे। शोक और रोष का अजब संगम था। रोष, शोक पर बीस पड़ रहा था। बचपन की मीठी नदी इस संगम में सरस्वती की भाँति धुँधलाकर विलीन हो गई थी। मौसी का शव इस रोष से निरपेक्ष मुखाग्नि को तरस रहा था। पूरा मोहल्ला चश्मदीद गवाह रहा जब पिंटू और बब्बू जैसे लाड़ले भांजों ने अपने दोनों हाथ कोहनी से जकड़ाकर खुद को पूरे किस्से से अलग कर लिया। बबली भांजी थी वह बच्चों और रिश्तेदारों के साथ मौसी के घर की व्यवस्था देख रही थी। मौसी चिता पर लेटी अग्नि को तरस रही थीं पर भांजों का दिल न पसीजा। हारकर बबली के पति यानी मौसी के इकलौते दामाद पुनीत ने ही मौसी की मृत्यु का अड़ंगा दूर करके उन्हें इस मर्त्यलोक से हमेशा के लिए मुक्त किया। बबली का पति पुनीत,

चिन्तनशील मुद्रा में सोच रहा था अब मौसी चाहे स्वर्ग में जाए या नरक में, कोई अड़ंगा आएगा तो मामला या तो वह सुलझाएँगी या फिर उनके स्वर्ग-नरकवासी नातेदार। पुनीत कर्म को अंजाम देकर वह कुछ और पुनीत हो चला।

"मौसी की तेरही है कोई हँसी-खेल नहीं, सुन लो आप दोनों...सारा खाना शुद्ध घी में बनेगा। मनकू पंडित को मौसी अपनी इच्छा बताकर गई हैं।" बबली की आवाज रिश्तेदारों को विदा करने के बाद किसी सुनसान सुरंग से बाहर निकली।

"हाँ! भई जिन्हें भर-भर के मिला है वे ये बात नहीं कहेंगे तो भला और कौन कहेगा?" बबली के बड़े भाई पिंटू ने आँखें तरेरकर बबली और बब्बू को देखा।

"क्यों तुम्हें कुछ नहीं मिला क्या?" बब्बू ने बड़े भाई की आँखों में आँखें डालकर दो-टूक कहा।

"मिलने-मिलाने पर इन्हें कहाँ भरोसा था तभी तो बीमार मौसी की तीमारदारी के बहाने मौसी के घर टिक गए और सही-गलत सब अपने नाम लिखवा लिया। अब मुँह न खुलवाओ मेरा।" बबली की आवाज गरजी।

"और तो और मेरा हिस्सा भी हड़प गए...डकार तक न ली। भला हो दीदी और पुनीत जीजू का जो उन्हें मैं याद रहा।" बड़े भाई की ओर उठी बबली की क्रोधाग्नि में बब्बू ने घी उँड़ेल दिया।"

"पिंटू भैया ने सोचा होगा मौसी की कड़ाही का तर माल मुझे मिल गया है छेछड़े बबली-बब्बू को मिल भी जाएँ तो क्या फर्क। इसीलिए वसीयत के बाद जब मौसी बीमार पड़ीं तो उन्हीं के घर में उनकी अनदेखी कर दी। भला हो मौसी का जो पुनीत को फोन कर दिया। पुनीत न होते तो न अस्पताल जातीं न मैं उनकी तीमारदारी के लिए यहाँ आती और न ही सारा सच सामने आता। फटी हुई आँखों और दाँत पीसती मुद्रा में जबान की पूरी रखवाली करती बबली आज चुप न रही।

मौसी को गए चौबीस घंटे भी नहीं हुए थे और उनके ही घर में अभूतपूर्व झंझावात उठा हुआ था। दरवाजों-खिड़कियों के कोनों-छिद्रों से सारी पोल-पट्टी बाहर जा चुकी थी। सुननेवालों की आँखें खुलती जा रही थीं और दीवारों के कान सच की तह में जाने को मचल रहे थे। मालती के परिवार को बरसों से जाननेवाले यही कह रहे थे कि मालती की आत्मा अपने माता-पिता से मिली होगी और पिता ने गुस्से में झल्लाकर कहा होगा—"अपने तो चैन से यहाँ आ गई और चलते-चलते बच्चों के लिए पूरी जिन्दगी का बखेड़ा खड़ा कर आई।"

अनुभवियों ने सच ही कहा है कि जमीन-जायदाद के झगड़े अपनों को भी पराया कर देते हैं। बीमारी के किसी भावुक क्षण में चट्टान-सी साहसी मालती मौसी नम पड़ीं कि बड़े भांजे पिंटू ने उस नम मिट्टी में अपनी बेचारगी का बीज बो दिया। नौकरी से अचानक छँटनी और शादी लायक दो-दो बेटियों का बाप होने के चलते मौसी की जमा-पूँजी ही उसका अन्तिम सहारा थी। बात राज ही रहती और पिंटू के मँसूबे हँसी-खुशी पूरे होते पर मौसी के जीवन का दूसरा भावुक क्षण बेहद निर्णायक सिद्ध हुआ। पिंटू की चालाकी और बबली-पुनीत की सेवा से कुछ समय के लिए चंगी होने पर मौसी के दूसरे भावुक क्षण ने उनसे नया वसीयतनामा लिखवाया। अनेक बहानों से मौसी की चल सम्पत्ति पहले ही पिंटू के खाते में चल-चलकर काफी पहुँच गई थी। रही बात फिक्स्ड डिपोज़िट और लॉकर में रखे गहनों की तो वह चलकर सीधे बबली को ही मिलनेवाले थे। बाकी अचल में एक मकान था। ससुराल की तरफ से हिस्से का कोई वारिस कभी पैदा न हो सके तो मौसी ने जीवन भर मुँहजबानी सब कुछ बबली के नाम कर रखा था। मुँहजबानी को वसीयत में अंजाम देने का समय आया तो मौसी की तार्किक बुद्धि ने समाजवाद और निजता के अधिकार की रक्षा को बराबर मान दिया। उन्हें पता था दोनों लड़कों की ख्वाहिशों की जेबें तो भगवान ने बनाईं पर उन्हें सिलना ही भूल गया। ऐसे में फिसलना धन का गुणधर्म ठहरा। पिंटू की बेचारगी, बब्बू के नौकरीविहीन शाही अन्दाजों से भी बड़े उसके कर्जे। लोकलाज और मृत्यु के बाद भी अमरत्व की चाह में अपने काने प्लॉट पर बने मकान को तीनों बच्चों के नाम किया और भावुक क्षण को अमलीजामा पहनाने के लिए रुपया-गहना बबली के नाम। इस तरह समाजवाद और निजता दोनों की रक्षा हुई।

जिन्दा हाथी लाख का मरा तो सवा लाख का-कहावत सही हो ही जाती तो झंझट कटता। मौसी के अन्तिम रस्मोरिवाज पूरे होने के बाद भाई-बहनों की त्रिकोणीय संसद हुई। सभी अपने जीवन पर पड़ी अभाव की चादर को जल्द से जल्द हटाने को बेताब थे। हालाँकि बबली का पति पुनीत ठीक-ठाक कमा लेता था फिर भी तीनों बढ़-चढ़कर अपने अभावों की फेहरिस्त गिना रहे थे। पहली वसीयत में छोटे निखट्टू भाई को एक धेला भी न देनेवाली बड़े की चाल को बहन ने उलट दिया था। अब संसद में उसका मत भी दमदार था। अधिकांश हिस्सा बबली के नाम था पर मौसी का बरसों बिना देख-रेख का जर्जर मकान जिसके तीन हिस्से होने थे वही बवाल-ए-जान बन गया। मरती मौसी ने इसी मकान में आखिरी साँस ली थी। चाह तो यही थी कि मकान के तीन हिस्से बनें और तीनों बच्चे जीवन भर इसमें राजी-खुशी रहें पर तीन दिमाग, तीन रास्ते।

"मेरी दिक्कत तो तुम दोनों समझते हो। यह मकान कैसे करके बिके तो मैं बेटियों की शादी करके गंगा नहाऊँ।" बड़े भाई की तंगदिली ऐसी थी कि सुई के मुँह को मात दे इसलिए उसने बिना भूमिका बाँधे सीधी बात एक साँस में कहकर मुक्ति पाई।

"पहली बात घर पुराना है और मरम्मत माँग रहा है। थोड़ा पैसा लगाएँ तो यह अच्छे दाम में बिकेगा। हाँ अभी मेरे पास पैसा नहीं है पर जब यह बिकेगा तो मैं अपने हिस्से का खर्च दे दूँगा।" छोटे भाई के दिमाग में कुछ और ही खुराफात चल रही थी। वह अपने हिस्से से कर्जे की रकम चुकाने के पक्ष में तो नहीं था अलबत्ता इस हिस्से को वह अपनी कुछ और आलीशान योजनाओं में लगाकर दुगना-चौगुना करने की फिराक में था।

"मौसी की बड़ी ख्वाहिश थी कि हम सब इस मकान में साथ रहें। इस जगह पर हमारी माँ-नाना सभी रहते आए हैं। इसलिए मैं नहीं चाहती यह मकान बिके।" बबली ने कुर्सी पर झूलते हुए ठोक-बजाकर अपनी बात कही।

"मकान न बिके? ऐसा कैसे हो सकता है?" दोनों भाइयों को झटका लगा।

"मैं चाह रही थी कि कुछ लोन-वोन लेकर मकान में आप दोनों के हिस्से मैं ही ले लूँगी...मौसी भी यही चाहती थीं।" बबली ने आदरपूर्वक घर की छत को देखा जैसे छत भेदकर आकाश में बैठी मौसी से सीधा संवाद कर रही हो। उसकी भलमनसाहत पर दोनों भाइयों ने मुँह बनाया। तीनों की योजनाएँ शानदार थीं पर संसद में किसी एक प्रस्ताव पर आम सहमति नहीं बन पाई। हर पक्ष के दो विपक्ष थे। निर्णय यही हुआ कि जब तलक समाधान नहीं निकलता दोनों भाई इस पुराने मकान में रहेंगे। बड़ा तो पहले से ही वहाँ जमा हुआ था अब छोटे ने भी डेरा जमा लिया। बबली कुछ समय तक तो वहाँ आती-जाती रही पर अन्ततः मकान के फैसलाकुन नतीजे के लिए वहीं पड़ोस में किराए के मकान में रहने लगी।

मौसी का मकान मस्जिदवाली गली में रहमत के चलते ढाबे के सामने था। यूँ मस्जिद गली के आखिरी मोड़ पर दाहिने हाथ को मकान से कुछ दूर थी और रहमत के ढाबे का मुँह मकान की पिछली गली में खुलता था। ढाबे पर दिन-रात लोगों की भीड़ लगी रहती। ढाबे पर खानेवाले और पकानेवाले हिन्दू-मुस्लमान दोनों थे। ढाबे के संग चल रही मकानों की लाइन में निचले तले पर दुकानें और ऊपर मकान थे। कुछ मकानों में नीचे-ऊपर दोनों मंजिलों पर ऑफिस चल रहे थे। पुराने मोहल्ले में जैसे-जैसे लोग धनवान होते जा रहे थे वे काम-धन्धा यहीं से चलाकर मकान शहर के सम्पन्न इलाकों में ले गए थे। मौसी इस मामले में बिलकुल निराली निकलीं। मोहल्ले से गहरे नाते के कारण सम्पन्न इलाके से यहाँ आ बसीं।

मस्जिदवाली गली और रहमत के ढाबे के अलावा वहाँ की तीसरी खासियत थी पीपलवाले पेड़ का चबूतरा। मौसी ने जब यह प्लॉट खरीदा तब इस चबूतरे का कोई अस्तित्व नहीं था। होता भी कैसे तब पीपल का पेड़ ही तूफान मचाए हुए था। पैमाइश में काने प्लॉट की बाउंड्री में अड़ा खड़ा था पेड़। प्लॉट के पीछे की दीवार में नपाई के ठीक बीच में खड़ा यह पेड़ बरसों पुराना था। इसके तने को देखकर अन्दाजा लगाया जा सकता था। अब जब मकान बना तो तिकोनी नपाई में पेड़ का तना आधा घर के पिछवाड़े में आया और आधा घर के बाहर। यानी घर के आँगन का अनुशासन और बाहर की आवारागर्द हवाओं का साथ-साथ आनन्द लेता। मनकू पंडित ने मौसी की कितनी लल्लो-चप्पो की कि वे बाहरवाले हिस्से के पीपल में अपना एक छोटा मन्दिर स्थापित कर लें पर मौसी हर मंगल, शनि या बेमौके बेकार के शोर-शराबे से दूर ही रहना चाहती थीं। हालाँकि पन्द्रह साल पहले पंडित ने ही मौसी को इस काने प्लॉट की डील करवाई थी। पीपल का पेड़ मौसी के आँगन में आती सीधी धूप लेने की चाह में टेढ़ी कमर करके मौसी के आँगन में झुक गया था। वह हवा-पानी में उखड़ न जाए इसलिए मौसी ने ही बाद में उसके इर्द-गिर्द एक चबूतरा बनवा दिया था। अर्धगोलाकार चबूतरा घर के अन्दर और बाहर। मोहल्ले में बरसों से हिन्दू-मुस्लमान साथ रहते आए थे। मौसी ने बाहर की तरफ पीपल की छाँव के नीचे बने चबूतरे पर दीवाली के दिन लक्ष्मी-गणेश बिठाकर सजा दिये। उसके बाद तो चबूतरे पर भगवानों का पूरा कुनबा ही सज गया। जिसके घर भगवान पुराने हो जाते यहाँ विराजमान होते। लोग धूप-अगरबत्ती भी जला दिया करते और मौसी हर शाम दीया-बाती तो करती ही थीं। पिंटू और बब्बू के वहाँ आ जाने पर दोनों की पत्नियों ने यह काम सँभाल लिया था। दोनों को घर में बसते देख मनकू पंडित का माथा ठनका। कहाँ तो बबली मकान बेचने की बात कहकर उसकी आशाओं को हरा कर आई थी और कहाँ दो बेरोजगार निखट्टू भाइयों के वहाँ आ जाने से हरी आशाओं पर पाला मार गया था। साढ़े पाँच कमरों के इस घर में बबली ने अपने हिस्से की जगह पर ताला लगा दिया। बाकी बचे हिस्सों में दोनों भाइयों की गृहस्थी मय सामान ठुँस गई।

"ओम्...ओम्...ओम्..." नीचे केवल लुंगी और नंग-धड़ंग सीना-पेट लिये, माथे पर लाल त्रिपुंड लगाए बड़े भाई पिंटू ने तान्त्रिक पूजा के अन्तिम चरण को सम्पन्न करते मकान के चारों ओर तरबूज के फल के टुकड़े काट-काटकर फेंक दिये। गली भर के लोग उससे आँख-पैर बचाते, मुँह बिचकाते कूद-फाँद करते निकल रहे थे। कुछ बिना मंगलवार हनुमान चालीसा का पाठ करके तो कुछ कान पर हाथ धरे अल्लाह-अल्लाह करके उसका तोड़ भी निकाल रहे थे।

भीतर से भीरु पिंटू इस पूजा के जरिये पास-पड़ोस और अब भाई-बहन के बीच अपना दबदबा बनाए रखने का उपक्रम जब-तब करता रहता। पिद्दी से साहस को पहाड़ करने की यह उसकी निराली कला थी। काली की पूजा और उसकी सोच के बीच केवल शाब्दिक समानता थी कि उसकी सोच हमेशा से काली-कलुषित थी। छोटे भाई की रहमत से और बबली की मनकू पंडित से बैठती पटरी के बीच यह तान्त्रिक पूजा ही उसका इकलौता सहारा थी।

"रहमत की रिश्तेदारी में एक आदमी है जो इस मकान को खरीद सकता है।" एक शाम सामूहिक बैठक में छोटे भाई बब्बू ने बात रखी।

"तो तूने सब तय कर लिया है क्या?" आँखें छोटे भाई पर टिकाए पिंटू की सहज मुद्रा में खलल पड़ गया।

"इसका तो यार है रहमत..." अधूरी बात में शंका का छौंक लगाकर बबली ने कमरे की हवा बदल दी।

"वैसे मनकू पंडित के पास भी एक पार्टी है। बबली और मुझसे अभी कुछ दिन पहले ही उसने कहा है।" संकोच से भरकर पुनीत ने ज्यों ही कहा घर भर के कान खड़े हो गए। सही शब्दों की तलाश में कुछ क्षणों की खामोशी कमरे में पसर गई। मकान के खरीददार मिलने लगे यह खबर बहुत राहत की थी पर अधिक से अधिक लाभदायक पार्टी का हाथ लगना जरूरी था। मामले को अभी और स्थगित करने के उद्देश्य से बड़े भाई ने विषयान्तर किया।

"वैसे बब्बू तू कितने ही हाथ-पैर चला ले तेरे पास धन कभी नहीं रुकेगा... बबली यह मकान भी उसे नहीं फलेगा। कभी गलत नहीं होती मेरी बात।" अपनी आवाज को बेहद गम्भीर करके बैठकी में पिंटू की घोषणा ने खामोशी को पटखनी दे डाली। बब्बू-बबली ने घूरकर बड़े भाई को देखा। बब्बू की सशंकित पत्नी ने कान में उँगली देकर ध्वनि के रास्ते को निर्बाध किया।

घर के निचले तल पर रहनेवाले बब्बू की पत्नी ने जेठ से साफ पूछा—"आखिर ऐसा क्यूँ कह रहे हैं आप?"

"इसके कमरे के नीचे लाल कपड़े में किसी ने एक तावीज रख छोड़ा है। जब तक उसे नहीं हटाया जाएगा तब तक कोई न कोई खतरा बना ही रहेगा।" पिंटू ने जोरदार आवाज में बब्बू की पत्नी के लिए भय पैदा किया।

"बेकार की बातें हैं ये भसम, भभूत, तंत्र-मंत्र, टोना-टोटका। इतना ही ज्ञान है तो कैसे गई तुम्हारी नौकरी? और तुम ठीक मेरे ऊपरवाले कमरे में रहते हो कुछ न कुछ असर तो तुम पर भी आएगा कि नहीं?" बब्बू दहाड़ा तो पत्नी के भय का पहिया पंक्चर हो गया।

"मानो तो सब कुछ न मानो तो हमारी बला से।" पिंटू ने पेट पर उभरी तोंद पर हाथ फिराते हुए कहा।

इस घटना के कुछ ही दिन बाद बब्बू का लड़का बीमार पड़ गया। ऐसा-वैसा नहीं सख्त बीमार। डॉक्टर, वैद, नीम-हकीम सब बेकार। बब्बू की पत्नी की आँखों के आगे हरदम लाल कपड़े में बँधा तावीज घूमता रहता। जब तलक मिस्त्री से पूरा कमरा न खुदवा लिया उसे चैन नहीं पड़ा। बेटे के प्यार ने बब्बू की सोच को भी घायल कर दिया था वरना उसके लिए यह काम कंगाली में आटा गीला होने बराबर था। खुदाई में लाल कपड़ा तो नहीं मिला अलबत्ता लोहे का एक जंगखाया टुकड़ा मिला जिसे तावीज मानकर सबने बला टलने की राहत भरी साँस ली। हालाँकि बच्चा शहर के एक महँगे से अस्पताल की महँगी दवा और चमक-दमकवाला बिल चुकाने के बाद ही ठीक हो पाया। कुछ दिनों बाद बबली भी उसी मकान में आ गई। उसे डर था खुदाई आदि के चलते उसके हिस्से को ही न हड़प लिया जाए। यूँ तीनों के वहाँ आने से सभी किराए-भाड़े की चिन्ता से मुक्त हो चले थे पर मकान रहने लायक नहीं था। चर्रमचूँ दरवाजे,खिड़की-अलमारियों के टूटे-झड़े पल्ले, बेकार फर्श, जंग लगे नल, दीवारों से झड़ता प्लस्तर और बेरंग दीवारें। हर बारिश चिन्ता सवार रहती। अनिश्चय की स्थिति में न घर ठीक करवा सकते थे न ही वहाँ रहना आसान था। शुरू-शुरूवाली मकान की पार्टियाँ भी लम्बा इन्तजार करके कहीं और का रुख कर बैठी थीं।

इस बीच मनकू पंडित एक शाम इंटरेस्टेड पार्टी को लेकर घर आया। पार्टी खाँटी हिन्दू और इलाके से खास परिचित नहीं थी। उसकी गाड़ी जिस मोड़ पर खड़ी हुई वहाँ मस्जिदवाली गली का बोर्ड देखकर ही बिदक गई। मान-मनुहार से मनकू घर ले भी आया तो मकान के आगे के नजारे से ही बिदक गई। काने प्लॉट पर बना मकान उनकी नजर में अशुभ था। मनकू ने भविष्य के फायदे गिनाने शुरू किये। जरा-जरा सन्तुष्ट हुई पार्टी पीछे का नजारा देखकर हत्थे से उखड़ गई। रहमत का ढाबा और कुर्ते-पायजामेवाले ग्राहकों को देखकर उसने मनकू को वह फटकार लगाई कि मनकू पंडित को छठी का दूध याद आ गया। बाद में तीनों भाई-बहनों के इसरार ने जब मनकू को अन्य पार्टियों को लाने को कहा तब भी मामला न जमा। हिन्दू परिवारों को पहले ही मकान गले की हड्डी जान पड़ता और जो जैसे-तैसे इस हड्डी निगलने को तैयार हो जाते वे इतने कम दाम देते कि सौदा बेहद घाटे का रहनेवाला बनता। मकान का हुलिया,नक्शा, इलाका तो खैर क्या बदलता मनकू पंडित ने अब हिन्दू पार्टियों की जगह मुस्लिम पार्टियाँ लाना शुरू कर दिया।

"मकान तो बुरी हालत में है जनाब। जितना रुपया इसे ठीक करवाने में लगेगा उससे आधे में तो नया ही बन जाएगा।" इच्छुक पार्टी ने आते ही अनिच्छा दिखाकर तुरुप का पत्ता फटकारा।

"पर मकान भी देखिए आप। मौके की जगह पर है। घर का घर और बगल में मस्जिद। सोने पर सुहागा।" मनकू पंडित ने पार्टी का मूड बदलने की भरपूर कोशिश जारी रखी। तीनों भाई-बहन मनकू के प्रयासों से काफी सन्तुष्ट लगने लगे।

"आपको यहाँ लाने से पहले बताना चाहिए था कि घर में पीपल का पेड़ लगा है।" पार्टी दालान से निकलते हुए घर के पिछले हिस्से में पहुँच गई और वहाँ पीपल का पेड़ देखकर बेतरह उखड़ गई।

"हवा को ताजा रखता है पीपल..." मनकू ने खींसे निपोरीं।

"चलो एक मर्तबा पीपल को झेल भी लें पर इस चबूतरे का क्या करें? उस पर सजी इन मूर्तियों का क्या करें? कल को कुछ ऊँच-नीच हो गई तो? जमाना किस कदर खराब है, क्या छिपा है किसी से? खामखाह हमारा टाइम बर्बाद किया आपने।" पार्टी ने नाक-मुँह सिकोड़कर छत्तीस मीनमेख निकाले और मनकू को वह इज्जत बख्शी कि मोहल्ला जिसे जनम-जिन्दगी न भूल पाए। मोहल्ले के वे सभी बूढ़े-जवान मर्द जो मनकू से चिढ़ते थे जाँघ को हथेली की थाप दे-देकर हँसे। औरतें भी पीछे नहीं रहीं। पोपली या दाँतवाली सबने मजा लिया। वह तो मनकू की माटी इतनी ढीठ और पक्की थी कि उसकी सेहत पर राई-रत्ती फर्क न पड़ा। पिंटू, बबली और बब्बू जहाँ शर्म से जमीन में गड़े जा रहे थे मनकू इतनी लानत-मलामत के बाद भी मुस्कुराकर पार्टी के अदब में झुका जा रहा था। यही उसके धन्धे का उसूल था।

इस घटना को भी महीनों बीत चले। मकान का कोई सही खरीददार मिल नहीं पा रहा था। मनकू ने साम, दाम, दंड, भेद सब युक्तियाँ अपना लीं। रहमत ने भी बब्बू के लिए कई कोशिशें कीं। मकान शुभ घड़ी में खरीदा गया था पर बरसों बाद अशुभ साबित हुआ। प्लॉट के कानेपन के बाबजूद बच्चों की मौसी का जीवन तो खुशहाल ही बीता था पर अब बात दूसरी थी। हिन्दू पार्टियाँ मस्जिद और ढाबे को देख कानों को हाथ लगाकर राम-राम कहतीं तो मुस्लिम पार्टियाँ पीपल का पेड़ और चबूतरे का मन्दिर देखकर तौबा कर लेतीं लेकिन इस पेचीदगी ने एक धागा जरूर सुलझाया था। तीनों भाई-बहनों के बीच जो अलगाव था अब धीरे-धीरे लगाव में बदल रहा था। यूँ यह लगाव वक्ती था पर था तो। तीनों सिर जोड़े रात-दिन मकान बिकवाने की चिन्ता में लगे रहते।

बबली को भी समझ आने लगा था दोनों भाइयों का हिस्सा लेने से बेहतर है अपने पल्ले जो निकल रहा है लो और पल्ला छुड़ाओ। सो उसके माँझने भी अब ढीले पड़ गए थे। एक रात फिर त्रिकोणीय संसद बैठी। जल्द ही थोड़ी उदारता के साथ यह षट्कोणीय में बदल गई। बबली के पति सहित दोनों भाइयों की पत्नियाँ भी उसमें शामिल कर ली गईं।

"मुसीबत की जड़ यह पेड़ है। इसे ही कटवा डालो।" बड़े की पत्नी ने अपने बड़ेपन को बड़प्पन समझने की भूल कर दी।

"अरी! बाबली हुई है पेड़ कटवा डालो। जेल की चक्की पिसवाएगी क्या?"

"मौसी को क्या जरूरत पड़ी थी इस मोहल्ले में पैसा फूँकने की? अच्छी भली रह रही थीं माल रोड के इलाके में। आज करोड़ों में खेलते हम।" छोटे की पत्नी ने आह भरी।

"हमारी तो किस्मत में ही घुन लगा है।" पुनीत जी अपनी पावन मुद्रा में बोले।

"जो हो गया उस पर किसका बस। अब क्या करना है?" बबली ने कमान सँभाली।

"मैं तो कहता हूँ ये चबूतरा ही तुड़वा दो न रहेगा बाँस न बजेगी बाँसुरी।" बब्बू का निर्णायक स्वर गूँजा।

"साथ ही कुछ चोटें पीपल की जड़ में भी करवा दें तो वह भी कुछ समय बाद...।" तंत्र-मंत्रवाले बड़े भाई पिंटू ने धर्म और मुनाफे में मुनाफे को चुना।

"पर यह काम कौन करेगा? और कब करवाएँगे? सारा मोहल्ला तो भर दिन यहीं टिका रहता है।"

"यह काम हमें खुद ही अंजाम देना होगा।" ठोड़ी पर हाथ रखकर चिन्तक की शैली में बड़े ने कहा।

"परसों हाँ परसों की रात अगली गलीवाले गुप्ता की बेटी की सगाई पार्टी है। रातभर डी.जे. चलेगा। बस देर रात हम छह जन चबूतरे को ठिकाने लगा देते हैं।" बब्बू के कहने पर बबली-पिंटू समेत सबके चेहरे पर समाधान की तसल्ली और काम की चिन्ता एक साथ पसर गई। घर भर का यह संगठन देखकर किसी की भी आँखें तरल हो जातीं।

कयामत की वह रात आखिर आ ही गई। घर के बच्चों में सबसे बड़ी लड़की को बाकी बच्चों को खामोश रहने और सुला देने की जिम्मेदारी सौंपकर एक कमरे में बन्द कर दिया गया। देर रात जब गली सुनसान थी, डीजे के शोर और

मोहल्ले में चलते कूलर-एसी की भैं-भटर ने अपना राग छेड़ा हुआ था तब पहली चोट बाहर के चबूतरे पर पड़ी। बड़ा भाई पीपल की जड़ों पर चोट करता रहा। पीपल तगड़ा था तो सोचा गया तेजाब डालकर इसे बाद में नष्ट किया जाएगा पहले चबूतरे से निपट लें। पिंटू और पुनीत ने चबूतरे का काम सँभाल लिया। महिला दस्ता बेलदारी के कामों को बड़ी सफाई से अंजाम दे रहा था। मलबे को जल्दी-जल्दी ठिकाने लगाया गया। चबूतरे पर सजी मूर्तियों को बोरे में भरकर जमुना जी में विसर्जन के लिए भीतर स्टोर में रख दिया गया। चबूतरा ज्यादा मजबूत तो था नहीं इसलिए उसने किसी को कष्ट न दिया। दो-तीन चोट में ही ढेर हो गया। सारा काम करके जब टोली मकान में घुसी तो सबने एक-दूसरे से हाथ मिलाया और उस रात अपने-अपने बिस्तर पर मकान के बिकने के रंगीन सपने खुली आँखों से देखने लगे। लालच की आँख आसमान-सा सपना पालती है।

अगली सुबह सूरज की रोशनी से नहीं मोहल्ले के शोर से शुरू हुई। भागमभागवाली सुबह को चबूतरे ने जड़ कर दिया। ताजा खबरों से भरे अखबार की बेकद्री होती रही और चबूतरा पहले खबर बना फिर अफवाह और बनते-बनते दिन की ऐसी दुर्घटना में बदल गया जिसका चश्मदीद गवाह होना आज मोहल्ले का बड़ा दायित्व था। वैसे तो इस मोहल्ले में फुर्सत ही रहती थी ऊपर से इतवार के दिन ने यूँ ही सबको अतिरिक्त फुर्सत से नवाज़ दिया था। बूढ़े-बच्चे-जवान, स्त्री-पुरुष,सर्वधर्म, सर्वजाति आर्थिक-सामाजिक हैसियत की दीवारों को तोड़कर सामूहिक रूप से वास्तविक जनतंत्र को धरती पर उतार लाए थे। जल्द ही पृथ्वी पर साकार हुआ यह जनतंत्र आदर्श को छोड़कर व्यावहारिक हुआ और अलग-अलग गुटों में लोग बँट गए। गुप्ता जी, अधलखा जी, आरिफ चाचा, मनकू पंडित, गली का गुंडा पप्पे, उसका चेला, सन्तो ताई, शीतला मौसी,उसकी बड़ी बहू पिंकी, करीमन बुआ जिसे देखो चबूतरे पर अपनी-अपनी पंचायत खोले बैठा था।

"घर के मालिको! कहाँ हो? नींद से जागो। देखो क्या अनर्थ घट गया।" गुप्ता जी जो रात की सगाई पार्टी के कारण थककर चूर हो गए थे इस घटना से चुस्त-चौकस हो गए। लोगों ने पिंटू, बबली और बब्बू के नाम ले-लेकर उन्हें आवाजों के शोर से उठाना शुरू कर दिया। जागे हुए को कैसा उठाना? भीतर तीनों भाई-बहन इसी शोर के इन्तजार में थे। पासा सही पड़ा था। अनजान बनकर आँखें मलते तीनों धीरे-धीरे बाहर आए और चबूतरे की हालत देखकर रोया-पिट्टा मचाने लगे। पीछे-पीछे बबली का पति और भाइयों की पत्नियाँ भी आ खड़ी हुईं।

"हाय! किसने वैर निकाला है। हम तो पहले ही मौसी के न रहते अनाथ थे । लोगों से हमारा दो घड़ी गम भुलाने बैठना भी नहीं सहा जा रहा।" बबली ने दोनों हाथों से पहले छाती पीटी और फिर माथा पकड़कर बैठ गई। दोनों भाभियाँ भी सुबकने लगीं।

"सबके करम सामने आएँगे। सबके। अपनी थाली का घी देखते नहीं दूसरे की थाली की सूखी रोटी भी खटकती है। करनी का फल जरूर मिलेगा। पाप छिपाए नहीं छिपते।" पिंटू ने अभिनय की प्रामाणिकता का वह परिचय दिया कि कोई भी ड्रामा इन्स्टिट्यूट उसे खड़े-खड़े नियुक्त कर लेता। पिंटू की तान्त्रिक पूजा से घबराए कुछ लोग उसे सान्त्वना के लिए आगे आए। छह बजे तक अच्छा-खासा मजमा जम गया।

"कमाल ही हो गया। किया तो किसी इन्सान ने ही है आखिर। प्रेत-जिन्न तो कर न गए होंगे पर मोहल्ले में किसी को पता न चला? हद हो गई।" शीतला मौसी ने हाथ हवा में लहराते हुए कहा।

"जभी मैं सोचूँ कि रात को कितने कुत्ते रो रहे थे और भौंक भी रहे थे।" पप्पे ने ढीली लुंगी को कसते हुए कहा।

"भाई! जब कोई जाता है तो कुत्ते ऐसे ही रोते हैं और अपशकुन तो होता ही है।" पप्पे के नये शागिर्द ने गुरु की बात का मान रखकर अपना ज्ञान बघारा।

"अब इससे बड़ा अपशकुन और क्या होगा कि मोहल्ले में जो बरसों से न हुआ आज हो गया।" अधलखा जी ने गम्भीर स्वर में कहा तो पुनीत ने तेजी से सिर हिलाया।

"कुत्तों की सही बात उठाई लाला तुमने। मैं क्या बताऊँ परसों रात काम से लौट रहा था तो चार-पाँच कुत्तों ने घेर लिया। हमारी गली के न थे वे तो बड़े सीधे हैं । पल्ली गली के कुत्ते बड़े ही कुत्ते हैं। सारे संग में घेर लेवें। मैं तो कहूँ कि कुत्तों का भी कुछ होना चाहिए।" आरिफ चाचा भी पीछे न रहे। मुख्य विषय से भटक जाना बरसों से मोहल्ले का स्वभाव था।

"अरे! हटाओ परे...कुत्ते की बात कहाँ घुसाए जा रहे हो, बात चबूतरे की हो रही है और तुम कुत्ता लिये चले आ रहे हो...कुत्तेखानी मचा रखी है।" गुप्ता जी ने जमीन को पीकदान समझकर थूक दिया।

"देख ऐसी बात तो न बोल। गाली तो न दे।" आरिफ चाचा गरजे।

"मैं गाली दे रहा हूँ या तू गाली दे रहा है? पूछ ले किसी से भी। सा..." कहते-कहते गुप्ता जी ने इस बार 'ला' को कंठ में गटक लिया।

"मैं कहे दे रहा हूँ टेख गाली मत दे लियो।" आरिफ की आवाज और बुलन्द हुई। लड़ाई हाथापाई पर आते देर नहीं लगती वह तो भला हो मनकू पंडित का जो झगड़े के बीच चबूतरे को ले आया।

"आपस की रंजिश खत्म हो तो चबूतरे की भी बात कर लो।" मनकू ने कहा।

"पीछे हट बे! कुत्ता कह रहा है यह मुझे और तुझे चबूतरे की पड़ी है। हम क्या कुत्ते हैं? हम इत्ते साल पुराने हो रखे हैं यहाँ...कुत्ता कह रहा है हमें, कुत्ता कहीं का।" आखिरकार आरिफ चाचा को सुकून मिल ही गया। गुप्ता कसमसाकर रह गया।

"भले लोगो! पहले चबूतरे पर बात कर लो। आज इसका चबूतरा टूटा तो कल कुछ और टूटेगा और मामला यहीं नहीं निबटा तो कल अखबार में खबर आएगी मस्जिद की गली में मन्दिर टूटा। सोच लो फिर जो अफरा-तफरी और बबाल होंगे।" शीतला मौसी ने बड़ी-बूढ़ी होने का फर्ज निभाया पर मामला हाथ से निकल चुका था।

"देखो! कुत्ते तो भगवान भैरों की सवारी होवें।" पप्पे ने शान्त हुए माहौल में अंगदी टाँग अड़ा दी।

"कहाँ होवें अब भैरों की सवारी? होएँ भी ऐसे? दो दिन पीछे राधे की छोरी खेलने गई थी कि फराक खींच ली उसकी। फटी फराक से रोती आई लड़की। तुम तो चुप ही रहो भैरों की सवारी..." शीतला मौसी ने भी हार नहीं मानी। वे बबली को देखते हुए बोलीं। बबली ने आँखें चुरा लीं।

अधलखा जी जो बात-बात में सरकार पर सवाल उठा दिया करते थे इस बार भी नहीं चूके—"सरकार को चाहिए तुरन्त कुत्तों का निबटारा करे। भई जिसे प्यारे हैं ये पिल्ले-कुत्ते रखे अपने घर। समाज-सेवा का यह क्या तरीका है खिलाएँगे सड़क पर पुचकारेंगे गोद में। सरकार को चाहिए ऐसे समाज सेवकों को बाँट दें जिम्मेदारी। प्रति सेवक दो कुत्तों का आजीवन भरण-पोषण।"

"यह भली कही। सरकार क्या खाली बैठी है तुम्हारी तरह? हैं जी?" मनकू सरकार की ढाल बनकर खड़ा हो गया और पिंटू से सवाल पूछने लगा। पिंटू ने कन्धे उचकाकर हाँ-नहीं की असमंजस मुद्रा अपना ली।

"सारी बातें बाद में हो जाएँगी पहले चबूतरे पर बात करो।" विषय का भटकाव अब गुप्ता जी को रास नहीं आ रहा था। बब्बू, बबली और पिंटू ने 'हाँ-हाँ' कहते हुए अपनी सहमति दी।

"वैसे कुत्ते भी यहाँ बहुत हैं और नशेड़ियों की भी कमी नहीं। रात को किसी नशेड़ी ने ही कुछ कर दिया हो। हो सकता है उसे यहाँ कुछ दिखा हो। खोद निकाला हो उसने नशेबाजी के लिए।" आरिफ चाचा बीच में बोल पड़े।

"बात तो ठीक कह रहे हो हर जगह नशेड़ी बढ़ गए हैं। हो सकता है सेंधमारी की कोशिश भी रही होगी। वैसे सरकार को चाहिए इस पर भी कोई कार्यवाही जरूर करे।" अधलखा जी ने फिर सरकार को चर्चा में घसीट लिया।

"वैसे कुत्तों की समस्या ज्यादा बड़ी है। कुत्ते खतरनाक हैं नशेड़ी तो आदमी है उसे डाँट-डपट के भगाया जा सकता है। कुत्ते कहाँ भागते हैं?" पप्पे ने बात आगे बढ़ाई तो पिंटू ने मुश्किल से अपनी हँसी रोकी।

मोहल्ले के अलग-अलग गुट तीन चर्चाओं में लिप्त हो गए। एक के लिए चबूतरा ही मुख्य विषय था पर उनकी सुननेवाले कान नहीं थे। दूसरे और तीसरे क्रमशः कुत्ते और नशेड़ियों की चर्चा में लीन चबूतरे को बिसरा बैठे थे। तीनों कारसाज भाई-बहन इससे खासी राहत में थे। उन्हें तो बस हाथ बाँधे चुप खड़े रहकर शोक व्यक्त करना था बाकी का काम अपनी गति से चल ही रहा था। अचानक तीन चर्चाओं में घिरे माहौल में नया पटाखा छोड़ते हुए पप्पे ने धमाका किया—

"क्या बात है आज रहमत की दुकान भी नहीं खुली। अब तक तो..."

रहमत का ढाबा रोज ग्यारह बजे खुलता था पर पप्पे के धमाके के असर में आज लोगों को लगा जैसे रहमत सात बजे ही ढाबा खोल देता हो।

"मियाँ क्या कहना चाह रहे हो...। रहमत ने कर दिया यह सब?" करीमन बुआ अबकी चुप न रहीं। चिंचियाती आवाज में साफ बात कहने की उनकी अदा यूँ कई बार लोगों को सुहाती नहीं थी।

"बुआ नाराज न हो। जहाँ तक करने-करानेवाली बात तो मैं समझ सकता हूँ कि ये चीजें भी हो जाती हैं कभी-कभी पर समाज में आपसदारी का माहौल बनाना चाहिए। सद्भाव बने। सरकार को चाहिए कि वह हर जगह थोड़ी-थोड़ी नजर रखे। हर गली-मोहल्ले में कैमरे लगवा दे। सिक्योरिटी की भी बड़ी दिक्कत है।" ऊपर से भले बनकर अधलखा जी ने रहमत को घेरे में डालकर सरकार को चौकीदार नियुक्त कर दिया।

"कहे दे रही हूँ खबरदार जो किसी ने रहमत का नाम लिया। अरी! बताती क्यों नहीं सीतला। मुँह में दही जम गया क्या?" करीमन बुआ अपनी चिंचियाती आवाज में गरजीं। शीतला नाम की ही शीतल थी। करीमन की लुहार के घन पिटी पतली आवाज के आगे उसकी भारी-भरकम आवाज ने तगड़ा लोहा लिया—

"दही क्यों जमने लगा। जो सच है उसे कहने में क्या दिक्कत। सब जानते तो हैं कैसे रोजे के दिनों में मेरे अज्जू को खून देने के चलते रहमत ने रोजा तक तोड़ डाला था। अज्जू पारक में खेल रहा था कि गिर गया। सर फट गया। रहमत पास ही खड़ा था। दौड़ा उसे लेकर अस्पताल। डॉक्टरनी ने कहा था कि खून देने से पहले आपको कुछ खाना होगा। उसी समय मुँह में एक निवाला डालकर रोजा तोड़ा उसने रोजा। हँसी-खेल है क्या?" शीतला मौसी ने न सिर्फ रहमत पर उठे शक के डोरे पल में तोड़ डाले बल्कि मोहल्ले को भी दो धर्मों की गोलबन्दी से बचा लिया। बब्बू ने भी रहमत के नाम पर शीतला मौसी का साथ दिया।

"सब जानते हैं बरसों पुरानी इस बात को और अब फिर से ऐसी बात न कही जाए। हवा का रुख देखो। बचा है हमारा मोहल्ला बरसों से। बचाकर ही रखो। रहमत पर कैसा शक? बरसों से उसका ठिया है यहाँ। काम की जगह का नाश क्यों करेगा भला कोई?" गुप्ता जी की मजबूत आवाज ने पप्पे की अकड़ निकाल दी। बात अब जाकर चबूतरे पर केन्द्रित हुई तो पिंटू, बबली, बब्बू का दिल जोरों से धड़कने लगा। अपने चेहरे पर उठी हवाइयों को वे बड़ी मुश्किल से सँभाल पा रहे थे।

"मैं तो बहन जी जब भी यहाँ से गुजरती थी हाथ जोड़कर ही गुजरती थी। देखो भगवान कैसा करता है। किसने किया होगा?" बहुत देर से चुप सन्तो ताई भी भर्राए गले से बोल पड़ी।

"पहले तो यहाँ मौसी बैठती थीं तो उनके पैर छूकर ही मैं निकलती थी। घर तो बड़े बुजुर्गों से ही होता है वह न रहें तो खँडहर हो जाता है। इन तीनों भाई-बहन को देख लो जबसे आए हैं किसी से ढंग से दो बोल नहीं बोले। बड़े अंग्रेज की तरह रहे हैं न बोलें, न बतियाएँ। बड़ावाला तो फिर भी कुछ ठीक-सा लगता है। छोटेवाली की तो आँखें ही फिरी हुई लगती हैं।" शीतला की बहू पिंकी फुसफुसाई।

"बुरा करनेवाले का नाश हो। शिव-शिव...मैंने तो पहले ही कहा था कि काने प्लॉट पर एक पंडित को स्थान दे दो पर मेरी किसी ने सुनी है आज तक। सुन ली होती तो टूटता यह चबूतरा? बाहर मन्दिर की सेवा करता और अन्दर घर के कुछ काम भी फ्री कर देता।" मनकू पंडित को भी अपनी भड़ास निकालने का अवसर मिल ही गया। माहौल की गर्मी से सूरज भी तपा जा रहा था। आज चबूतरा प्रसंग गरमाया हुआ था। थोड़ी देर बाद दुकानें खुलने का समय भी आ गया। इतवार के दिन ग्राहकों की आमदरफ्त के कारण दुकानदारों के खिले चेहरे चबूतरा प्रसंग को देखकर मुर्झाने लगे। फालतू की भीड़ को हटाने के लिए वह भी मजमे में शामिल हो गए। रहमत का अब तक ढाबे पर न दिखना लोगों को खटक

तो रहा था पर शीतला मौसी, गुप्ता जी और करीमन बुआ के डर के कारण वे खाम़ोश रहे। धीरे-धीरे दुकानदारों के आने से भीड़ बढ़ने लगी। मोहल्ले में धर्म का ऐसा अपमान पहली बार सरेआम किया गया था। छोटे-मोटे टोने-टोटकों के परे अपनी तरह की यह पहली घटना थी। मोहल्ले में अब हिन्दू संख्या में कुछ कम थे पर उनके धर्म का अपमान पहली बार हुआ था। गली में इस तरह की भीड़ और तनाव देखकर मस्जिद का इमाम भी टहलकदमी करता आ खड़ा हुआ। उसके संग मस्जिद से निकलते लोग भी साथ हो लिये। उधर मोहल्ले में रहनेवाले एक छुटभैया नेता रामाधीर उर्फ रामा को पप्पे ने सुबह ही मैसेज कर डाला था कि नींद खुलते ही दल-बल समेत पहुँचो। रामाधीर को लगा यही मौका है विधायक की नजर में सुर्खरू होने का सो उसने जागने के साथ ही कार्यवाही शुरू कर दी। मामले की तह में पहुँचकर उसे सबके सामने उछालने की मंशा से उसने बाद में अपने विधायक को भी इसमें शामिल करने का मन बना लिया। पूरा मोहल्ला अब छावनी में तब्दील हो गया। मोहल्ले का छुटभैया नेता रामाधीर कल ही किसी प्रचार रैली से लौटा था। प्रचार का नशा उस पर हावी था। साथ लाए एक-दो चेलों के साथ घटनास्थल पर आते ही अपना दबदबा दिखाने के लिए उसने नारा लगवाया पर वह प्रचार और मौके के बीच का अन्तर ही भूल गया।

"हर हर महादेव...महादेव"

चेले बेचारे हतप्रभ रह गए। वह मो और महा में भटक गए पर अन्ततः नेता की दिखाई राह पर बढ़ चले। बात को बिना भटकाए नेता ने भीड़ की आँखों में आँख डालकर कहा—

"अधर्म हुआ है अधर्म पर किसी ने तो किया है न? जिसने किया खुद कबूल ले। इसी वक्त।" माहौल में दो क्षण की चुप्पी पसर गई। नेता फिर चीखा—

"क्या अपने आप गिर पड़ा चबूतरा? चबूतरा गिरा सो गिरा मन्दिर उठकर कहाँ चला गया? बताओ? यह न समझना अब हिन्दू आबादी का परसेंट कम रहने से तुम कुछ भी कर लोगे। धर्म की रक्षा के लिए हम सब संगठित हैं। संगठित होना ही पड़ेगा। हमारी संयुक्त समिति के लोग धर्मरक्षा में लगे हैं। इलाके के हिन्दू भी समझ लें संयुक्त समितिवाले आपके अपने भाई हैं। मकान बेचकर जाना भी है तो हमें बेचो। हम लगवाएँगे सही रेट । हमेशा कहा है अपनों के साथ मिलकर रहो। हम ही तुम्हारे सगे हैं। अपने को जमीन-जायदाद बेचो पर क्या कहें जब अपना ही सिक्का खोटा हो। अपनी अकल पर तो पत्थर पड़े ही हैं और बच्चों को भी ऐसा बना रखा है न मन्दिर जाएँ, न शाखा। नहीं जाएँगे तो भारतीय संस्कृति को कैसे जानेंगे? कैसे जानेंगे कौन अपना है कौन पराया।"

"रामा जो बोल जरा तौलकर बोल। अपना-पराया क्या कर रहे हो। इतने साल तो हमें हो गए रहते। किसने कौन-सा भेद माना है यहाँ? सब कामधन्धेवाले लोग हैं फिर मोहल्ले में ऐसी वारदात क्या पहले कभी हुई? यह काम किसी ने जान-बूझकर किया है। जरूर कोई माहौल बिगाड़ना चाहता है ताकि..." इमाम ने रामाधीर को टोका। इमाम की बात सुनकर तीनों भाई-बहनों की साँस गले में अटक गई। उन्हें लगा शायद रात में उन्हें इमाम या किसी और ने उन्हें देख लिया है और अब बस उनका नाम उजागर होने ही वाला है। डर के मारे उनकी सिट्टी-पिट्टी गुम हो गई। बदहवासी में वे सभी के चेहरों से नजर चुराने लगे।

"इमाम साहब आपका तो सही है न आपकी मस्जिद की दीवार तो ऊँची उठी जा रही है। चबूतरे तो हमारे ही..." चुप रहकर रामाधीर ने सारा इल्जाम दूसरे पक्ष पर डाल दिया। उसने फिर मोहल्ले में दीवार खींचने की कोशिश की। इस बार कुछ चेहरों पर रामाधीर की बात का असर दिखाई दिया। मन्दिर का अस्थाई रूप और पक्की मस्जिद का भेद इस असर में भूमिका निभाने लगा।

"क्या कहना चाहते हो तुम? खुलकर कहो?" इमाम साहब की आवाज सख्त होकर गरज उठी। उनकी आँखों से गुस्सा टपक रहा था। एक पल को सारा मोहल्ला यूँ शान्त हो गया कि सुई के गिरने की आवाज भी साफ सुनी जा सकती थी। इमाम गलत नहीं थे इसीलिए उनके विरोध में मोहल्ले के किसी आदमी ने जबानदराजी नहीं की। मोहल्ला अब तक बाहरी आग से बेदाग बचा हुआ था। बरसों लोग अपनी-अपनी इबादतगाहों में प्रार्थना करते हुए भी एक-दूसरे की राजीखुशी की परवाह करते थे। मोहल्लेदारी के उसूलों को निभाते आए थे। सुईपटक सन्नाटे को भेदते हुए अधलखा जी ने कहा—"भई संस्कृति की रक्षा के लिए सरकार को जरूरी उपाय करने चाहिए। क्यूँ मैंने कुछ गलत कहा?" उनकी बात से गर्म तवे से माहौल पर कुछ छींटे पानी की जरूर पड़ीं पर छींटों ने भी शोर उठा दिया।

"क्या कहना चाह रहे हो ? सरकार निकम्मी है। कुछ नहीं करती। जिसे देखो सरकार के ही दोष निकालता रहता है। एक फोन मिलाने की देर है सब लाइन पर आ जाएँगे। खबरदार जो फिर किसी ने..." रामाधीर ने जलती आँखों से अधलखा को घूरा और दो घड़ी बाद चबूतरे के पास जाकर छान-बीन करने लग गया।

"तुम बताओ तुम क्या भाँग की गोली खाकर सो गए थे जो तुम्हें कुछ पता न चला। हथौड़े-फावड़े दनादन चले हैं। कान में रुई देके सो रहे थे फिर यहाँ रखी मूर्तियाँ? वह कहाँ गईं ? क्या अपने आप भाग खड़ी हुईं?" रामाधीर ने टेढ़े सुर में पिंटू, बब्बू और बबली को सीधा करने की कोशिश की। पुनीत और पिंटू-बब्बू की पत्नियों को भी उसने घूरकर देखा। सभी वही पुराना रात डीजे चलने का राग अलापने लगे।

तेज आवाज में सबके चीखने से मोहल्ला मच्छी-बाजार में तब्दील हो गया। तभी चबूतरे और पीपल को ध्यान से देखकर रामाधीर एक बार फिर गुस्से में चीखा—

"देख लो ध्यान से। मोहल्लेदारी की बातें करनेवाले ऐसे कुकर्म करते हैं भला? मामला तो साफ है पानी की तरह। गंगाजली उठवा लो किसी भी हिन्दू से कोई नहीं कर सकता यह काम और उनके अलावा किसने किया होगा यह साफ पता चल रहा है। यहाँ एक नहीं दूसरा केस भी सामने है। पीपल का पेड़ काटने की कोशिश भी हुई है। देख लो। साफ दिख रहा है। तने और जड़ों पर चोट की गई है। अब तो विधायक जी को खबर होनी ही चाहिए मामले की और थाना-पुलिस भी जरूरी है। संख्या में कम जरूर हैं पर हमें कम न समझना।" गंगाजली उठवाने के नाम पर मोहल्ले के कुछ हिन्दू आगे आने लगे। प्रमाण देने और पाने की होड़ में वे पिछड़ना नहीं चाहते थे। गंगाजली उठाने और थाना-पुलिस की बात से तीनों भाई-बहन की हवा टाइट हो गई। बबली को लगने लगा कि अब तो राज फाश होकर रहेगा। पुलिस आई तो घर की तलाशी होगी। तलाशी होगी तो बोरे में रखी मूर्तियाँ सबूत बनकर सारी बात का खुलासा कर देंगी। तलाशी नहीं भी हुई और गंगाजली उठवाई तो धर्म जाएगा। इधर कुँआ उधर खाई की सोचकर बबली की साँस तेजी से चलने लगी। आशंका से भरा मन दौड़-दौड़कर हाँफने लगा। कनपटी पर भय से चूते पसीने की बूँदें उछल आईं। संशयों से भरी आँख के साथ उसने पति की तरफ देखा। पुनीत की हालत भी काटो तो खून नहीं वाली थी।

"हमारा पेड़, हमारा चबूतरा , हमारा मन्दिर..." पप्पे की आहत ध्वनि अपने विधायक और थाना प्रभारी के बल पर गूँजी।

"हमारा-हमारा क्या लगा रखा है? कोई नाम बता दे मोहल्ले के एक आदमी का जिसने इस पेड़ की छाँव न बटोरी आज तक? चबूतरा और उस पर मन्दिर तो पन्द्रह साल पहले बना पेड़ हमारे दादा-परदादा के समय से यहाँ है। मैं खुद अगले महीने पिचासी की होने जा रही हूँ। लाख आँधी उठी पर मजाल है जो यहाँ कभी हमारा-तुम्हारा हुआ हो। कर लो इस बार हमारा-तुम्हारा और देखना नतीजा। " करीमन बुआ की आवाज में वह सारी आशंकाएँ साफ झलक आईं जो इस मोहल्ले में फसाद और रक्तपात की जमीन रच सकती थीं। उनकी फटकार ने पप्पे के पर कतर दिये।

आरिफ चाचा, गुप्ता जी, अधलखा जी, शीतला मौसी, उनकी बहू पिंकी, सन्तो ताई, इमाम साहब के साथ कई नमाज़ी यहाँ तक कि मनकू पंडित भी करीमन बुआ की बात से असहमत नहीं थे। मोहल्ले की डाँवाँडोल मन:स्थिति भी कुछ सचेत हुई। खतरों से वह भी अछूते नहीं थे। बरसों से साथ रह रहे लोगों में चला

आ रहा एका और कामधन्धे को ही धर्म माननेवालों को अब मोहल्ले पर आनेवाला संकट साफ दिखने लगा। रामाधीर इतनी आसानी से हार मानने को तैयार नहीं था। मुँह में राम बगल में रामपुरी-यही उसकी पहचान थी इसलिए अब समझाइश का पानी उसकी चिकनी माटी से नीचे बह चला। अकड़ते हुए बोला—

"अभी बुलाओ रहमत को। सारा मामला खुलकर सामने आ जाएगा। साला जिस थाली में खाता है उसी में छेद करता है। बहुत सुन ली तुम सबकी अब लगाता हूँ विधायक जी को फोन कि आएँ और जो सही समझें करें। थाना-पुलिस, हवालात जो भी। एक-एक की धुनाई होगी तो सारा सच सामने आ जाएगा।" उसने एक-एक शब्द पर पूरा जोर दिया।

"तेरे पल्ले नहीं पड़ रही एक भी बात रामे। गोद खिलाया बालक है तू। आज हम पराए हो गए?" आरिफ चाचा ने रामाधीर के कन्धे को मजबूती से पकड़कर कहा।

"लगा फोन, अभी लगा, इसी वक्त। डर मारा है क्या किसी का पर फिर तू समझ लियो बचेगा कोई नहीं इस मोहल्ले में।" इस बार सन्तो का गला तनिक न भर्राया।

"बेटा! बात फैल गई तो अपनी नेताई की चमक में तू भले चमक जाए पर घर तो तेरा भी स्वाह होगा। करता रहियो फिर नेताई। ये करम जिसने भी किया है इसी मकसद से किया कि यहाँ भी शहर के बाकी इलाकों जैसा दंगा-फसाद हो पर गली में घर तो सबके सटे हुए हैं करीमन का घर जलेगा तो सन्तो का बच जाएगा?" इमाम ने इस बार नरमी से काम लिया। समझाइश का रास्ता रामा के चेलों की तरफ भी जा रहा था। रामाधीर गुस्से में भुनभुनाए जा रहा था।

"रोज के काम-धन्धेवाले लोगों का मोहल्ला है। कितने घर दिहाड़ी मजदूरी पर चल रहे हैं तू नहीं जानता? तेरा सगा भाई भी फेरी लगाता है या नहीं? उसके काम का हर्जा हो गया तो कितने दिन खिला देगा तुझे कोई विधायक? लोग कामधन्धा, घर-परिवार देखेंगे या कोर्ट-कचहरी, थाना-पुलिस। यह बात अगर फैल गई तो खतरनाक फोटो, वीडियो बनके कहाँ-कहाँ तक जाएँगे और कैसी नफरत भर देंगे...। जानता है न तू?" शीतला मौसी ने बड़ी-बड़ी आँखों से अनुभव का पिटारा खोल दिया।

अब तमाशबीन बने दुकानदार भी हरकत में आने लगे। उनकी एसोसिएशन के अध्यक्ष चावला जी ने खतरा सूँघ लिया। यह प्रतिभा उनमें जन्मजात थी। उन्होंने जान लिया यदि बात फैल गई तो गई भैंस पानी में। मोहल्ले में दंगा यानी पेट पर सीधी लात। रूमाल से ज्यों ही नाक पोंछी कि आगजनी, पत्थरबाजी और माल

के नुकसान के दृश्य भी आँखों के आगे घूम गए। वैसे तो चावला जी बड़े धार्मिक थे पर उनके लिए धन्धे से बड़ा कोई धर्म नहीं था। सुबह-शाम राम-राम करते पर पूजा लक्ष्मी की ही करते थे। यानी मुँह में राम और थैली में लक्ष्मी। सोच-विचारकर वे आगे आए और लगे रामाधीर को डपटने—"तू बताएगा हमें कि धर्म क्या है। आया बड़ा धर्म का ठेकेदार।" रामा को जलती आँखों से देखने के साथ चावला जी ने तुरन्त आवाज की सख्ती को नरमी में बदला और सबसे हाथ जोड़कर कहा—"रोजी-रोटी, प्यार-मोहब्बत से बड़ा ईमान और धर्म क्या होगा? नफरत ने तो काटना ही सिखाया है। आपसदारी ने प्यार के बीज बोए हैं। फूल महकाए हैं और चमन को खिलाए रखा है। विधायक और पुलिस-वुलिस को दूर ही रखना बेहतर है। बात हाथ से निकल गई तो कोहराम मचा देगी। मोहल्ले की बात है मोहल्ले में ही खत्म हो जाए।" एसोसिएशन का अध्यक्ष बातों का धनी और रसूखवाला आदमी था। रामाधीर की गर्दन उसके हाथों में दबी थी। पिछले साल चावला जी से लिया कर्जा रामा अभी चुका नहीं पाया था फिर पार्टी के लिए चन्दे आदि में भी चावला से मदद मिल जाया करती थी। किसी की न सुननेवाला रामाधीर भीतर से कसमसाते हुए भी पहली बार पलटकर कुछ नहीं बोला। उसका विप्लवी दिमाग सावधान होकर पहली बार व्यावहारिक हुआ।

"ऐसे कैसे खत्म होगी बात जब तलक चबूतरा वापस नहीं बनेगा।" बड़ी देर से चुप रहे मनकू पंडित ने समाधान का रास्ता खोल दिया। मनकू का मन तरंगित था कि इस बार मन्दिर की देख-रेख के लिए चबूतरे का ठिया उसे जरूर मिलेगा। इतने में सामने से रहमत भी आता दिखाई दिया। ढाबे के ठीक सामने लगी भीड़ देखकर उसे घबराहट हुई। रामा ने टेढ़ी आँख से उसे देखा पर बोला कुछ नहीं। रहमत जल्द ही मामले की तह तक पहुँचा दिया गया। उस पर किये जा रहे शक की बात जानकर उसकी आँखें लाल हो गईं। जलती आँखों से उसने रामाधीर को घूरा पर बात आगे न बढ़े इसलिए जल्द मुँह फेर भी लिया।

"देखो जी जो हुआ गलत हुआ। सबसे बड़ी बात तो मोहल्ले की ऐसी छीछालेदर आज तक न हुई। बरसों-बरस जो न हुआ वह आज हो गया। मिट्टी डालो सब पर और चबूतरे की सोचो। चबूतरा तो बनेगा।" आरिफ चाचा ने कहा तो गुप्ता जी समेत सभी ने हाँ-हाँ में जोरदार सहमति जताई।

"चबूतरा आज की आज बनेगा। लो जी सबसे पहला चन्दा मेरी ओर से।" चावला जी ने एक तरफ रामाधीर को शान्त किया तो दूसरी तरफ फसाद की जड़ मिटाने की कमान सँभाल ली। चबूतरे को ठीक करानेवाली लागत झगड़े और हिंसा फैलने और आनेवाले दुर्दिनों से चौपट होनेवाले धन्धे की तुलना में बेहद मामूली थी।

गुप्ता जी और मनकू को जिम्मेदारी के साथ चन्दे की रकम भी उन्होंने सौंप दी। अब बबली भी चुप न रही।

"खर्चे की चिन्ता नहीं करना। मौसी ने बड़े चाव से बनवाया था चबूतरा। हमारा फर्ज है उनकी निशानी को सँजोकर रखना।" बबली का इशारा पाकर पुनीत ने तुरन्त जेब से रकम निकालकर गुप्ता जी के हाथ पर रख दी। बबली-पुनीत की इस हरकत से पिंटू और बब्बू का मुँह खुला का खुला रह गया। बबली अब हर सन्देह से बरी हो गई थी यह जानकर पिंटू और बब्बू भी हरकत में आए। दोनों की पत्नियों ने उन्हें भी आगे बढ़कर मदद करने का इशारा किया।

"कर दी होगी किसी ने शरारत, छोड़ो अब। चबूतरे की मूर्तियाँ मैं लेता आऊँगा। मन्दिर फिर बन जाएगा।" पिंटू बोला तो बब्बू-बबली की आँखें फटी की फटी रह गईं। मक्खीचूस भाई से ऐसी उम्मीद दोनों को नहीं थी। शक की सुई बब्बू पर भी न जाए तो वह भी पीछे नहीं रहा—"मैं भी मदद कर दूँगा थोड़ी-बहुत।" तीनों को लगा ही नहीं था कि बात इतनी बढ़ जाएगी और आकाश छू लेनेवाले उनके सारे मंसूबे धरती पर लमलेट होकर कराहने लगेंगे। तीनों हर तरीके से बात को रफा-दफा करने में लग गए।

"सब मदद दो भई। मौसी क्या सिर्फ इन तीनों की ही थीं? सबसे अच्छी वाकफियत थी उनकी फिर मेरी दुकान के आगे ये टूटा चबूतरा और भीड़ जितनी जल्दी हटे अच्छा है। दुकनदारी खराब होती है।" रहमत ने भाई-बहन की ओर इशारा करके सबसे कहा।

मोहल्ले को संगठित देखकर खुराफाती पप्पे और चेलों के पासे उलटे पड़ गए। छुटभैया नेता रामाधीर ने विधायक की नजर में सुर्खरू बनने के अवसर को अभी टाल दिया। सभी ने चबूतरा तोड़नेवालों को जी भर कोसा। पिंटू, बबली और बब्बू के स्वर भी मोहल्लेवालों की आवाज में शामिल हो गए। आनन-फानन में चन्दा इकट्ठा करके चबूतरा पुनर्निमाण योजना को अमलीजामा पहनाना शुरू किया ताकि फसाद की जड़ ही खत्म हो। मोहल्ले में अब सुबह का रंग दिखने लगा। लोगों को अपने-अपने कामधन्धे याद आने लगे। थोड़ी ही देर में चबूतरे के पास एक मिस्त्री मलबा उठा रहा था। एक ठेला रेत-सीमेंट लिये गली में चला आया। ईंटों का ढेर लगने लगा और उन पर पानी की तराई होने लगी। धीरे-धीरे पूरी गली अपने-अपने कामों की दिशा में निकलकर खाली हो गई।

पिंटू, बबली और बब्बू सूनी आँखों से कभी चबूतरे को कभी पीपल को तो कभी काने प्लॉट पर बने मकान को निहार रहे थे।

काठ के पुतले

ललिता के लिए रोज़ का देखा-भाला रास्ता अब पहले जैसा कहाँ रह गया था। घर के छोटे से गेट के बाहर की लम्बी गली से गुजरकर चौक की आठ-दस दुकानों के मोहल्ले के बाजार के पार मेन रोड पर ललिता पहले हमेशा तीर की तरह पहुँच जाती थी। उस पर हावी रहती हड़बड़ी जाने आजकल जाने किस खोह में कैद थी। पूरी चाल में एक अलमस्त शोखी उतर आई थी। कदमों को तनिक जल्दी नहीं थी कहीं पहुँचने की। चाल धीमी पर कान चौकन्ने। हवा में फैली ध्वनियों को पूरा पी जाने को आतुर। आँखों में न जाने कितने रंगों का संसार झूम रहा था। उनके साथ झूमती ललिता आजकल गली को चोर नज़रों से देखती चलती। उसकी सभी इन्द्रियाँ समवेत रूप में ललिता की इच्छा की गुलाम होकर फौरन से पेशतर उसके हुक्म बजा लातीं। ललिता के हर हुक्म का सिरा सनी से जा मिले यही चाह लिये उसके कदम घर से बाहर उठते। गली भी ललिता को देखकर कभी मुस्कुराती, कभी नया इशारे देती तो कभी कठोर आँखों से ताने-तिशनों के तीर भी छोड़ देती। कुछ महीनों से सनी की ओर से चल रहे इकतरफा खेल में अब ललिता पूरी तरह शामिल थी। सिर्फ एक आखिरी दीवार को दोनों ओर से धक्का लगना बाकी थी जिससे मनचली आँखों के रास्ते होंठों पर लुकाछिपी करती हँसी का यह खेल अब मेल-मुलाकातों के सब्ज़बाग की सैर पर निकल पड़े।

ललिता को गली में देखते ही सनी के यार-दोस्त उसे छेड़ते—

"सनी भाई! आजकल तो यह सड़ी गर्मी भी तुझे चाँदनी रात लगती होगी।"

उधर ललिता की सहेलियों में भी सनी को देखते ही कोहनी मारकर कानाफूसी और दबी-दबी हँसी का निराला खेल शुरू हो जाता जिससे सनी के हौसले और बुलन्द होते। आज मेन रोड पर ऑटो का इन्तज़ार करते सनी की

बाँछें ललिता को अकेला देखकर खिल गईं। ललिता ने चौंककर इधर-उधर देखा और हर तरफ से निश्चिन्त होकर उसकी हँसी ने सनी को खुला निमंत्रण दिया। बहुत दिनों से दिल में भरी अनेक बातों का बन्द दरवाजा हौले से खुला और खुलता चला गया। आखिरी हिचक की दीवार आसानी से ढह गई और मेल-मुलाकातों, फोन पर लम्बी बातों का सिलसिला निकल पड़ा। सनी के हर दिन का पूरा टाइम-टेबल पहले ही ललिता के पास पहुँच जाता और उसी हिसाब से बातों-मुलाकातों के शिखर दोनों साथ चढ़ते। चढ़ाई के रास्ते में कभी-कभी मनुहार,लड़ाई और अबोला भी शामिल होने लगा जो इस रिश्ते में भरोसे और अधिकार की पुख्ता मोहर सरीखा था। दिन-दिन उठती प्रेम की उमंगों ने दोनों को बेवजह हँसना-रोना सिखा दिया था। दिनों ने सप्ताह का रुख किया और सप्ताहों ने मिलकर महीनों पर छलाँग लगा दी।

"ले भई ललिता! अब तो हर मुश्किल आसान है। फैक्ट्री के एक साल के प्रोबेशन के बाद परमानेंट स्टाफ हो गया हूँ। मिसेज सनी बनने में अब क्या देर-दार?" सनी ने ललिता का हाथ पकड़कर उसकी आखों में देखते हुए कहा। ललिता पहले सकुचाई। शर्माते हुए उसने जान-बूझकर अपने बालों को समेटते हुए कनखियों से सनी को देखा।

"तो फिर...?" सनी ने कुछ क्षण इन्तज़ार के बाद फिर पूछा।

"फिर क्या...?" जान-बूझकर ललिता ने सवाल खड़ा किया।

"शादी कर लें?" सनी ने बेहिचक कहा।

"शादी...पर...पहले मैं भी तो कहीं कोई काम-धाम ढूँढ़ लूँ। आखिर ग्रेजुएट हूँ। पार्ट टाइम सेल्स का काम पहले किया भी है। तुम अपनी पैकेजिंग फैक्ट्री की नौकरी से जितना कमाते हो उसमें मेरी सैलरी भी जुड़ जाएगी तो जीवन और सुख से कटेगा।"

पहली बार ललिता ने सनी से अपने बारे में बात की। सनी को उसकी बात दमदार लगी। इतना जरूर था कि शादी से जुड़े सनी के सपनों को अभी जमीन न मिलने से मन की तेज उमंग के रंग चटख होते-होते रह गए। इधर ललिता को भी काम ढूँढ़कर शादी की जल्दी थी। आत्मविश्वास की पक्की जमीन ही उसके उमंग भरे सपनों का आकाश होनेवाली थी। ऐसा आकाश जिसका नीला रंग तरलता से पिघलकर कुछ आसमानी हो जाए तो कभी किसी प्रगाढ़ रेशे में घुलकर एक फिरोज़ी आभा बिखेर दे। कुछ समय बाद ललिता को भी एक बड़े मॉल के नामी स्टोर में सेल्सगर्ल की नौकरी मिल गई। सुबह तैयार होकर जब ललिता मॉल पहुँचती उसे दुनिया बेहद खूबसूरत लगती।

जिन्दगी का फलसफा नये पैरहन में बला का खूबसूरत हो चला था। उस पर खुदमुख्तारी की महक और रंग छिपाए नहीं छिप रहे थे। मॉल के अनेक चमचमाते, रौनकदार स्टोर्स,चारों तरफ गन्ध का महकता संसार, मन में उतरकर तन को थिरकाता संगीत, आँखों को लुभाती नई-नई चीजें और उनके लिए बेसब्र लोगों का जोश सब उसे बेतरह अपनी ओर खींचते। यहीं क्यों इन सबके साथ पहले से अधिक तनख्वाह भी उसकी खुशियों का सबब थी। सनी और ललिता कुछ और आजाद हो चले। हर मुलाकात में उनके सपनों का रंग पहले से कहीं ज्यादा गहराने लगा। पैर के नीचे की मजबूत जमीन और नौकरी से आया भरोसा उनके भावी घर की पुख्ता दीवारों में जड़ी खिड़की पर पड़ा सुनहरा पर्दा हिला-डुलाकर घर के अन्दर रह रहे ललिता-सनी की प्यार में डूबी जिन्दगी का आईना हो चला था। गली के इन लैला-मजनूँ की जोड़ी को देखकर कितने जवान दिल धड़कने लगे थे। जवान लोगों का रास्ता पुरानी पहरेदार दीवारों की कब परवाह करता है। इस बेपरवाही में आखिर वही हुआ जो ललिता-सनी नहीं चाहते थे।

"नौकरी के बहाने से खूब नाम रौशन कर रही है हमारा। तेरे लक्षण सही नहीं लग रहे। सुधर जा वरना हाथ-पैर तोड़कर घर में बिठा दूँगा।" पापा की खूनी डोरोंवाली डरावनी आँखों से ललिता सिहर गई। नये प्रेम और नई नौकरी से हर दिन उमगी रहनेवाली ललिता की उमंग आज घायल थी। घर की हवा उसके लिए अब पहले सी नहीं रह गई थी।

रोज़ सुबह ललिता के घर से निकलने पर सनी उसे देखने की कोई न कोई तरकीब निकाल ही लिया करता पर कुछ महीनों के इस प्यार में ललिता के परिवार की टेढ़ी निगाह दोनों के रिश्ते पर कहर की तरह टूटी। मेल-मुलाकातों के घटते सिलसिले से सनी भी कम परेशान नहीं था। उसका मन करता ललिता के साथ सारी दिल्ली घूम ले। दिल्ली ही क्यूँ उसका मन तो ललिता के साथ आसमान की सैर पर निकल जाने को करता। पूरी आजादी के साथ नीले से आसमानी, आसमानी से गुलाबी थोड़े जामुनी, फिरोज़ी होते हुए अलग-अलग रंगोंवाले आसमान की सैर ही अब सपना थी पर हरदम उसे या तो अपने हाथ-पैर मजबूत रस्सियों से बँधे दिखाई देते या फिर ललिता पिंजड़े में बन्द दिखती। जमीन की कैद में दोनों आसमान न देख पाते न जी पाते। एक दिन सनी ने सारे दुखड़े अपने दोस्त हितेश को सुनाए। हितेश लॉ कर चुका था और एक वकील के जमे-जमाए ऑफिस में उसका अस्सिटेंट था। यही नहीं कुछ समाजसेवी संस्थाओं और संगठनों से भी उसका पुराना नाता था। उसने कहा—

"दिक्कत क्या है यार! अब तुम्हें शादी कर लेनी चाहिए। वैसे भी दो किलोमीटर के दायरे का प्यार घरवालों की तकरार की भेंट चढ़ जाता है। दोनों बालिग हो और अब तो कमाते भी हो।"

"मैं भी यही चाहता हूँ पर ललिता कहती है जिन्दगी की गाड़ी के पेट्रोल लायक कुछ पैसे तो बचा लें।"

"परिवारवालों को पता लगने की देर है। वह बदल देंगे तुम दोनों की जिन्दगी फिर क्या काम आएँगे ये पैसे?" हितेश झुँझलाया।

"मैं भी डरता हूँ पर ललिता मानती नहीं।" कहते हुए सनी एकदम हताश हो गया। उसे लगने लगा उसका और ललिता का किस्सा कहीं अधूरा न छूट जाए। सर झुकाए निराशा में झूलते सनी को हितेश ने झकझोरकर सँभाला। उसे हँसाया और उम्मीद से खाली नहीं होने दिया।

जीवन के असमंजस और नौकरी की नई जिम्मेदारियों की गिरफ्त में घिरी ललिता का मन हरदम चिन्ताओं में डूबा रहता। चिन्ता का एक सिरा सनी था तो दूसरा नौकरी। यूँ काम ललिता की अपनी पसन्द का था। पहला काम एक छोटी दुकान से शुरू हुआ था पर अब उसे एक बड़े स्टोर में काम मिला था। देश के बड़े उद्योगपति की बड़ी कम्पनी का आलीशान तिमंजिला स्टोर उस मॉल का दिल था। तन को सजाने वाले बहुब्रैंडी कपड़ों-गहनों-सौन्दर्य प्रसाधानों से लेकर घर को आलीशान बनानेवाले छोटे से छोटे और बड़े से बहुत बड़े साजो-सामान से ठसाठस भरा स्टोर था। सुई से लेकर बिजली के उपकरण से लेकर अत्याधुनिक गैजेट्स क्या नहीं बिकता था यहाँ। सुबह से ही रौनक लग जाया करती जो देर रात तक इठलाती रहती। ललिता का मन चाहे कितना ही उदास क्यों न हो रौनक के भागते-इठलाते रेले और दस से बारह घंटे बेफुर्सत ड्यूटी में उसे चिन्ताओं का होश ही नहीं रहता था। सुबह ग्राहकों की आवाजाही से पहले पहुँचकर अपना काउंटर सँभालना। शो-रूम खुलने से पहले एग्ज़ीक्यूटिव द्वारा बुलाई गई रोज़ की मीटिंग के सख्त नियमों को सुनना और काम शुरू होते ही ग्राहकों की फरमाइशों में ललिता खुद को एकदम भूल बैठती। कितनी किस्म के सौन्दर्य प्रसाधन और तन को सजानेवाले आभूषण बाजार में उतरे थे। ललिता जैसी सेल्सगर्ल्स का काम प्रैशियस जूलरी को बेचना ही नहीं बल्कि उनके स्टोनवर्क आदि के साथ उनके रख-रखाव की पूरी जानकारी देना भी रहता। पिछली दुकान पर उसने यह सब काम अच्छी तरह सीख लिया था। काउंटर के पीछे सुबह से दोपहर का समय और लंच की कुछ समय की छुट्टी के बाद से शाम-रात का समय कैसे उड़नछू हो जाता उसे समझ ही नहीं आता।

सुबह से रात तक काउंटर पर लगातार मुस्तैदी से खड़े होकर वह अपना काम पूरी शिद्दत से करती। मन कितना भी परेशान हो पर ग्राहक का स्वागत उसे पूरी हँसी और ऊर्जा से करना होता। महिला ग्राहक के नखरों से लेकर उसकी बातों का जवाब, उसकी उपेक्षा और गुस्से का जवाब भी लगातार हँसते हुए देने से कितनी बार उसका चेहरा बेतरह थक जाता। अपने काम और उससे होनेवाली आय की कल्पना एक ओर उसे रोमाँचित करती तो दूसरी ओर पापा का पूरी तनख्वाह पर कब्ज़ा उसे सालता भी। यही सोचकर ललिता मन को दिलासा देती कि शादी के बाद काम भी अपना और तनख्वाह भी पूरी अपनी।

"ललिता! आज प्रमिला नहीं आई है तुम्हारा काउंटर उसके साथ ही है दोनों को मैनेज तुम्हें ही करना है।" या फिर "ललिता! यहाँ से फ्री होते ही स्टोर के नये आए प्रोडक्ट्स की लिस्ट तैयार करके देना।"-जैसे आदेश पहले दिन से ही उसकी झोली में आ गिरे थे। बारह घंटे की ड्यूटी में जैसे ही सनी की याद उसके मन से टकराती कोई न कोई ग्राहक या आदेश याद के सिलसिले को तोड़ देता। दो पैरों से स्टोर के तीन लोक ललिता और उस जैसे कितने ही लड़के-लड़कियों को दिन में कई बार नापने पड़ते। ललिता अक्सर सोचती दिन न सही रात तो उसकी अपनी है। रात यानी एकान्त। रात यानी पहरों से मुक्ति। रात यानी सनी से बतियाने की छूट। यही सोचकर ललिता दिन भर काम की भट्टी में अपने खून-पसीने का ईंधन झोंकती चलती। रात को जब घर भर सो जाता ललिता धीरे से कमरा बन्द करके खुसफुसाती-सी सनी से बात करती।

"आज बहुत काम किया सनी। शरीर थकान से चूर-चूर हो रहा है। करवट ले लूँ इतनी हिम्मत भी नहीं।" पहले सनी से बातों के दौरान ललिता की खिलखिलाती हँसी अब अक्सर थकान का रोना लेकर बैठने लगी।

"थकान तो हम लोगों की नौकरी का रोज का किस्सा है ये हमारे प्यार की बातों का टाइम है। काम की बातें काम की जगह छोड़कर आया कर। मैं रोज रात तेरे कॉल के इन्तजार में उल्लुओं सा जागता रहता हूँ और तू इस इन्तजार की ऐसी-तैसी कर देती है।" सनी बहुत काबू करने के बाद भी झुँझलाता।

"क्या बताऊँ सनी! सारा दिन खड़े-खड़े बहुत थक जाती हूँ।" ललिता भोलेपन से ईमानदार जवाब देती जो सनी के प्यारे से उमग रहे मन को धक्का देता फिर भी सनी उमंगों को राह देता रहता—

"अभी तेरे लिये सब नया-नया है न। धीरे-धीरे तुझे भी आदत हो जाएगी तो सब कुछ मैनेज होने लगेगा। थकान-वकान के बारे में ज्यादा न सोचा कर। मेरे बारे में सोचा कर तो थकान उड़नछू हो जाएगी।"

कुछ देर उमंग भरी बातचीत के बाद सनी के सवालों के जवाब में ललिता की की 'हाँ-हूँ' गहरी खामोशी की चादर तान लेती। उसकी आँखें मुँदनी शुरू हो जातीं। दिन भर की थकान उसके और सनी के बीच दीवार बनकर खड़ी हो जाती। फोन पर ललिता की उँगलियों की गिरफ्त ढीली पड़ते ही फोन हाथ की पकड़ से छूटकर तकिए पर या तकिए से फिसलकर नीचे गिर जाता। ललिता बेसुध सो जाती या थकान उसे अपनी गिरफ्त में ले लेती।

"ललिता...ललिता सो गई क्या?" सनी पुकारता पर उसकी बातें किसी अन्धे कुँए में अनसुनी होकर चित्त हो जातीं। कुछ देर इन्तजार के बाद ललिता की साँस के साथ तेज होते खर्राटों की आवाज पाकर निराश सनी फोन पटककर सो जाता। अगली सुबह अक्सर ललिता के सॉरी, गुडमार्निंग मैसेज से ही होती। पूरे हफ्ते में एक बार मिलने के लिए सौ जतन दोनों अपनी ओर से करते। ललिता के पापा और भाई के पहरे से बच निकलना कोई हँसी-खेल नहीं था। तेजी से बनता-बिगड़ता कार्यक्रम आखिरकार जब बन जाता तो दोनों पहले के दिनों के प्यार को जीने की पूरी कोशिश करते। रंगों से मचलता आसमान जमीन पर उतरने को बेताब रहता। उनका मन करता काश यह समय यहीं ठहर जाए।

"अब रहा नहीं जाता ललिता! आजा सब छोड़-छाड़कर।" ललिता के हाथों को कसकर पकड़े हुए सनी अपना मन खोलकर रख देता।

"पहले अपने घरवालों को तो मनाओ। कम से कम एक का परिवार तो सहारा बने।" ललिता मुस्कुराती हुई सनी की दुखती रग पर हाथ रख देती।

"हाँ अपने ससुर से तो मुझे कोई उम्मीद नहीं। सास तो फिर भी देखकर अनदेखा कर देती है पर ससुर का बस चले तो मुझे जिन्दा निगल जाए।" बड़ी-बड़ी आँखें निकालता हुआ सनी, ललिता के पापा की सूरत और भाव को अपने चेहरे पर पूरा उतार लाने की कोशिश में लग जाता। दोनों खूब ठहाका लगाते और सप्ताह की बन्दिश को पीछे छोड़ देते। पर हर सप्ताह एक-सा कहाँ होता उनके लिए। नाकाम सप्ताह की उदासी बेहद लम्बी चलती। सप्ताह में एक दिन की छुट्टी में सनी घर के काम निबटाता और ललिता घर के कामों के साथ अपने शरीर की थकान उतारती। उस दिन मम्मी उसकी खूब सेवा करतीं। नया सप्ताह फिर बहुत-से काम लिये होता। पापा के कड़े पहरे के नीचे सावधान ललिता ने हर कोशिश की थी सनी और उसके रिश्ते की उन्हें भनक न लगे पर होनेवाली बात होकर रही। पापा की कड़कती आवाज़ ने ललिता के कानों में पिघलता सीसा घोल दिया। आग उगलती पापा की आँखों से भी वह

आज भी डरी पर अपने चेहरे पर अनजानेपन के भाव लाकर उसने सवालिया निगाह से पापा को देखा।

"तू बाज नहीं आई अपनी हरकतों से। सब पता है क्या गुल खिला रही है उस नीच-कमीन के साथ। मुझे बेवकूफ समझा है तूने?" पापा ने बिना किसी भूमिका के दो-टूक बात करके अपनी नापसन्दगी और कड़ा एतराज ललिता पर जाहिर कर दिया।

"पापा! वह नीच-कमीन है तो हम भी कौन-से..." आज जाने कैसे ललिता में सवाल पूछने की हिम्मत आ गई।

"जबान लड़ाती है, उनकी बराबरी हमसे कर रही है तू? हमारी पाँव की धोवन भी नहीं...हमारी गिनती अगड़ों में है। समझी? बड़ी आई हम भी वाली... उनका बेटा कमाने लगा, दो पैसे घर में आ गए तो औकात भूल गए। तौर-तरीका भूल गए?" सनी के परिवार को तमाम भद्दी गालियाँ देते ललिता के पापा की आवाज़ बाहर तक बेरोकटोक जा रही थी। ललिता जानती थी कि यह मसला जरूर सर उठाएगा लेकिन जिस मान की बात उसके पापा कर रहे थे वहाँ जातिगत अभिमान के अतिरिक्त और कुछ भी नहीं था। पापा की चीख-चिल्लाहट घर के बाहर निकल गई। शुक्रवार का दिन था। सारी गली आनेवाली छुट्टी के आनन्द में कल्पना की उड़ान भर रही थी कि अचानक शोर उठा। सनी के घर के बाहर उठे शोर से गली नये तमाशे की ओर बढ़ चली।

"लड़का सँभाला नहीं जाता तुमसे? जब देखो हमारी लड़की को फोन करके परेशान करता है? सँभाल लो उसे वरना ठीक नहीं होगा। कहे देता हूँ।" ललिता का फोन चेक करने के बाद यह बवाल घर से शुरू हुआ तो सनी के दरवाजे चढ़कर ही माना।

"क्यूँ तुम्हारी लड़की क्या दोदिनी बच्ची है? इतनी चिन्ता है तो उसे बाँधकर रखो घर में।" सनी के पापा और भाई भी चुप नहीं रहे। आग में ऐसा घी पड़ा कि दोनों के प्यार का आसमान धुएँ की कालिमा से भर गया। गली भर में तीन गुट बन गए। एक गुट ललिता के पापा का हितू तो दूसरा सनी के परिवार का। तीसरा गुट हमेशा से चुस्त, मुँहदेखी करनेवाला। अब ललिता के जीवन पर बन्दिशें और बढ़ गई थीं। सुबह मॉल तक पापा छोड़ते और शाम को छोटा भाई उसे लेने आता। पापा के आदेश पर मम्मी अब ललिता के कमरे में ही सोने लगीं तो फोन का सहारा भी छिन गया। बड़ी मुश्किल से कभी-कभार ही कोई मौका ललिता के हाथ आता। सनी की खाट भी उसके भाइयों और पिता ने खड़ी कर दी थी। उनके लिए ललिता के परिवारवालों से रिश्ता करना नामुमकिन था और

फिर ललिता के पापा ने गली भर में उनके घर की ऐसी थू-थू की थी कि अब चाहकर भी इस थूक को चाटना आसान नहीं था।

दुख के सैलाब में गोते खाती ललिता नौकरी के कुछ ही महीनों बाद अपने और सनी के उजले भविष्य के आईने को धुँधला पाती। उसे लगता जैसे आईने के बीच एक लहर-सी गुजरने लगी है जहाँ कई बार सनी की आकृति बड़ी होती-होती एकदम तिरछी होकर ललिता के अक्स को मिटा देती है तो कभी उसकी खुद की आकृति के पीछे सनी गुम हो जाता है। मन उमंग से खाली हो तो काम में कैसे लगे? नौकरी आजकल उसे एक गति, एक ध्वनि और एक लय में भागती बोरियत से भरी मशीन की तरह लग रही थी। नौकरी जिसमें या तो थकान से बोरियत पैदा हो गई थी या रूटीनी बोरियत से पहाड़ सी भारी थकान। यह अबूझ मसला उसकी समझ से परे था। लंच टाइम में काउंटर के अन्य लड़के-लड़कियों से पहले जी खोलकर बतियाती ललिता अब मुर्झाने लगी थी। जैसे-तैसे खाना निगल के थोड़ी देर को शो-रूम से बाहर आकर कभी छत या कभी बेसमेंट में चली जाती। छत पर आसमान को देखती तो आसमान आजकल उसे अपनी पहुँच से दूर लगता। आसमान बहुत ऊँचा था और सारे रंग गायब। सनी से बात फोन पर बतिया लेने के बाद इस भागती-दौड़ती दुनिया के बीच वह ठहरी-ठिठकी दिखाई देती। अक्सर छत से नीचे आते हुए वह बूढ़े लिफ्टमैन को देखती। उसे महसूस होता लिफ्टमैन और उसके चेहरे में ऐसा कुछ तो है जो बहुत कुछ मिलता-जुलता है। ललिता बहुत गौर से देखती पर पहचान नहीं पाती। एक दिन लंच की फुर्सत में ऐसे ही उसने लिफ्टमैन से पूछा—

"अंकल! आप थक नहीं जाते हो इस नौकरी में?" ललिता जानना चाहती थी कि थकान का रिश्ता तन से जुड़ा है या मन से? थकान उसके जिस्म की हर नस में पैठती जा रही थी। रात-दिन थकान ही जैसे उसकी चिन्ता का सबब बन गई थी। वह समझ नहीं पा रही थी कि इतनी थकान इतनी कम उम्र में उसमें कहाँ से भर गई?

आठ से दस लोगों के लिए लगी इस लिफ्ट में पहली से तीसरी मंजिल के साथ-साथ तीन लेवल की पार्किंग भी थी। शहर के लोगों सहित साथ सटे शहरों के ग्राहक भी घूमते-घामते यहाँ चले आते थे। पार्किंग में गाड़ियों की कतारों का सिलसिला चलता रहता। अनेक ब्रांड्स के स्टोर्सवाले इस मॉल में बड़ा सपाट नाता था ग्राहकों का और लिफ्ट में ग्राहक को उसकी मनचाही जगह पहुँचाते लिफ्टमैन का। अनेक नौकरियों के अनुभवों से सफेद बालों के उम्रदराज वृद्ध

लिफ्टमैन ने ललिता को घूरा पर वह उसकी उम्र का मजाक उड़ाते हुए जरा नहीं हँसा। उसने कहा थकूँगा तो परिवार कैसे पालूँगा?"

"फिर भी..." ललिता आज उसका सच जान लेने को आमादा थी।

वह खामोश रहा। ललिता को कोई जल्दी नहीं थी। ग्राहक चढ़-उतर रहे थे। लिफ्ट खाली होने पर उसने फिर बात छेड़ी—"यह स्टूल आपको बैठने के लिए मिला है?" स्टील के छोटे से असुविधाजनक स्टूल की ओर आँख के इशारे से ललिता ने पूछा। फिर धीमी आवाज में बोली—"हमें तो यह भी नहीं मिलता। बैठने की परमीशन ही नहीं।" दुख जब साझा होते हैं तो तहा-छिपाकर रखा फोड़ा देर-सबेर फूट ही जाता है। लिफ्टमैन ने उड़ती-सी एक नजर स्टूल पर डाली और ठंडी आह के साथ कहा—

"स्टूल तो है पर किस काम का? यहाँ तो हर आदमी के लिफ्ट में घुसने पर उसका स्वागत करना है-गुड मार्निंग सर, गुड ऑफ्टरनून मैडम, गुड ईविनिंग सर। खड़े-खड़े हर किसी को सलाम ठोकता हूँ पर कभी सामनेवाले के कान नहीं होते तो कभी इस चकाचौंध में मैं दिखता ही नहीं।" एक ठंडी आह के बाद हँसते हुए वे फिर बोले—"मुझसे अच्छा तो यह स्टूल है जो एक ही जगह मजे से पड़ा रहता है। दिन भर में ऐसा खुशनसीब समय आता ही कहाँ है जब मैं इत्मीनान से इस पर बैठ सकूँ। डर ही लगता है कहीं कोई शिकायत हो गई तो नौकरी से हाथ धो बैठूँगा।"

"बारह घंटे बाद घर जाकर आपको कितना चैन मिलता होगा?"

"चैन? कहाँ बेटा! घर पहुँचते-पहुँचते बेहाल शरीर बिस्तर ढूँढ़ने लगता है। न बीबी-बच्चों की बात सुहाती है न खाना। बीबी रोटी-सब्जी परोस देती है मैं खाकर लेट जाता हूँ। कितना समय हो गया खाने में कोई स्वाद नहीं आता... थकान से बोझिल शरीर को मरी नींद भी नहीं आती। सुबह से खड़े -खड़े पैर सूज जाते हैं और सबसे ज्यादा दर्द करते हैं कन्धे। कन्धों से रीढ़ की हड्डी में उतरता हुआ दर्द जमकर पत्थर हो जाता है। सुबह से रात तक खड़े-खडे कन्धों और रीढ़ की हड्डी में अनगिनत सुइयाँ चुभकर हमला बोल देती हैं फिर पूरी रात कराहते रहो यह हमला कहाँ रुकता है? रात भर ऐसा लगता है दमघोंटू लिफ्ट में ही बन्द हूँ। "

लिफ्टवाले अंकल की बात सुनकर ललिता ने अपनी थकान के अनेक भेद जान लिये थे। उसने वॉश रूम में मुँह धोते हुए अपनी शक्ल को गौर से देखा। वह ठिठक गई। लिफ्टवाले अंकल के दुख का एक रेशा उसके चेहरे पर भी चस्पाँ था। वॉश रूम से अपने काउंटर तक आते हुए ललिता की नजर उसी

फ्लोरवाले फर्नीचर शोरूम पर पड़ी। वहाँ रंग-बिरंगे गुदगुदे कुशन की शीशे सी चमकती पॉलिशवाली नई कुर्सियाँ लाईं जा रही थीं। उन्हें देखकर अचानक उसके पैरों का दर्द और बढ़ गया। अगल-बगल के काउंटरवाले सेल्स के लोगों, बिलिंग स्टाफ, सिक्योरिटी स्टा़फ में से ललिता जिनके भी करीब थी उनकी हालत उसकी हालत से जुदा न थी। ममता, जुनैद,रानो, सुशील और ऐसे न जाने कितने ही लोग थे जो घंटों खड़े रहने से अनेक शारीरिक कष्ट और मानसिक यातना झेल रहे थे। कुछ दिन पहले ही तो ममता ने सबको सावधान किया था—

"पैरों में दर्द है तो सह लो। पेन किलर ले लो पर ध्यान रहे भूलकर भी लंच टाइम के अलावा कभी कहीं बैठना नहीं। ये जो सीसी टीवी कैमरे लगे हैं न ये ग्राहकों पर नजर रखने के लिए नहीं तुम पर नजर रखने के इरादे से ही लगाए गए हैं।"

"यार! हद है यह तो। इंसान हैं कोई मशीन तो नहीं...और मशीन से भी लगातार काम लोगे तो घर्र-घर्र-ररर करके बैठ नहीं जाएगी? फिर कुछ पल आराम से बैठना क्या इतना बड़ा गुनाह है? यहाँ इतनी लेडीज़ हैं उन्हें देखो। यह रानो प्रेग्नेंट है इसे कुछ हो-हवा गया तो कौन होगा जिम्मेदार?" ललिता तैश में आ गई।

"हाँ भई! जहाँ लेडीज़ वहाँ परेशानियाँ ही परेशानियाँ हैं।" साथ खड़े कमल और प्रिन्स मजाक उड़ाते हँसने लगे।

"इसमें हँसने की क्या बात है? हमारी हर परेशानी आप लोगों को झूठी ही क्यों लगती है?" ललिता को उनकी हँसी अखर गई।

"सुशील! भाई मुझे तो बार-बार यूरिनरी इनफेक्शन हो जाता है और काउंटर से ज्यादा देर के लिए ब्रेक भी नहीं ले सकती।" रानो की बात से उसकी तकलीफ साफ झलक रही थी। सबके दुख एक ही से थे जिनकी कहीं कोई सुनवाई नहीं थी।

"परेशानी तो हमें भी होती है यह अलग बात है कुछ ऐसे मर्द हैं जिन्हें दर्द नहीं होता।" जुनैद का इशारा प्रिन्स और कमल की ओर था। "सालों से एक ही खड़े रहते काम करने से पैरों की नसें दर्द करते-करते बेजान हो रही हैं। डॉक्टर कहते हैं वेरिकोज़ वेन की समस्या है। हल भी आसान नहीं। अभी तो चल रही है जिन्दगी की गाड़ी पर आगे? जुनैद की आवाज़ दर्द से भरी थी।

"मैं तो यहाँ सबसे नई हूँ फिर भी मेरी और आपकी एक-सी कहानी है। दिन भर खड़े रहने की बात याद आते ही स्टोर आने की उमंग पर पानी फिरने लगा है। पैरों की सूजन और दर्द से बेहाल रहती हूँ। रोज रात को पेन किलर लेना पड़ता है।

यहाँ आती हूँ तो मन करता है फर्नीचर स्टोर में रखी सारी कुर्सियाँ ले आऊँ और हम उन पर इत्मीनान से बैठें।" ललिता ने कहा तो सबकी आँखें चमक उठीं। दर्द, कुर्सी और आराम का समीकरण सबके लिए एकदम साफ था।

ललिता के जी में आता सनी से पूछकर देखे सारे दिन की मेहनत के बाद भी ललिता से बात करते हुए कहाँ जाती है उसकी थकान? क्या उसके पैरों में दर्द नहीं होता? क्या रात में उसके कन्धों से उठता दर्द का सैलाब रिसते हुए रीढ़ की हड्डी को सुन्न नहीं करता? पर न जाने क्यों ललिता की हिम्मत जवाब दे जाती। सारे दिन की मशक्कत के बाद बड़ी कोशिश से सबकी नजर बचाकर हाथ आए दो-चार हसीन पलों को भी बेकार की बकझक में बर्बाद क्यूँ करे। उसे डर भी लगता कि ऐसी बातों से कहीं सनी नाराज न हो जाए। पहले भी रात को ललिता के फोन पर बात करते-करते सो जाने का उसने कई दिन तक मजाक उड़ाया। उसके बाद ललिता ने कोशिश की चाहे थोड़ी देर बात करेगी पर खूब खुश होकर ही। अक्सर ललिता सोचती कि खुशी का यह नाटक आखिर कब तक चलेगा?

इधर सनी, ललिता और अपने बीच की दूरी से बहुत परेशान हो चला था। ललिता के पापा और सनी का परिवार उनकी राह में रोड़ा बने हुए थे तो ललिता का कोई ठोस निर्णय न लेना भी सनी को अखर रहा था। मुसीबत में उसका हमदर्द हितेश ही था पर हितेश, ललिता का विकल्प तो नहीं था। मन का गुबार हितेश पर निकालकर भी सनी उदास रहता ऊपर से घरवालों के ताने आए दिन उसके मन के जख्मों को हरा किये रहते। सनी सोचता उसके और ललिता के प्रेम को किसी की नजर लग गई है। अपने मन में उलझते सवालों को सुलझाते हुए एक दिन उसने हितेश से कहा—"यार! पहले मुझे शक था पर अब यकीन हो चला है कि कोई ऊपरी चक्कर है। ललिता के पापा कुछ समय पहले अपने बाबा जी के यहाँ होकर आए थे। कहते तो रहते हैं कि बड़े सिद्ध महात्मा है। अन्तर्यामी टाइप।"

"तो?" हितेश ने सनी को घूरते हुए पूछा।

"तो यह कि उस बाबा की कोई भस्म-भभूत ही ललिता को खिला दी गई। इसीलिए यार! मुझसे मिलने में भी आनाकानी करती है और पहले की तरह फोन पर लम्बी बात भी नहीं करती।" सनी के शब्द हताशा से भरे थे पर हितेश के चेहरे पर एक पल की तिलमिलाहट के बाद एक हँसी फूटी। अपनी हँसी को बिना दबाए उसने सनी के कन्धे पर हाथ रखा और बोला—

"अबे! तुझे अगर ऐसा ही लगता है कि किसी बाबा-वाबा के खिलाने-पिलाने से ललिता बदल गई तो तू भाई ऐसा कर तू ललिता को उस सिद्ध बाबा से भी बड़े बाबा की भस्म-भभूत खिला दे। फिर तो उस पर तेरा ही जादू चलेगा। पुराना जादू बेअसर हो जाएगा। हर गली-नुक्कड़ पर बड़े-बड़े सिद्ध योगी बैठे माला जप रहे हैं किसी को भी पकड़ ले।"

"यार! तुझसे कुछ कहना ही बेकार है।" सनी उदास हो गया।

"गधे! बोलने से पहले कुछ तो सोचा कर। ललिता पढ़ी-लिखी लड़की है और तू भी अनपढ़ नहीं है। एक तरफ तो प्रेम का झंडा उठाकर क्रान्ति करने की सोच रहा है और दूसरी तरफ इतनी दकियानूसी बात?" हितेश ने सनी को झकझोरा।

"तू नहीं समझता। माना तेरा विश्वास इन सब पर नहीं है पर औरों का तो है न? मुझे नहीं लगता अब हमारा निबाह हो पाएगा।" सनी अड़ा रहा।

"क्या निबाह नहीं हो पाएगा? अभी से हिम्मत हार गया? साफ-साफ बता तुझे ललिता पर भरोसा है या भस्म-भभूत पर?" हितेश ने सवालों की झड़ी लगा दी।

"यार! यह कैसा सवाल है...भरोसा तो है पर..." अबकी सनी कुछ संयमित मुद्रा में बोला।

"पर को गटर में डाल और उसकी हालत समझ। तेरे और उसके परिवार की तनातनी कम है क्या? उस पर जाने क्या गुजर रही होगी। जब मौका मिले बात कर उससे। भरोसा दिला। उसकी सुन अपनी सुना। चार दिन की जिन्दगी में एक फैसला तो सही से निभा।" हितेश ने सनी को चेताया। सनी की हलकी सी हूँ सुनकर हितेश ने उसे गले लगाया—"यार! चिन्ता न कर मैं हूँ हरदम तेरे साथ। देख लेंगे अपन दोनों।" अकेलेपन में हितेश की दृढ़ता ने सनी और ललिता के बीच पैदा हो रही दूरी के जंगल में प्यार की मधुर तान छेड़ दी। उस रात सनी करवट बदलता रहा कि बस अगले दिन लंच में ललिता के दफ्तर जाकर उसे चौंका देगा। आसमान के रंग धीरे-धीरे लौट रहे थे।

ललिता की सुबह फिर से पापा की कड़ी नजर और सख्त प्रवचनों के साथ शुरू हुई। ये प्रवचन धर्म और जाति की रक्षा से जुड़े थे। लड़की की मर्यादा और परिवार के संस्कारों से जुड़े थे। पापा बोलते जा रहे थे और ललिता नाश्ता करते हुए उनकी ओर देखे जा रही थी। कुछ समय बाद उसे पापा के शब्द सुनाई देने बन्द हो गए। उनके होंठ कुछ बड़बड़ाए जा रहे थे पर ललिता तक शब्द नहीं पहुँच रहे थे। वह खुद से सवाल करने लगी-यदि पापा इतने ही संस्कारी हैं तो इंसानों से नफरत क्यूँ करते हैं? यदि इतने ही धार्मिक हैं तो लोगों पर अविश्वास-अनास्था क्यूँ?

वह लगातार पापा को घूर रही थी। एक सवाल फिर तनकर खड़ा हो गया। पापा को लड़की की मर्यादा का इतना ख्याल है तो क्यूँ नहीं छुड़वा देते उसकी नौकरी? आखिर इस नौकरी में उसे मिलता ही क्या है? आने-जाने का किराया और कुछ ढंग के कपड़े। वह भी नौकरी के लिए ही। महीने भर की कड़ी कमाई तो पापा के हाथ चली जाती है और फिर सारे महीने ललिता पापा के आगे किसी न किसी जरूरत के लिए हाथ फैलाए रहती है। पूरे महीने की मशक्कत के बाद उसके हिस्से आती है—थकान, थकान और सिर्फ थकान।

आज मॉल पहुँचकर ललिता जैसे ही लिफ्ट में घुसी अंकल नदारद थे अलबत्ता स्टूल अपनी जगह सलामत था। कभी छुट्टी न लेनेवाले अंकल को न पाकर ललिता परेशान हुई। काम के दौरान भी उसने सुपरवाइज़र से अंकल के न आने का कारण पूछा तो पता चला दो दिन नहीं आएँगे। दो दिन न आने का सीधा मतलब दो दिन के पैसे का नुकसान था। अंकल की फिक्र के साथ काउंटर पर ग्राहकों को निबटाते हुए अचानक उसके कान एक पुराने गीत से टकराए। गीत की दिशा में उसकी आँखें घूमीं तो उसने पाया एक बुजुर्ग व्यक्ति एक कोने में अपने मोबाइल पर कुछ देख-सुन रहा था। काम के दौरान ही एक भरपूर नजर ललिता ने उस व्यक्ति पर डाली और अचानक हाथ रोका। फिर सिर उठाकर पूरे फ्लोर पर नजर दौड़ाई। कहीं कोई अन्तर नहीं था। उसने सारे काउंटर देखे। बार-बार एक ही बात। कल तक ललिता की जो चिन्ता सेल्समैन, गार्ड्स, लिफ्टमैन को लेकर थी आज उसका सिरा ग्राहकों से भी जुड़ गया। बुजुर्गवार हों या जवान, अधेड़ या बच्चे सब या तो खड़े थे या घूमफिर रहे थे। किसी काउंटर पर उनके बैठने के लिए कुर्सियाँ नहीं थीं। कुछ बच्चे थककर काठ के मैनिक्विन के नीचे बने चबूतरों पर आधे-अधूरे बैठे थे। जवान लोग थककर स्टोर या मॉल में ही किसी-किसी कोने में जमीन पर अपने थैलों के संग बैठे दिखते थे। कुर्सियोंवाले शोरूम के ग्राहक जरूर सुखी थे कि किसी कुर्सी पर बैठकर दो घड़ी आराम कर लें। मॉल के किसी भी हिस्से में पैसा लुटानेवाले ग्राहकों के लिए बैठने की कोई व्यवस्था नहीं थी। ललिता को लगा मॉल में आनेवाले ग्राहक भी जैसे अपने अधिकार और सुविधाओं को लेकर सजग नहीं रहे। वे सब कुछ भूल रहे थे पर उन्हें वे गार्ड्स और सेल्समैन जरूर याद रहते थे जो उनसे उनके मुताबिक अदब से पेश नहीं आते। गार्ड्स, लिफ्टमैन, सेल्स के लोग उनका ढंग से स्वागत न करें तो उनकी भौंहें तन जाती थीं।

सुबह से ही मॉल में काफी गहमागहमी थी। फेस्टिवल ऑफर के तहत चीजों पर भारी छूट का ऑफर घोषित किया गया था। सुबह से लगातार काम

करते हुए ललिता को वॉशरूम जाकर फ्रेश होने का मौका भी नहीं मिला। कहीं प्रेशर और अधिक न बन जाए इस डर से वह पानी भी बहुत कम पी रही थी। ग्राहकों की भीड़ में सर उठाने का मौका न था। पैर भी लगातार खड़े-खड़े बेतरह टूट रहे थे। टीसते पैर बैठने की भीख माँग रहे थे। ऊपर से हर ग्राहक की बातों पर दर्द को छिपाकर जबरन हँसते हुए जवाब देना भी ललिता को अब मुश्किल लग रहा था। सारे मॉल में शोर ही शोर था कि अचानक उसके काउंटर पर एक महिला जोर से चीखी—

"आखिर यहाँ कब तक खड़े रहना होगा? इतनी देर से एक ब्रेस्लेट माँग रही हूं कोई पहाड़ नहीं।"

"सॉरी मैडम! बस इनके बाद अब आपको ही देती हूँ। नया कलेक्शन आया है वह देखेंगी तो खुश हो जाएँगी।"

"इन पर चीखो नहीं तो सुनते कहाँ हैं? नया कलेक्शन...स्टूपिड गर्ल। खामखाह मुझे खड़ा किया हुआ है।" महिला पूरे आवेश में आकर जोर से सबको सुनाते हुए ललिता की बेइज्जती करने लगी।

"आपसे सॉरी कहा तो मैडम...प्लीज़ इनसल्ट मत कीजिए। आपको केवल दो मिनट हुए हैं खड़े हुए हम पूरे दिन खड़े रहकर काम करते हैं।" ललिता के अन्तिम शब्द धीमे स्वर में निकले पर कई दिनों से आहत उसके स्वाभिमान ने करवट ली।

"किसने किसकी इनसल्ट की मैं बताती हूँ तुझे।" कहते हुए भद्र महिला और बिफर गई। अचानक होहल्ला मच गया जो किसी भी हालत में स्टोर के माहौल के लिए खतरा था। आनन-फानन में सेल्स सुपरवाइज़र और कई लोग जुट गए। सबसे पहले बज रहे संगीत का वाल्यूम बढ़ाया गया। भद्र महिला के लिए एक नई सेल्सगर्ल को तुरन्त बुलाया गया पर महिला आमादा थी कि ललिता बदतमीजी के लिए माफी माँगे। तनाव बढ़ता चला गया क्योंकि ललिता ने साफ कह दिया कि वह पहले ही माफी माँग चुकी है। रानो, ममता और सुशील, ललिता के पक्ष में खड़े होकर सफाई देने लगे तो भद्र महिला उसे नौकरी से निकाले जाने की माँग पर अड़ गई। बड़ी मुश्किल से महिला को शान्त करके काउंटर पर मामला सुलटाया गया पर आज ललिता की पेशी हो गई। उसे चुपचाप काम करने की वार्निंग दी गई जिसमें छिपी हुई धमकी भी थी कि यदि भगवान जैसे कस्टमर्स से उलझी तो उसे नौकरी से निकाला भी जा सकता है। ललिता ने कई बार अपनी सफाई दी पर जब गलती उसकी ही मानी गई तो उसने आज की लीव एप्लीकेशन सुपरवाइज़र की टेबल पर रख दी।

वह जानती थी आज की तनख्वाह कट जाएगी चाहे आधे दिन भी उसने पूरी मेहनत क्यों न की हो। पापा की डाँट अलग खानी पड़ेगी पर आज जैसे उसे कोई परवाह नहीं थी। रानो, ममता और सुशील ने उसे घर जाकर आराम करने की सलाह दी। बेपरवाह ललिता बहुत देर तक बाहर मॉल की सीढ़ियों पर बैठी रही। स्टोर में नौकरी से लेकर आज तक के घटनाक्रम पर विचार करते हुए धीरे-धीरे ललिता को अपने ऊपर हो रहे अन्याय की शक्ल दिखी तो औरों के प्रति हो रहे अन्याय के चेहरे भी दिखने लगे। चेहरों पर दर्द के रंग पहचान में आने लगे। वह चेहरे कभी कुछ कहते भले न हों पर ललिता को उनकी चुप्पियों में चीख सुनाई दी। लिफ्टवाले अंकल, गारमेंट सेक्शन देखनेवाली रानो जो पाँच माह के गर्भ में कई बार वॉश रूम भागती, नवविवाहित ममता जिसे सारा दिन खड़े रहकर नौकरी ही नहीं करनी बल्कि नई बहू और घर के दायित्व भी निभाने हैं। पूरे दिन बिलिंग काउंटर पर वेरिकोज़ वेन की समस्या से परेशान जुनैद, लेडीज़ सेक्शन के सुशील सहित न जाने कितने जुनैद, कितनी रानो, कितनी ममता? और न जाने कितने सुशील शहर की राजधानी के, देश के अलग-अलग हिस्सों के, दुनिया के चमचमाते मॉल्स में दस से बारह घंटे तक सब सहते हुए खट रहे हैं। एक अप्राकृतिक स्थिति और एक असहज मुद्रा को विवशता में स्वीकार रहे हैं। कुछ देर बाद उसका दिमाग सुन्न हो गया। उसे न दुनिया का शोर सुनाई दे रहा था न कोई दृश्य दिख रहा था बस यही समझ आ रहा था कि थके हुए पैरों को यहाँ बैठने से सुकून मिल रहा है। मॉल के भीतर काम करनेवाले सभी लोग उसे भीतर लगे बेजान मैनीक्विंस की तरह लग रहे थे। बहुत देर बाद उसने पाया कि कोई उसके कन्धे को झकझोर रहा है। आज सनी उसे चौंकाने आया था पर ललिता की सारी बातें सुनकर उसे खुद जोरदार झटका लगा। सनी ने खुद को सँभालते हुए ललिता को भी समझाया—

"चल ललिता! आज की शाम तक का समय हमारा है। कई दिनों की कसर आज निकालते हैं। खाएँगे-पिएँगे और खूब बातें करेंगे।" सनी ने ललिता का हाथ थामा और दोनों चल दिये। नज़दीक के रेस्तराँ में इत्मीनान से बैठकर ललिता का मन पहले से बेहतर हुआ तो सनी ने पूछा—"तू तो कहती थी नौकरी तेरे मन की है तो फिर यह सब?" सनी ने कन्धे उचकाते हुए पूछा। ललिता के खामोश रहने पर सनी ने उसकी हथेली को अपने भरोसे की हथेली से सहलाया और आँखों से फिर सवाल दोहराया। एक ठंडी साँस लेकर ललिता ने चुप्पी तोड़ी—

" सनी! पहले मुझे लगता था कि इस दुनिया में मेरा दुख सबसे बड़ा है। पापा की सख्ती, हमारी शादी में अड़चन, तेरी नाराज़गी, नौकरी की थकान और

थकान होने पर बैठने का हक न होना...पर एक बात कहूँ पिछले दिनों जिसे भी मैंने करीब से जाना है उसके दुख पहचाने हैं। समझने लगी हूँ कि आँखें खोलकर दूसरों के दुखों को देखने के बाद अपने दुख की दुनिया कितनी छोटी लगती है। इसलिए आज जो भी हुआ यह सब सिर्फ मेरे लिए नहीं है। मेरे स्टोर में अनेक लोग हैं। इस मॉल में अनेक लोग हैं। अनेक मॉल्स में अनेक लोग हैं। तू है, मैं हूँ, ममता दीदी हैं, रानो, जुनैद जाने कितने लोग हैं। सबके साझे दुख हैं।"

"पर तू कोई नेता है जो सबकी लड़ाई लड़ेगी?" सनी सब ध्यान से सुनकर बोला।

"बात नेता की नहीं अधिकार की है। थकान होने पर बैठने की, कुछ देर आराम की स्वाभाविक इच्छा रखना क्या गलत है?" ललिता दृढ़तापूर्वक बोली।

"नहीं नेताजी, ठीक है।"

"देख इस तरह मजाक में न उड़ा मेरी बात। मदद तो करता नहीं बस पापा की तरह तू भी या तो मजाक उड़ा ले या उपदेश दे दे।" ललिता ने उलाहना दिया। सनी कुछ पल ठहरकर बोला—

"तू सही कहती है ललिता। मैं भी तेरे पापा जैसा ही हो चला था। भला हो हितेश का जिसने सब टूटने-छूटने से बचा लिया। ललिता! तू चिन्ता नहीं कर मैं तेरे हर फैसले में साथ हूँ। चाहे तो हम सलाह-मशविरे के लिए अभी हितेश के पास भी चल सकते हैं।" सनी की बात सुनकर ललिता को बहुत दिनों से साल रही थकान आज हारती हुई महसूस हुई। आदतन उसका हाथ अपने चेहरे पर गया तो चेहरा भी आज उसे कई दिन की चिपचिपाहट के बाद मुलायम महसूस हुआ। दोनों देर तक बातें करते रहे। रंगों से भरा आसमान उन्हें देखकर मुस्कुरा दिया। आज वही पुराने दिनों के ललिता-सनी साथ थे और उनके आसपास बिखरा था बहुत सारा प्यार जो निर्भय था, निर्द्वन्द्व था। बहुत दिनों बाद दोनों के भविष्य का धुँधला पड़ा आईना साफ दिख रहा था उसमें उनके सपनों की शक्ल फिर से उभर रही थी।

उस रात घर लौटकर ललिता को एक क्षण का आराम नहीं था। हितेश से लम्बी बात करने के बाद अब उसे ममता, सुशील, रानो, जुनैद सबसे बात करनी थी। सबको समझाना था। कल के लिए तैयार करना था। देर तक चली उसकी बातों से आज घर भर हैरान था। सब देख रहे थे बहुत दिनों बाद थकी-हारी ललिता न जाने कहाँ चली गई थी। पापा ने हमेशा की तरह दखलन्दाजी करने कोशिश भी की पर दृढ़ विश्वास से भरी लड़की को देखकर खुद ही सिमट गए। देर रात तक सोने को लेटी ललिता की आँखों में नींद नहीं थी। उसे सुबह का इन्तज़ार था।

ललिता को बारबार बेचैनी में करवट बदलते देखकर मम्मी ने प्यार से उसके सर पर हाथ रखकर कहा—"ललिता! तू वही करना जो तुझे ठीक जँचे। चाहे नौकरी हो या शादी। तू काठ की गुड़िया नहीं पढ़ी-लिखी, कमाऊ और समझदार लड़की है।" अँधेरे कमरे में मम्मी की आवाज ललिता को सौ वॉट के बल्ब की रोशनी-सी महसूस हुई। मम्मी पर उसे बहुत प्यार आया पर आनेवाले कल की उम्मीद में नींद फिर भी कोसों दूर रही।

"यह क्या तरीका है? इस काम की किसी को भी परमीशन नहीं है।" अगले दिन सुबह स्टोर खुलने से पहले सुपरवाइज़र की तेज आवाज़ ने सारे काउंटर्स पर खड़े लोगों को चौकन्ना कर दिया। सुपरवाइजर की आँखें हैरत से भर उठीं स्टोर का नया नजारा देखकर। सुपरवाइजर की फटकार ललिता-रानो के काउंटर से शुरू हुई थी जो बाद में ममता, सुशील और जुनैद के काउंटर सहित कुछ अन्य काउंटर्स पर सुनाई दी। स्टोर के अलग-अलग डिपार्टमेंट्स के लोग भी इस नये नजारे को हैरानी से देख रहे थे। कुछ की हँसी नहीं रुक रही थी तो कुछ की साँसें गले में ही रुक गई थीं।

"सर! दिन के बारह घंटे में सिर्फ कस्टमर्स के न होने पर ही हम लोग इस कुर्सी का इस्तेमाल करेंगे।" ललिता ने विनम्रता पर चट्टानी दृढ़ता से कहा।

"तुम सब अपनी-अपनी कुर्सियाँ उठाते हो कि नहीं? अभी के अभी इन्हें बाहर रखो। यहाँ काम करना है तो या कुर्सी रहेगी या तुम।" सुपरवाइज़र गरजा। इस गरज के साथ ही स्टोर के कुछ लोग सुपरवाइजर के साथ आ खड़े हुए। वे ललिता एंड कम्पनी के खड़े किये बखेड़े से खुद को दूर रखना चाहते थे।

स्टोर का माहौल आज सुबह से ही बदला हुआ था। खलबली ग्राहकों के आने से पहले ही मच गई जब स्टोर में अनेक काउंटर्स पर कुछ लोगों ने शान्तिपूर्वक अपनी जगह पर एक फोल्डिंग कुर्सी रख दी। सुबह के समय अपना काउंटर व्यवस्थित करके वह उस पर बैठ गए तो सुपरवाइजर हैरान रह गया। एक नहीं दो नहीं सात-आठ काउंटर्स पर एक-सा नज़ारा देखकर उसकी आँत-पीत जलने लगीं। सुपरवाइजर का गुस्सा ललिता पर फूट पड़ा—"तो तुझे लीडरी का चस्का लगा है। यहाँ नहीं चलेगा यह सब। काम करना है तो ढंग से करो वरना सबको नोटिस देकर फायर कर दिया जाएगा।" सुपरवाइजर ने धमकाया। नोटिस की बात सुनकर अच्छे-अच्छों को सर्दी के इस मौसम में पसीना आ गया। ललिता सहित कुछ लोगों ने अपनी कुर्सी फोल्ड करके नहीं रखीं। कुर्सियाँ बीच-बीच में इस्तेमाल की जाकर सारे दिन स्टोर के कर्मचारियों की लड़ाई को शान्तिपूर्वक देखती रहीं। कुछ पल बैठकर थकान उतारने के लिए लड़ी

जानेवाली यह लड़ाई न मामूली थी और न ही एकाध दिन की बात थी। दो-तीन दिन में सुपरवाइजर के सब्र का प्याला बुरी तरह छलक गया। उसने शो कॉज़ नोटिस तो जारी नहीं किया पर मैनेजर के कानों में सारी बात पहुँचा दी। मैनेजर पहले ही सब जानता था पर वह भी बाढ़ के पानी के उतरने की राह तक रहा था। सुपरवाइजर के भड़काने पर उसने ललिता और उसके साथियों को समझाने के लिए ऑफिस में बुलवाया। कुर्सी में धँसे हुए वह बोला—

"देखिए! यह हमारे स्टोर का तरीका नहीं बल्कि आसपास किसी भी स्टोर में देखें वहाँ भी सेल्स से जुड़ा कोई भी आदमी कुर्सी पर नहीं बैठता।"

"पहले से जो चला आया करता है वह क्या हमेशा ठीक होता है सर? गलत बात तो गलत ही होती है।" रानो ने कहा तो सुपरवाइजर ने उसे गौर से देखा। पाँच-छह माह का गर्भ उससे छिप नहीं सका।

"फिर भी हर जगह का कोई कायदा होता है।" अबकी मैनेजर के स्वर में समझौते की लय चली आई। कारण साफ था रानो पुरानी एम्प्लॉई थी फिर प्रेग्नेंट भी। कानूनी कार्यवाही हुई तो मामला उसके पक्ष में भी जा सकता था।

"सर! क्या हमारी माँग गलत है? हम तो काम न होने के दौरान ही बैठने की माँग कर रहे हैं लेकिन आप लोगों को लगता है जैसे हम स्टोर में जगह-जगह लगे पुतले ही हो चुके हैं जिनमें न जान है,न दुख, न कोई हरकत और न कोई थकान।" अबकी ललिता ने सीधे और साफ बात कही तो सब को साहस मिला। सुपरवाइजर की भौंहें तन गईं और तनी हुई भौंहों से ही उसने मैनेजर को साँप का फन कुचल देने का इशारा किया।

"देखो! तुम लोग ऐसे ही अड़े रहे तो कल से स्टोर में तुम लोगों की एंट्री बैन हो सकती है। तुम्हें नौकरी पर रहना है या कर दूँ छुट्टी?...बोलो।" इस बार मैनेजर ने सुपरवाइजर की भौंहों के इशारे के अनुरूप कहा।

"सर! आप भी हमारी ही तरह एमप्लॉई हैं मालिक नहीं। हम सबकी एक ही माँग है कि काम के समय में कुछ देर हमें बैठने की मोहलत मिले। एक सिटिंग ज़ोन बनाया जाए एमप्लॉईज़ के लिए। बस...इसमें क्या दिक्कत है?" इस बार सुशील, ललिता, रानो और कई आवाजें एक साथ उठ खड़ी हुईं।

"कल से कुर्सीवालों की एंट्री स्टोर में बैन है। कुर्सी आन्दोलन खत्म करके सब लोग अपना-अपना काम करें...नेतागिरी में कुछ नहीं रखा है।" इस आदेश के साथ ही स्टोर के तीनों फ्लोर के गार्ड्स को सख्त निर्देश दिया गया कि कल से बिना कुर्सीवाले लोग ही स्टोर में आएँगे। मैनेजर ने ललिता के साथियों को बारी-बारी से बुलाकर ललिता से दूर रहने और सीधी राह पर चलने के लिए समझाया।

ललिता को एक बार भी नहीं बुलाया जाना सबको समझ में आ रहा था। लड़ाई की एकमात्र दोषी ललिता बना दी गई थी। बहुत दिनों से चल रही खींचतान का खात्मा लोगों को दिखने लगा। सुरक्षित होकर जो लोग लड़ाई से दूर थे आज उनका ही पक्ष सही साबित हुआ तो उनके चेहरों की खुशी अपनी नमकहलाली पर इतरा बैठी।

कोई भी लड़ाई आसान कहाँ होती है पर लड़ने के क्रम में धीरज और लड़ने के नये तरीके जरूर ईजाद करती चलती है। ललिता खुद से लड़कर एक नई लड़ाई का सलीका सीख रही थी। कल का दिन बेहद निर्णायक होनेवाला था। अब तक चली आ रही लड़ाई एक नई दिशा की ओर मुड़ चली थी। यह लड़ाई अब आर-पार की होनेवाली थी। इसका नफा-नुकसान एकदम सामने दिख रहा था। आज ललिता ने किसी से एक शब्द नहीं कहा न ही कल की कोई पूर्व तैयारी ही की। सनी को उसने सच बता दिया। सनी ने छुट्टी लेकर हितेश के संग आने का भरोसा दिया। अगली सुबह वह उठी। तैयार हुई। घर से निकली तो कुछ रोज़ की अपनी साथी फोल्डिंग कुर्सी को उसने देखा और फिर उसे उठाकर स्टोर की तरफ बढ़ चली।

"मैडम! आप अन्दर नहीं जा सकतीं। साहब का ऑर्डर है।" गार्ड, ललिता की अपेक्षा के अनुरूप कहते हुए दरवाजा रोककर खड़ा हो गया। दो पल को ठिठकी ललिता ने कुर्सी को खोला और गार्ड के बगल में ही बैठ गई। गार्ड की हैरानी का पारा सातवें आसमान पर चढ़ गया वहीं उस पर नज़र रखे मैनेजर और सुपरवाइजर भी सकते में आ गए पर मामले को कोई तूल न देते हुए वे चुप रहे। धीरे-धीरे एमप्लाई आने शुरू हुए तो दरवाजे पर ललिता को बैठे देखकर चौंके। उनमें से कुछ उस पर हँसे पर कल तक हँसनेवाले कुछ लोगों के मन में ललिता के प्रति सहानुभूति उपजी। स्टोर के भीतर हलचल मौजूद थी। आगे क्या होनेवाला है यह रहस्य सबके दिमाग में आकार ले चुका था। ललिता अभी तक अकेली बाहर बैठी थी। कस्टमर्स आने लगे तो वे भी उसे घूरकर देख रहे थे। सुपरवाइजर और मैनेजर के मन में खटका हुआ कि ललिता उठकर नारेबाजी न करने लगे। रानो,ममता, सुशील, जुनैद और ललिता के पाँच-छह साथी समय होने के बावजूद आज नहीं आए थे। सुपरवाइजर और मैनेजर सहित कुछ लोगों ने बिना सेना के अकेले सिपाही ललिता पर तरस खाया। दरवाजे के भीतर ऑफिस में ललिता को नोटिस देने का पूरा मन बन चुका था। सुपरवाइजर की बाँछे खिल गई थीं कि मैनेजर के जरिये आज वह ललिता को सबक सिखा पाएगा। तभी दरवाजे पर हरकत हुई। निचले तल के कर्मचारियों की निगाहें ग्लासडोर पर अटक गईं।

वहाँ रानो, ममता, सुशील, जुनैद सहित कई लोग अपनी-अपनी कुर्सियों के साथ दिखाई दिये। अब तक अकेली बैठी ललिता के साथ एक पूरा समूह था। आते-जाते लोग उन्हें चौंककर देख रहे थे। थोड़ी देर में सनी और हितेश भी वहाँ पहुँच गए। हितेश ने माँगपत्र को पढ़ा। कुछ जरूरी सुझाव भी दिये। जुनैद ने एक माँगपत्र गार्ड के हाथ अन्दर भिजवाया जिस पर काम के दौरान बैठने की विनम्र माँग के साथ उन सबके दस्तखत थे। अन्दर फिर एक नई हलचल थी। ग्राहकों की आवाजाही और लड़ाई के इस नये एकजुट रूप को देखकर मैनेजर ने मामला सुलटाने को सही समझा। ललिता को काटकर अकेला करने की उसकी चाल को मात मिली थी।

"ठीक है। आप लोग काम पर लौटें। हम जल्द आपकी माँग पर बात करेंगे।" उसने आश्वासन का लॉलीपॉप थमाया।

"सर! हमारी एप्लीकेशन रिसीव करें और आप जो कह रहे हैं उसे लिखित में दें।" जुनैद की लिखित एप्लीकेशन स्टोर के लोगों को इंसान समझने की अपील कर रही थी।

मैनेजर के पास समाधान की फिलहाल कोई और तरकीब नहीं थी सो उन्होंने खिसियाते हुए सर हिलाया। अपनी कुर्सियाँ उठाए सभी लोग जब स्टोर में घुसे तो बहुत-सी आँखें उनकी लड़ाई के सम्मान में गर्व से चमकीं। काठ के पुतलों में इंसानी हरकत दिखने लगी। उन्हें समझ आ गया था कि यह लम्बी लड़ाई अब अकेले लड़ी जानेवाली नहीं है। लड़ाई का मोर्चा उनकी तरफ भी खुल गया है। यह लड़ाई उनके लिए भी है।

शाम को मॉल से निकलकर ललिता ने भाई को फोन किया कि आज वह उसे लेने न आए। सनी और हितेश के साथ ललिता अपने पुराने पसन्दीदा रेस्तराँ गई। आज की जीत का जश्न मनना जरूरी था।

"कैसे तुम्हारा शुक्रिया करूँ हितेश। तुमने इस लड़ाई को फैसलाकुन अंजाम पर पहुँचाया है।" ललिता ने कृतज्ञ भाव से कहा।

"लड़ाई अभी खत्म कहाँ हुई है ललिता वह तो चलेगी पर अब लड़ाई में तुम सब भी एक बुलन्द आवाज़ हो।" हितेश ने जवाब दिया।

"तुम और सनी न होते तो..."

"ललिता! सच्चाई तो यह है कि बहुत से लोग अलग-अलग जगहों पर ऐसी लड़ाई लड़ रहे हैं। कुछ जीत भी गए हैं तो कुछ डटे हुए हैं। तुम लोग भी डटे रहो।" हितेश के शब्दों ने ललिता को जिन्दादिली से भर दिया।

"लो भई! अब तो कुर्सी भी मिल जाएगी नेता जी को पर हमें क्या मिलेगा?" सनी ने मुस्कुराते हुए ललिता को देखा।

"ललिता! यह तो तुम्हारी ज्यादती है। मेरा दोस्त कबसे तुम्हारे इन्तजार में बैठा है इसकी शादी की अर्जी कब मंजूर होगी?

"मैंने कब कहा कि शादी नहीं करूँगी। जरूर करूँगी। मेरे और इसके पापा के लाख न चाहने पर भी करूँगी।" ललिता ने यूँ कहा जैसे वह सनी से नहीं खुद से पक्का वादा कर रही हो।

नीला आकाश आसमानी से गुलाबी, गुलाबी से जामुनी और फिरोज़ी होता जा रहा था।

माया मरी न मन मरा

फतेहाबाद जिले का फूलपुर गाँव अपने नाम से उतना नहीं जाना जाता था जितना सिद्धेश्वर पांडे के नाम से। आसपास के कई गाँववाले न जाने कबसे फूलपुर को सिद्धेसर या पांडे जी का गाँव कहने लगे थे। हो भी क्यों न सिद्धेश्वर पांडे का घर पूरे गाँव में सबसे अलग था। गाँव में घुसते ही पोखर के पास पुराने मन्दिर से आगे की ओर निकलनेवाले रास्ते पर पहुँचने की देर है कि सिद्धेश्वर पांडे का घर दिखाई देने लगता। बाहर की खुली और खाली पड़ी जगह में नीम के पेड़ को जगह देता एक बड़ा चबूतरा और उससे आगे बना बिटोरा पार करने के बाद पीढ़ियों पहले बनी एक बड़ी-सी नाँद पशुओं के चारे के लिए थी। उसके पास की एक बड़ी सुरक्षित जगह उनकी गायों, बैलों और बछिया-बछड़ों के लिए थी। इसके जरा आगे मुख्य द्वार पर लकड़ी के दो बड़े किवाड़ सिद्धेश्वर के घर का पता बता देते। घर का एक किवाड़ न जाने कबसे बन्द पड़ा था। बच्चे से बाल-बच्चेदार हुए जवानों और पकी उम्र के बूढ़ों ने भी उसे कभी खुला नहीं देखा था। एक जगह पर जमे आँधी-बारिश-ताप सहते हुए वह इतना पक्का हो चला था कि अब टस से मस न होता था। उसके जोड़ीदार दूसरे किवाड़ को किसी ने कभी बन्द नहीं देखा था। बन्द पड़े किवाड़ से भीतर सटी चारपाई जो कसने के अभाव में झूलती रहती वहाँ सिद्धेश्वर पांडे का हलवाहा राजू सोया करता। सही उम्र में शादी-ब्याह न होने के कारण और जीवन की गाड़ी को सही न हाँक पाने के चलते अब यह चारपाई ही उसका घर थी। चारपाईवाले लम्बे गलियारे को पार करने के बाद एक बड़ा-सा दालान था। इस दालान के दो तरफ सिद्धेश्वर पांडे की गृहस्थी अपनी समृद्धि के साथ फैली थी और एक तरफ दो घने पेड़ों के नीचे चारे-पानी की नाँद के साथ उनके जान से प्यारे लाखन की जगह थी। यों जगह इतनी थी कि अक्सर बाहर बँधे पशु भी भीतर

बाँध दिये जाते पर लाखन की जगह कभी नहीं बदलती थी। दालान को घेरे पीछे की बड़ी दीवार के सहारे आगे खड़ी की गई छोटी दीवार पर टीन की छत डालकर एक बड़ी-सी शेड में सिद्धेश्वर पांडे के प्यारे साँड़ लाखन का राज था। अन्य पशुओं की तरह लाखन रात में बाहर नहीं रहता था। सिद्धेश्वर पांडे की लम्बी-चौड़ी खेतीबारी एक तरफ और लाखन एक तरफ। सिद्धेश्वर के मन के तराजू में लाखन का पलड़ा सबसे भारी था।

दालान से भीतर सिद्धेश्वर की बैठक गाँव भर में उनके रुतबे की कहानी कहती। बड़ी-सी बैठक में बैठने के लिए तख्त, मेज और कुर्सियों के अलावा सामने की बड़ी दीवार पर कई सारे मेडल लटके थे। उनके नीचे बहुत-से सम्मान-पत्रों से दीवार सजी थी। दीवार पर अखबारों की कतरनें और सम्मान ग्रहण करते हुए खींची गई तस्वीरें भी फ्रेम में मढ़वाकर लगाई गई थीं। दीवार से सटी दूसरी दीवार के आले में चाँदी के तीन-चार कप भी प्रतियोगिताओं में प्रथम स्थान मिलने के ठोस सबूत बने इतरा रहे थे। सिद्धेश्वर के दिन का एक लम्बा समय इसी बैठक में गुजरता। आने-जानेवाले भी यहीं बैठते। सिद्धेश्वर के लिए यह बैठक नहीं उनकी गौरवगाथाओं की स्थली थी। यह गौरव उन्हें न जाने कितनी पशु चौपालों, पशु मेलों-प्रदर्शनियों-शिविरों और प्रतियोगिताओं के लिए मिला था। सालों-साल में बना यह गौरव उनकी पहचान था और यही धीरे-धीरे फूलपुर की भी पहचान बन गया था। लाखन के आने के बाद ही यह पहचान कायम हुई थी। कितनी प्रतियोगिताओं में लाखन अव्वल रहा था। लाखन के गले में बाँहें डाले सिद्धेश्वर की कई तस्वीरें भी बैठक में जड़ी थीं। आए दिन कितनी ही जगहों के बुलावे सिद्धेश्वर को आते थे। बुलावे आने पर उनकी खुशी का ठिकाना नहीं रहता। गर्दन कुछ और ऊँची उठ जाती। कुछ दिन पहले डाकिया फिर खुशी का पैगाम लाया था। चिट्ठी बटेश्वर के मेले के सम्बन्ध में थी। उन्हें मेले में लगाई जानेवाली प्रदर्शनी में अपने पशुओं को लाना था और यदि मन चाहे तो पशु बाजार में भी भागीदारी करनी थी। लाखन के लिए विशेष बुलावा था। चिट्ठी पढ़कर सिद्धेश्वर ने सन्तोष की एक गहरी साँस ली। कुर्सी से उठे, धीमे कदमों से बैठक की दीवार के करीब आए और गर्दन पर पड़े गमछे को उतारकर अपनी और लाखन की तस्वीर को चमकाने लगे। चिट्ठी हाथ में लिये-लिये बैठक से दालान के शेड में आए और लाखन की गर्दन को सहलाते हुए खुशी से उसे चिट्ठी दिखाकर बोले—"ले भई! लाखन, हो जा तैयार। अबकी बड़ा मेला है। हमें जरूर जाना है और जीतकर ही आना है। वैसे कोई कितना ही जोर क्यों न लगा ले सब तेरे आगे फेल होंगे।

यह बात मैं लिखकर दे सकता हूँ। बस तू सही से खा और सेहत बना।" लाखन से बात करते सिद्धेश्वर की जबान चाशनी में घुल जाती।

पता नहीं लाखन चिट्ठी-पत्री कुछ समझता था या नहीं पर प्यार की भाषा समझता था। सिद्धेश्वर के हाथ जैसे ही उसकी गर्दन पर आते अपना चेहरा वह सिद्धेश्वर के करीब ले आता और आगे बढ़कर अहैंएएएए की सी आवाज निकालता। उसके बाद अपना मुँह ऊपर की ओर उठा लेता ताकि सिद्धेश्वर उसके गलकम्बल को सहलाएँ। सिद्धेश्वर को लगता लाखन उनकी बात का जवाब दे रहा है। इस तरह अक्सर उनकी लाखन से बातचीत चलती रहती। ऊँचे कद का लाखन अब बारह बरस का हो चला था। साहीवाल नस्ल का लाखन बला का सुन्दर था। सपाट-चौड़े माथे के नीचे बड़ी-बड़ी आँखें। बलशाली शरीर। शरीर पर हलकी लालिमा लिये भूरा रंग जो कूबड़, गर्दन और पुट्ठों पर अधिक गहरा था। साहीवाल नस्ल की पारखी आँखों से अगले पैरों की एकदम सीध में नब्बे डिग्री के कोण पर खड़ा कूबड़ भला कैसे छिप सकता था। इसी तरह उसका लम्बा गलकम्बल भी उसके बढ़िया नस्ल के होने की निशानी था। पैरों की तरफ भूरापन सबसे अधिक था ऐसा लगता जैसे उसने गहरे रंग के जूते पहने हों। खुरों के पास काली धारियाँ पैरों की सुन्दरता को और भी बढ़ाती थीं। सींग थोड़े छोटे पर बहुत मोटे थे। वजन आठ-नौ सौ किलो से ज्यादा ही होगा। तकरीबन दस साल पहले सिद्धेश्वर ने उसे एक मेले में हरियाणा के गोपालक व्यापारी से ठोक-बजाकर खरीदा था। व्यापारी ने बेचते समय बताया था कि लाखन की माँ दिन में पच्चीस-छब्बीस लीटर दूध देती है। व्यापारी ने यह तथ्य जोर देकर बताया था ताकि सिद्धेश्वर जान ले कि सौदा खरे फायदे का है। इस तरह साहीवाल नस्ल का साँड़ सिद्धेश्वर को भा गया था। उससे पहले कभी सिद्धेश्वर के लक्कड़दादा-पड़दादा के पास भी गंगातीरी नस्ल के गाय-साँड़ थे पर लाखन से उन्नीस ही रहे होंगे ऐसा सिद्धेश्वर का पक्का अनुमान था। लाखन के रंग-रूप पर सिद्धेश्वर दिलो-जान से न्योछावर थे। फूलपुर और आसपास के कई गाँवों में बरसों से सिद्धेश्वर की पहचान लाखन से ही थी। सिद्धेश्वर के गाय-बैल-बछिया भी कम नहीं थे पर लाखन की टक्कर का कोई नहीं था। गर्भाधान के लिए कितने ही बड़े किसान और व्यापारी लाखन के लिए सिद्धेश्वर को घेरे रहते। सीजन में घर के बाहर लाइन लग जाती। सिद्धेश्वर के लिए लाखन मान-सम्मान के साथ तगड़ी कमाई का भी जरिया था।

सिद्धेश्वर के घर में आज सुबह से ही कोहराम मचा था। चिट्ठीवाले मेले का दिन आ गया था। गायत्री आदत के मुताबिक घर की सेवा में सुबह से ही जुट गई थी।

हाँफती साँसों के साथ घर के अन्दर-बाहर के कितने काम निबटाती जा रही थी। रोजमर्रा के कामों के साथ आज सुबह सूरज उगने से पहले उसे पशुओं को तैयार करना था। गायत्री की जरा-सी देरी और चूक सिद्धेश्वर के गुस्से को भड़का सकती थी। इसलिए आज वह अपनी ओर से ऐसा कोई मौका पति को देना नहीं चाहती थी। घर के बाहर के पशुओं को हरा चारा देकर गायत्री जैसे ही लाखन के पास आई तो सिद्धेश्वर ने सवाल किया—"राजू साला उठा कि नहीं अब तलक?" गायत्री चुप ही रही। राजू के न उठने का कारण वह पति को नहीं बताना चाहती थी।

"भाँग का अंटा चढ़ा गई है क्या? सुनाई नहीं देता...कहाँ है राजू?" सब्र का प्याला झलकने पर सिद्धेश्वर पांडे की आवाज घर भर में गूँज गई।

"नींद में है...जागा नहीं है। कल रात ब्याह में गया था। उठता ही होगा।" संकोच में कहते हुए गायत्री ने राजू के हिस्से का काम भी निपटाना शुरू किया। इससे पहले कि पति काम न हो पाने के कारण घर सिर पर उठा ले वह लाखन के लिए जल्दी-जल्दी ताजा हरा चारा काटने लगी।

राजू दूर के भतीजे के ब्याह में गया था और देर रात नशा करके लौटा तो सुबह सही समय से जाग नहीं सका। वैसे राजू पियक्कड़ नहीं था पर कभी-कभार जब नशा कर लेता तो अगले दिन उसकी नींद न खुलती। सिद्धेश्वर के उठने से पहले गायत्री इस खतरे को भाँप चुकी थी। बड़ी देर से राजू के उठने का इन्तजार करती न जाने कितनी बार रसोई से दालान और दालान से दरवाजे के चक्कर काट चुकी थी। परेशानी में राजू को कितनी बार जगाने की कोशिश भी की पर कोई फायदा नहीं हुआ। राजू नींद में बेहोश था। गुस्से में भरे सिद्धेश्वर ने दरवाजे की तरफ आँख उठाई। राजू की आहट पर कान धरे, वहाँ कोई हलचल नहीं थी। सूरज उगने से पहले आज सबको बटेश्वर के मेले के लिए निकलना था। फतेहाबाद से बटेश्वर की पैदल दूरी तो अधिक थी पर ट्रक से दो घंटे से पहले ही पहुँचा जा सकता था। वैसे भी लाखन को पैदल ले जाने के बारे में सिद्धेश्वर सोच भी नहीं सकते थे। कार्तिक पर लगनेवाले बटेश्वर के पशु मेले की हर साल धूम रहती। पिछली दो साल से किसी न किसी वजह से मेला नहीं लग पाया था। इस बार के लिए सिद्धेश्वर ने बार-बार भोलेबाबा के हाथ जोड़े थे कि मेला किसी भी तरह टले नहीं। उँगलियों पर दिन गिनने शुरू किये तो लम्बी प्रतीक्षा के बाद यह दिन देखना नसीब हुआ। बेचैनी में रात भर सोए नहीं। सुबह होने से पहले बार-बार चक्कर काटकर वह लाखन के पास आते और उसके गर्दन-पीठ-पुट्ठे सहलाते। लाखन को सहलाया जाना बेहद पसन्द था।

कोई घंटों सहलाता रहे वह कभी आनाकानी न करे। आधी रात में सिद्धेश्वर के उठते ही पानी का लोटा ढूँढ़ने की खटर-पटर से देर रात सोई गायत्री भी उनींदी उठ बैठी थी। उसके बाद गायत्री की नींद उचट गई। सिद्धेश्वर के घर का नियम था गायत्री उनके उठने से पहले उठे और उनके सोने के बाद सोए। शादी और बेटे के जन्म के बाद से आज तलक गायत्री की नींद कभी पूरी ही नहीं हुई थी।

सिद्धेश्वर के सब्र की मियाद तय थी। गुस्से में उबलते हुए उन्होंने एक बाल्टी पानी राजू के ऊपर डाला तो करंट लगने सा राजू चारपाई से उठ भागा। जाड़ों में देह पर पानी पड़ने से राजू की चीख निकल गई।

"ससुर! कुम्भकरण की नींद सो रहा है। सारा काम बाकी है और साले तुझे नींद लगी है।" गुस्से में सिद्धेश्वर ने राजू की खाट पर एक जोरदार लात जड़ दी। गायत्री का मन काँप उठा। राजू उठते ही काम में लग गया। उसे लाखन को साफ-सुथरा करके कड़वे तेल से चमकाना था। देह-कान-पूँछ में लगे तिनके साफ करने थे और समय था कि भागा चला जा रहा था। जल्दी के मारे गायत्री ,राजू के साथ काम में लग गई। आखिरकार काम निपट ही गया। सब तैयारी करने के बाद गायत्री आरती की थाली लाई और लाखन के चेहरे क़े इर्द-गिर्द फिराकर उसने जीत की कामना की। नहा-धोकर सिद्धेश्वर बाहर आए तो घुँघरुओं की नई माला हाथ में थी जो लाखन के लिए खासतौर पर आई थी। बड़े प्यार से उसके गले में माला बाँध दी। गायत्री ने देखा पति के चेहरे पर खुशी चमक रही है तो उसने संकोच तोड़कर मन में उठ रही इच्छा जाहिर कर दी—"बहुत साल बीते मेला देखे। आज मुझे भी संग ले चलो। दुनिया जाती है बटेश्वर धाम।" गायत्री की इस इच्छा पर सिद्धेश्वर ने पत्नी को घूरकर देखा।

"तू जाएगी तो पीछे से घर कौन देखेगा? मैं वहाँ काम से जा रहा हूँ मौज-मस्ती करने नहीं। मेलों-ठेलों में मौज-मस्ती ठलुआ लोगों के काम हैं।" कहकर सिद्धेश्वर ने पत्नी को झिड़क दिया। पशुओं को ट्रक पर चढ़ाकर बेटे और राजू के साथ सिद्धेश्वर ट्रक में बैठे। इंजन घरघराया और ट्रक ने गति पकड़ी तो गायत्री ने सबके भले की कामना की। पूर्व दिशा की ओर सिर नवाया और भीतर आ गई। सुबह से भारी हलचल के बाद अब पूरा घर शान्त था। गायत्री को कई घंटों तक किसी काम की जल्दी नहीं थी। थाली लेकर बैठक में चली आई तो तख्त पर लेटकर देर तक कमर सीधी की। कमरे में अथाह शान्ति थी पर गायत्री के मन की अशान्त लहरें ऊँची उठती चली जा रही थीं। सामने की दीवार पर लगी लाखन और पति की तस्वीरों को देखती रही। थोड़ी देर बाद उठी और तस्वीर के निकट आई। उसने एक लम्बी साँस छोड़ी।

दिल के किसी कोने से एक भाप उठी और शब्द पसीजे—"हमसे तो लाखन भला...पत्नी होकर भी इतने सालों में एक तस्वीर नहीं खिंचवाई हमारे साथ।" फोड़ा चाहे चोट का हो या दुख का जब तलक फूटे नहीं कष्ट ही देता है। गायत्री के दुख का फोड़ा फूट ही नहीं पाया था। बरसों की दबी ख्वाहिश कभी पूरी नहीं हुई। गाँव भर के लोग बटेश्वर के मेले जाते थे। कार्तिक में यमुना स्नान भी करते और घाट से लगे शिव-मन्दिरों में पूजा-अर्चना करते। धर्म-कर्म और हाट-बाजार दोनों एक साथ होता लेकिन इतने बड़े घर की बहू गायत्री के भाग में यह सुख नहीं लिखा था। तस्वीर के आगे खड़ी हुई गायत्री अपने बचपन में पहुँच गई जब खूब मेले थे और खूब सारे झूले थे। हाथों में भर-भरके रंग-बिरंगी चूड़ियाँ पहनने का उत्साह था...उदास गायत्री ने कमरे की छत की ओर देखा और फिर आँख झुकाकर अपने हाथों को। हाथ चूड़ियों से भरे थे पर अब न मेले थे, न झूले।

बटेश्वर का मेला पूरे जोरों पर था। बूढ़े-बच्चे, जवान-क्या आदमी क्या औरत सभी अपनी मस्ती में थे। यमुना में स्नान भी चल रहा था और उसके किनारे अलग-अलग टेंटों में लागों के लाए पशु बन्धे थे। राजस्थान, हरियाणा और उत्तर प्रदेश के अलग-अलग इलाकों से गाय, भैंस, साँड़, बैल, घोड़े-घोड़ी, ऊँट और बकरियाँ लेकर लोग मेले में हिस्सेदारी करने आए थे। कुछ अच्छी नस्ल की प्रतियोगिता का हिस्सा होनेवाले थे तो कुछ खरीदे-बेचे जाने थे। सिद्धेश्वर जैसे-जैसे लाखन को लिये आगे बढ़ रहे थे आसपास के लोग हैरानी से लाखन को देख रहे थे। लाखन का ताकतवर और माँसल शरीर सबको आकर्षित कर रहा था। आसपास लोगों की प्रशंसा से भरी हैरानी देखकर सिद्धेश्वर पांडे के बदन में सुरूर-सा उठा। लाखन मस्तानी चाल से आगे बढ़ता जा रहा था सो सिद्धेश्वर पांडे भी उसी इत्मीनान से चले जा रहे थे। दोनों की चाल शान्त थी और उसमें गजब का आत्मविश्वास था। लाखन की डोर थामकर चल रहा राजू भी दोनों की चाल की नकल करने लगा।

मेले में अच्छे पशुओं की जाँच भी चल रही थी और मनोरंजन के लिए कुछ प्रतियोगिताएँ भी। दूसरी तरफ एक अन्य पंडाल में मंच सजा था। प्रतियोगिताओं और पशुओं का मुआयना करने के बाद वहाँ सभी किसान और पशु व्यापारी जमा हो गए। मंच पर मेज के पीछे की कुर्सियों पर सरकारी अधिकारी, बी.डी.ओ., पशु चिकित्सक और किसान प्रमुख बैठे थे। सबसे पहले सभी किसान भाइयों का स्वागत किया गया। इसके बाद पशु चिकित्सक डॉ. सुदर्शन गुप्ता उठे और लोगों को डेयरी फॉर्मिंग और पशुओं के अच्छे स्वास्थ्य से जुड़ी जरूरी सलाहें देने लगे—"देखिए! डेयरी फार्मिंग के कई चरण हैं। सबसे पहला है अच्छी नस्ल।

नस्ल के बाद सही पोषण और पोषण के साथ वैक्सीनेशन।" काफी देर तक वह इस बारे में नई से नई जानकारियाँ देते रहे। किसान और पशुपालकों की कुछ समस्याओं को भी उन्होंने धैर्य से सुना और समाधान बताए। इसी बीच सिद्धेश्वर के गाँव के एक किसान घनश्याम ने अपनी समस्या सबके सामने रखी जिसे सुनकर कुछ लोग सकते में आ गए और कुछ को वह अपनी ही समस्या जान पड़ी। घनश्याम ने आगे आकर सरकारी अधिकारियों से सवाल किया—"साहब! मेरी समस्या यह है कि मेरे घर में चार बूढ़ी गाएँ हैं जो अब किसी काम की न रहीं। न दूध दे सकती हैं न बछड़ा-बछिया। उनके चारे-दवा का इन्तजाम करते-करते कमर टूट रही है। जबसे यह नया कानून आया है मुसीबत गले पड़ गई है न इन्हें बेच सकते न बूचड़खाने को दे सकते हैं। कानून तो कानून गौरक्षा समितियों का डर अलग से। क्या करें, कहाँ जाएँ? बड़ी मुश्किल है।" अपनी पीड़ा बताता घनश्याम एकदम रुआँसा हो गया। मेले में आए कुछ और किसान भी इस समस्या से जूझ रहे थे। कई घनश्याम की बात से सहमति जताते सिर हिलाने लगे। सिद्धेश्वर के घर में भी दो बूढ़ी गाएँ थीं जिन्हें खिलाने-पिलाने और उनकी दवा-दारू पर हर महीने बहुत खर्च होता था पर उन्होंने घनश्याम की बात पर चुप्पी साध ली। वह ठहरकर देखना चाह रहे थे आखिर अधिकारी इसका क्या जवाब देंगे। सरकारी अधिकारियों को नाराज करना उन्हें कतई मंजूर नहीं था। घनश्याम सहित कई किसान अधिकारियों के जवाब की प्रतीक्षा करने लगे।

"देख भाई! गाय तो माता है और माता को तो घर से निकाल नहीं निकाल सकते। तू यह सोच कि तू बड़ा भागवाला है कि गौमाता की सेवा करने का मौका मिला है। अपना अगला जनम ही सँवार ले।" एक कृषि अधिकारी ने जवाब देकर पल्ला झाड़ा तो किसान असन्तुष्ट से देखने लगे। तभी मंच पर बैठे बी.डी.ओ. ने आगे बढ़कर कहा—"देखो भाइयो! कानून तो अपनी जगह है ही पर शास्त्रों में माँ को पूजा गया है। यह हमारी संस्कृति है। माँ चाहे बूढ़ी हो या बीमार उसे घर से थोड़े ही निकाला जा सकता है। गौ माता है, माता। देखो भई! एक माँ चार बच्चों को पाल लेती है पर चार बेटे एक माँ को नहीं पाल सकते। कलजुग है, घोर कलजुग।" वाजिब समस्या का कोई हल नहीं मिलने से किसान हैरान और निराश हो गए। उनकी वास्तविक समस्याओं का यहाँ कोई समाधान नहीं था। शास्त्र और संस्कृति की दुहाई देकर जहाँ बी.डी.ओ. ने बात को रफा-दफा कर दिया वहाँ अन्य अधिकारियों ने कुशाग्र बुद्धि से प्रतियोगिता परिणाम की ओर मंच की कार्यवाही को बढ़ा दिया।

आज का मेला खास था किसान टी.वी. की टीम भी कवरेज के लिए आई थी। अब बारी थी सबसे अच्छे पशुओं को सम्मानित करने की। जिला अधिकारी और पशु चिकित्सक सारे परीक्षणों के बाद आपस में बात करके एक लिस्ट बना चुके थे। सब उम्मीदवार दिल थामकर बैठ गए। अच्छी नस्ल को ध्यान में रखकर हुई प्रतियोगिता में भाग लेनेवाले सभी साँड़ों में लाखन अव्वल नम्बर पर आया तो सिद्धेश्वर का मन झूम उठा। परिचितों ने उसे गोद में उठा लिया। उनके चेहरे पर हँसी का फव्वारा छूट रहा था। पशु चिकित्सक ने इनाम की सुनहरी ट्राफी सिद्धेश्वर को देते हुए मंच से कहा—"लाखन ने आज पहला नम्बर पाया है। इसकी नस्ल शानदार है और यदि इसका सही रख-रखाव किया गया तो अभी यह अभी खूब जिएगा और कई बढ़िया सन्तानें देगा। जरूरी बात यह है कि इसका लाभ न सिर्फ फतेहाबाद के लोग उठाएँ बल्कि आसपास के लोग भी उठाएँ। एक गाँव में पशु की नस्ल का सुधार पीढ़ियाँ सुधार देता है।" भाषण के बाद सिद्धेश्वर और लाखन के गले में गेंदे के फूलों की माला डालकर उन्हें सम्मानित किया गया। ढोल बजे और विजयी लोग नाचने लगे। किसान टी.वी. की टीम के साथ कृषि दर्शन के जमाने से काम कर रहे कुलदीप वर्मा भी आए थे। उन्हें और कैमरे को देखते ही लोग उमड़ पड़े। कुलदीप वर्मा ने चैनल के लिए लाखन को खड़ा करके सिद्धेश्वर से उसके बारे में बातचीत की। यह बातचीत पूरे देश में प्रसारित होनी थी। सिद्धेश्वर के लिए यह एक और बड़ा सम्मान था। उन्हें लाखन पर बहुत गर्व हुआ जिसने देश भर में उनके गौरव को बढ़ाने का काम किया था। कार्यक्रम के कैमरामेन ने दृश्य पर फोकस किया। एक रिकार्डिंग माइक कुलदीप जी की तरह सिद्धेश्वर के कुर्ते में भी छिपाकर लगाया गया। कुलदीप जी, सिद्धेश्वर को जीत की बधाई देकर अपने खास लहजे में बोले—"वन, वृक्ष और पर्यावरण मनुष्य के लिए सबसे महत्वपूर्ण हैं। पशु भी इसकी प्रमुख कड़ी हैं। बटेश्वर के मेले में आज हमारे साथ प्रगतिशील किसान सिद्धेश्वर पांडे हैं। हमारे दर्शक आपसे जानना चाहेंगे मेले के विजेता लाखन के बारे में। इसकी परवरिश आप कैसे करते हैं और इसके गुणों के बारे में भी आप हमारे दर्शकों को जरूर बताएँ। कुलदीप वर्मा ने लाखन के बारे में पूछा तो सिद्धेश्वर गद्गद भाव से बोले—"लाखन की टक्कर का पशु मिलना आसान नहीं। जो साँड़ लाखन जैसे शान्त स्वभाव के और आत्मविश्वास से भरे हुए होते हैं वही अच्छी नस्ल पैदा करते हैं। जो बात-बात में भड़कते नहीं उनसे पैदा होनेवाली सन्तान भी उनके जैसी ही बनती है। लाखन की पीठ को सहलाते हुए वे आगे बोले-उससे पैदा होनेवाली गाय भी बिना बिदके खूब दूध देती है।

बार-बार उछलकूद करनेवाले साँड़ न शान्त होते हैं न आत्मविश्वासी।" सुनने वालों ने इस बात पर खूब तालियाँ बजाईं।

पशु बाजार में खरीदारी जोर-शोर से हो रही थी। एक बढ़िया घोड़ी की सौदेबाजी चल रही थी जिसकी कीमत आठ से दस लाख के बीच लगाई जा रही थी। ग्राहकों-खरीदार के बीच मोल-भाव होने लगा। डटकर दाम कम करवाए जा रहे थे। ऐसे में लाखन पर फिदा एक खरीददार सिद्धेश्वर के पास जा पहुँचा।

"कमाल कर दिया पांडे जी! वाह-वाह। बहुत-बहुत बधाई आपको। भई मजा आ गया। आपके जैसे लोग तो बहुत ही कम हैं जिनके पास सोने की पूरी खान है और अपनी इस खान की जान से बढ़कर हिफाजत आपने की है। मैं तो यूँ कहूँगा सिद्धेसर जी आप तो गौवंस की नस्ल सुधारकर धर्म का काम भी कर रहे हो। हें...हें...हें...कुछ सेवा का मौका हमें भी मिल जाए।" खरीददार ने आते ही सिद्धेश्वर की प्रशंसा शुरू कर दी तो सिद्धेश्वर मुस्कुरा दिये। और हँसते हुए बोले—"यानी..."

खरीददार असल मुद्दे पर आया—

"यानी साँड़ तो एक नम्बर है आपका। इसकी क्या कीमत होगी?" खरीददार किसान ने खुलकर ही पूछ लिया।

सिद्धेश्वर को पहले तो खरीददार के मुँह से लाखन का साँड़ बोला जाना अखरा। लाखन को कोई भी साँड़ कहता तो सिद्धेश्वर को वह गाली जैसा लगता। उन्होंने दाँत पीसे पर जाहिर कुछ नहीं किया। मुँह फेरकर बात टाल दी और हाथ के इशारे से इंकार किया।

"अरे! शर्माते क्यूँ हो पांडे जी! कीमत बोलिए...कीमत। कीमत आपकी, साँड़ हमारा।" खरीददार पैसे के नशे में चूर था। सिद्धेश्वर की बात समझ ही नहीं रहा था। उसके अड़े रहने पर इस बार मामला बिगड़ गया। सिद्धेश्वर को ताव आ गया—

"एक बार में समझ में नहीं आता क्या? नहीं बेचना मतलब नहीं बेचना...। और ये साँड़, साँड़ क्या लगा रखा है सीधे तरीके से लाखन बोलो। लाखन नाम है इसका।" अबकी सिद्धेश्वर खरीददार से झगड़े पर उतर आए।

"तो ठीक है लाखन ही सही। तो क्या कीमत है इस लाखन की? दस लाख-बीस लाख कितने लाख?" खरीददार ने न अपनी रट छोड़ी न पैसे का घमंड।

"करोड़ में भी नहीं...कह दिया न अब चलता बन।" सिद्धेश्वर की भुजाएँ फड़कने लगीं। मामला तू-तड़ाक पर आ गया। बेइज्जती से खरीददार भी तैश में आ गया। बात हाथापाई पर उतर गई। लोगों ने बड़ी मुश्किल से समझाकर दोनों को अलग करवाया।

सिद्धेश्वर का मन जरूर खट्टा हुआ पर फूलपुर पहुँचने पर उनका जो स्वागत-सत्कार हुआ उससे खटास दूर हो गई। लोग बढ़-चढ़कर सिद्धेश्वर को बधाई दे रहे थे। लाखन की जीत का शोर गाँव भर में गूँज रहा था। गाँव के अनेक लोग सिद्धेश्वर के संग उनके घर चले आए। बैठक में जितने लोग समा सकते थे समा गए। कुछ बाहर दालान में खड़े रहे तो कुछ दरवाजे पर रुक गए। गायत्री सत्कार में जुट गई।

"सिद्धेसर भैया! गाँव भर का नाम ऊँचा किया है तुम्हारे लाखन ने। सच्ची बात तो यह है कि हीरा खोजकर ले आए हो।" एक परिचित जोश में बोला।

"सिद्धेश्वर बेटा! तुम्हारी और लाखन की जोड़ी गाँव की अनोखी जोड़ी है। बनी रहे बेटा। खूब बढ़ते चलो, नाम-दाम कमाओ, गाँव और हमारा नाम रौशन करो।" एक बुजुर्ग ने आशीर्वाद दिया। बैठक में तिल धरने की जगह नहीं थी। सिद्धेश्वर एक सम्मान सभा से लौटकर आए थे और दूसरी सभा यहाँ उनकी अपनी बैठक में चल रही थी। इतने में गायत्री ने बेटे के हाथ थाली में लड्डू परोसकर भिजवाए। राजू गाँव लौटते ही हलवाई से लड्डू लेता आया था। बूँदी के लड्डुओं ने सभा में मिठास भर दी।

रात के एकान्त में सिद्धेश्वर की आँखों से नींद कोसों दूर थी। आँख बन्द किये बार-बार सुबह मेले की एक-एक घटना को याद करने लगे। तालियों की गड़गड़ाहट कानों में गूँज रही थी। हजारों की भीड़ में अधिकारियों से सम्मानित होने का दृश्य आँखों में तैर रहा था। ठसक और रुआब में भरे सिद्धेश्वर आँखें खोलने से भी कतरा रहे थे। डर था आँखें खोलते ही कमरे का अन्धकार सुबह के उजले सुख को निगल लेगा। आज रात अभिमान में डूब जाने की रात थी। लाखन ने इस बार पहले से अधिक मान-सम्मान बढ़ाया था। साथ ही गर्भाधान के लिए भी अब उसकी माँग और कीमत दोनों बढ़नेवाले थे।

अगले दिन गायत्री उठी तो उसकी पिंडलियों में दर्द महसूस हुआ फिर भी उसे पशुओं का दाना-पानी समय पर देना था। सिद्धेश्वर गहरे सोए थे। काम निपटाकर कमरे में लौटी तो सिद्धेश्वर बैठे हुए मिले।

"आज पिंडलियों में बड़ा दर्द है।" कहते हुए गायत्री ने झुककर पिंडलियों को हाथ से दबाना शुरू किया। बिना कुछ पूछे सिद्धेश्वर ने सवाल दाग दिये—

"लाखन का चारा तो काटा नहीं होगा ? पानी भरा उसके लिए? ",

"सब कर दिया है।" दुखी मन से जवाब देते हुए गायत्री ने महसूस किया हर बार की तरह आज भी पति ने एक बार भी उसके दर्द के बारे में कुछ नहीं पूछा।

"जरा काम क्या कर लेती है गिनाने लगती है। हम तो कल पूरा दिन बाहर रहे न थके और तू घर में पड़े-पड़े ही थक गई।" सिद्धेश्वर पुरानी आदत के मुताबिक बोले। गायत्री को झटका नहीं लगा अलबत्ता दुख जरूर हुआ कि लाखन का सारा काम करने के बाद भी पति उससे खुश नहीं रहता। बिस्तर से उठते ही सिद्धेश्वर ने कमाऊ लाखन की देखभाल के लिए खर्च और बढ़ा दिया। गायत्री को हरे चारे की पौष्टिकता बढ़ाने के लिए कई सख्त हिदायतें दी गईं और राजू को भी दिन में दो बार मालिश का आदेश हुआ। दिन-दिन बीतकर महीने बदलते रहे।

बरसात का मौसम आ गया था। तीन दिन से मेघ बरस रहा था। सूरज जाने कहाँ खो गया था। सड़कों-रास्तों पर जगह-जगह कीचड़ के गढ्ढे बन गए थे। लाखन को कीचड़ से बेहद परेशानी रहती थी। गायत्री हर बरसात में लाखन की जगह को कीचड़ से मुक्त रखने की पूरी कोशिश करती। सिद्धेश्वर जबसे बटेश्वर के मेले से लौटे थे तबसे ही व्यस्तताएँ अधिक बढ़ गई थीं। कभी किसी पशु चौपाल में तो कभी किसी पशु शिविर के बुलावे आए ही रहते थे। कृषि मेलों में भी उनकी खास भूमिका रहने लगी थी। बरसात शुरू होने से दो रोज पहले सिद्धेश्वर को कृषि शिविर के लिए राजस्थान जाना पड़ा। गायत्री पहले ही घर के दायित्वों से घिरी थी बरसात में घर-दालान-द्वार सँभालती बीमार पड़ गई। यों भी देह की कमजोरी और दाम्पत्य में सहजता के अभाव के चलते पहले भी अक्सर बीमार रहती थी। ऐसे में जो घरेलू उपचार गायत्री चुपचाप कर लिया करती थी वह सब भी उसने करके देख लिए। कोई बात नहीं बनी तब उसकी थकी-टूटी देह ने चारपाई की शरण पाई। औरतों का शरीर बरसों-बरस उपेक्षा की चोटों से घायल रहता है चारपाई पकड़ लेना तो केवल बाहरी लक्षण है। घर के काम के लिए आ रही राधा खाना बना देती पर गायत्री को खाने की गन्ध से भी उबकाई आती।

"माँ बहुत बीमार पड़ गई बाबू जी। न ढंग से कुछ खाती है न हँसती-बोलती है।" सिद्धेश्वर के घर लौटने पर बेटे धीरज ने चिन्ता जताई।

"इसकी तो आदत है...मैं बाहर क्या जाता हूँ खटिया पकड़ लेती है। इसका बस चले तो मुझे कहीं बाहर न निकलने दे। आदमी को सौ कामों से बाहर जाना पड़ता है।" सिद्धेश्वर ने गायत्री का हाल-चाल भी नहीं पूछा और तैश में आ गए। गायत्री जानती थी कि शादी के बाद से ही पति को उसका बीमार पड़ना फूटी आँख नहीं सुहाता। लाखन के आने के बाद तो बिलकुल भी नहीं पर करती क्या? जान-बूझकर कौन बीमार पड़ता है? स्वस्थ मनुष्य को तो बिस्तर

काटने को दौड़ता है। कुछ दिन बाद गायत्री को बुखार आया। देह टूट रही थी। चेहरा निस्तेज हो गया। बेटे को फिर चिन्ता हुई तो उसने पिता से बात की।

"ऐसा कर तू इसे सतबीर डाकटर के पास दिखा ला।" पिता के अगले आदेश की प्रतीक्षा में खड़े धीरज से सिद्धेश्वर बोले।

"मैं ले गया था उसके पास उसी ने बताया पीलिया की शिकायत लग रही है।" धीरज ने जवाब दिया।

"तो कोई दवा-ववा नहीं दी उसने?" सिद्धेश्वर ने पूछा।

"दवा तो दी है पर सतबीर की दवा पर मुझे कोई भरोसा नहीं है। कहने लगा कि तुलसी की माला गले में डाल दे सब ठीक हो जाएगा। सतबीर छोटा-मोटा डॉक्टर है...क्यों न किसी बड़े अस्पताल में ले चलें?" धीरज ने राह सुझाई।

"वैसे तो सतबीर की दवा देर-सबेर लग ही जाती है और देसी इलाज से भी कितनों को ठीक होते देखा है। रामपाल की बहू भी पीलिया में ऐसे ही ठीक हुई थी। तू भी माँ के गले में तुलसी की माला डाल दे। तुलसी में इतनी ताकत है कि सारा रोग खींच लेगी। दो दिन में आराम पड़ जाएगा।" सिद्धेश्वर ने पूरे विश्वास से कहा। गायत्री अशक्त देह के साथ बिस्तर में लेटी रहती। उसके इस तरह बीमार पड़ने से घर की सारी व्यवस्था बिखर गई थी और यह सिद्धेश्वर को नागवार गुजर रहा था। सिद्धेश्वर इन दिनों गुस्से में बौखलाए रहते। घर की सारी व्यवस्था चौपट होने के साथ सबसे बड़ी दिक्कत लाखन के उचित रख-रखाव की थी। कहने को घर में राजू और धीरज थे। बाहर से राधा भी मदद को आ जाती पर गायत्री जैसी साज-सँभाल कौन करता? सिद्धेश्वर की पूरी दिनचर्या चौपट थी। बात-बात में उनकी झल्लाहट बढ़ती जा रही थी।

"माँ की आँखें बिलकुल पीली पड़ गई हैं...जल्दी ही कुछ करना होगा... वर्ना देर हो जाएगी..." बेटे ने चिन्ता जताते हुए पिता से कहा।

"पीलिया ही है। एक बार शरीर बिगड़ता है तो सँभलने में जरा देर लगती ही है।" कहते हुए सिद्धेश्वर की आँखें राजस्थान के पशुपालन केन्द्र से आए बुलावे पर जमी रहीं। लाखन के साथ उन्हें अगले महीने वहाँ पहुँचना था। दिमाग उसी में उलझा था।

रात भर गायत्री के कराहने से ठीक से सो नहीं सके सिद्धेश्वर के पैरों तले की जमीन खिसक गई जब सुबह उठकर उन्होंने लाखन को जमीन पर लेटा पाया। निश्चित समय पर आराम करके सुबह मालिक के स्वागत में खड़े मिलना लाखन की नियमित दिनचर्या का हिस्सा था। सिद्धेश्वर ने उसकी देह छुई तो गर्म लगी।

हाथ-पाँव फूल गए। रोज की तरह लाखन की गर्दन को देर तक सहलाया पर कोई हरकत नहीं हुई। एक आवाज जरूर निकली जिसमें कराह थी। सिद्धेश्वर के लिए यह चिन्ता का विषय था। उनकी भूख-प्यास सब गायब हो गई। उन्होंने सबको लाखन की तीमारदारी में लगा दिया। अगले दिन लाखन को फिर सुस्त देखकर वे गायत्री के कमरे में आए। गायत्री सुबह-सुबह पति को कमरे में देखकर हैरान हुई।

"गायत्री! कैसी है तू? हैं...। जल्दी से ठीक हो जा। कब तक पड़ी रहेगी। सब बिगड़ गया है। तूने ध्यान नहीं दिया इसीलिए लाखन बीमार हो गया। जरा हिम्मत करके उसके पैरों की मालिश कर देती, चारा-वारा खिला देती तो उसमें जान आ जाती। अगले महीने उसे लेकर राजस्थान जाना है।" कहकर सिद्धेश्वर चुप हो गए। इस चुप्पी में गायत्री के बिस्तर से उठ जाने का भाव शामिल था। गायत्री पति को देखती रह गई।

लाखन की तबीयत में कोई सुधार नहीं आया। सिद्धेश्वर ने राजू से उसे ठीक से खिलाने-पिलाने और बाहर घुमा लाने का आदेश दिया। उन्हें लगा शायद घर में बन्द रहकर लाखन बीमार पड़ गया है। घूमने-फिरने से ठीक होगा तो ढंग से खाएगा-पिएगा। ढंग से खाएगा तभी मेले जा पाएगा। इस कोशिश में दो दिन और गुजर गए। आज लाखन की तबीयत अधिक खराब लग रही थी। उसे तेज बुखार था। गले से घर्र-घर्र की आवाज निकल रही थी। आँखें लाल थीं और शरीर बेजान।

"कहाँ मर गया रे! ओ धीरज...। ओ राजू? जल्दी जा और फौरन डाकटर को लेकर आ।" सिद्धेश्वर के लिए एक-एक पल भारी होता जा रहा था। धीरज को उन्होंने तुरन्त पशु चिकित्सा केन्द्र के डॉक्टर के पास भेजा और राजू से लाखन की मालिश करने के लिए कहा। खुद बार-बार अचेत पड़े लाखन को सहलाते रहे।

"क्या हुआ है रे लाखन? खड़ा हो जा। " सिद्धेश्वर की आवाज में दुख और चिन्ता घुली थी। लाखन की हर साँस पर उनकी नजर थी। सिद्धेश्वर इतने अनुभवी तो थे कि जान गए कि मामला गम्भीर है। धीरज देर से लौटा पर डॉक्टर साथ था। डॉक्टर ने लाखन को जाँचा और फिर उसके मल को देखा।

"मल में साबुत अनाज ज्यादा है यानी इसे किसी चीज से अपच हो गई है। मैं इंजेक्शन तो दे रहा हूँ। ठीक हो जाना चाहिए पर ज़्यादा दिक्कत हुई तो केन्द्र पर लाना पड़ेगा।" कुछ देर रुकने के बाद डॉक्टर चला गया।

सिद्धेश्वर खुद लाखन की तीमारदारी में लग गए। गायत्री के कमरे में आज सुबह से कोई नहीं गया। दोपहर में जब राधा आई तो उसने ही गायत्री को पानी पिलाया।

सिद्धेश्वर जमीन पर बैठे लाखन का कूबड़ और गलकम्बल सहलाते रहे। हर बार एक ही आस जगती कि अब लाखन पहले की तरह स्वस्थ हो जाएगा। मन में सवालों का जंगल उठ खड़ा हुआ था—अचानक लाखन को क्या हो गया? किसी की नजर लग गई क्या? क्या किसी ने कुछ खिला-पिला दिया? सिद्धेश्वर के मन के एक कोने से आवाज आई कि नाम ज्यादा हो जाए तो दुश्मन भी बढ़ जाते हैं। हो न हो लाखन से हो रही कमाई के कारण ही किसी ने जहर दे दिया है या सुआ...सिद्धेश्वर की चिन्ता को किसी करवट चैन नहीं था। दिमाग लगातार बिना थके संशयों के झंझावात से जूझ रहा था।

सुबह से शाम हो गई। अभी तक घर में खाना नहीं बना था। गायत्री ने जैसे-तैसे उठकर सबके लिए खाना बनाया। सिद्धेश्वर के मुँह में सुबह से एक दाना तक नहीं गया था। इस समय उनकी भूख-प्यास लाखन से जुड़ी थी। फिर भी धीरज के कहने पर सिद्धेश्वर ने कुछ खाना खा लिया। बार-बार हाथ लाखन की सलामती के लिए जुड़ते और हाँठ न जाने क्या बुदबुदाते। शाम होने पर एक बार लाखन ने गर्दन हिलाई, चेहरा उठाया तो सिद्धेश्वर की जान में जान आई। आँखों में उम्मीद लिये लाखन के पास आए और बोले—"क्या हो गया तुझे? चल उठ। कुछ खाएगा-पिएगा तभी तो ताकत आएगी। कल तुझे बड़े अस्पताल ले चलेंगे।"

रात का तीसरा पहर होगा। सारे दिन के भूखे-प्यासे और थके सिद्धेश्वर की नींद अचानक ही खुल गई। ऐसा लगा जैसे लाखन पुकार रहा है। दालान में उसके शेड की ओर भागे। लाखन को देखा। लाखन सुस्त-सा ही था। शायद दवा की वजह से सो गया था। सिद्धेश्वर कुछ देर वहाँ बैठे रहे। कमरे के भीतर से गायत्री कराह रही थी। उदास मन से सिद्धेश्वर अपने कमरे की ओर बढ़े। अचानक रुके। ठिठके और बैठक की ओर मुड़ गए। रात के अँधेरे में बैठक लम्बी गुफा-सी लग रही थी। बैठक में पड़े तख्त पर लेटते ही दिन भर की थकान उन पर हावी हो गई।

"बाबू जी! ओ बाबू जी! उठो!"-आवाज़ लगाकर सुबह राजू ने सिद्धेश्वर को जगाया। लाखन नहीं बचा था। लाखन की बेजान देह शेड में पड़ी थी। निराशा में सिर झुकाए सिद्धेश्वर, लाखन के पास बैठ गए। राजू, धीरज को भी आवाज़ देकर बुला रहा था। उसकी आवाज़ सुनकर गायत्री भी भीतर से उठकर आई। सिद्धेश्वर ने सहानुभूति पाने की इच्छा से गायत्री को देखा। सहानुभूति का एक क़तरा गायत्री की आँखों में दिखाई नहीं दिया। कुछ देर लाखन को देखने के बाद धीमे कदमों से गायत्री भीतर चली गई। सिद्धेश्वर हैरान थे।

राजू को लाखन की देह को निपटाने का इन्तजाम करने को कहकर सुस्त कदमों से सिद्धेश्वर बैठक में वापस आ गए। पैरों में जैसे जान नहीं थी। बैठक में आकर बल्ब जलाया। दीवार पर सारे मेडल लटके थे। बारी-बारी मेडलों को हाथों से छुआ। सम्मान-पत्र, तस्वीरें और जीते हुए कप अपनी-अपनी जगह पर सुरक्षित थे। देर तक उन्हें देखते रहे। फिर उनकी निगाह आले पर गई। वहाँ जीते गए चाँदी के कपों से आगे की काफी जगह अभी खाली थी। उनके कलेजे में जोर की एक हूक उठी। थककर पास पड़ी कुर्सी पर बैठ गए। कुछ देर यों ही निढाल रहे। अचानक सिद्धेश्वर पांडे के कानों में हाल ही में हुए हरियाणा शिविर के उस व्यापारी किसान की बात गूँज गई जिसने बेचने के इरादे से साहीवाल नस्ल के अपने साँड़ के बारे में उन्हें बताया था। यह बात सोचते ही सिद्धेश्वर पांडे की आँखों में चमक आ गई।

पटरी

रोज की तरह स्कूल में धींगामस्ती करनेवाले जीतू का मन आज सुबह से उचाट था। रह-रहकर सुभाष की कही एक ही बात कानों के रास्ते दिमाग में तूफान उठाए थी। सुभाष ही क्यों उसके साथ खड़े क्लास और स्कूल के लड़कों की हँसी जीतू के दिमाग में हथौड़े बजा रही थी। तूफानी गति से बजते इन हथौड़ों ने लगातार चोट करते हुए किशोर जीतू के दिमाग में एक बड़ा-सा सूराख कर दिया था। साथ के लड़कों की हिकारत भरी हँसी ने लावे का रूप लेकर उस सूराख में एक ज्वालामुखी का रास्ता खोल दिया। ऐसा लग रहा था कि पूरे स्कूल के बच्चे,सभी टीचर, कुर्सी में धँसे प्रिंसिपल जीतू की तरफ उँगली का इशारा करते हो-हो करके हँस रहे हैं। यहाँ तक कि रोज़ प्यार से उसके सर पर हाथ फेरनेवाला स्कूल का चपरासी भी जीतू की कल्पना में उसका मजाक उड़ाते हुए सब लोगों में शामिल हो गया था। शोर लावे के भीतर बह रही सुर्ख आग-सा धधकते हुए जीतू के दिमाग से नीचे सारे शरीर में बहने लगा। उसका शरीर सुन्न होता जा रहा था।

"जीतू! आओ बोर्ड पर यह सवाल हल करके दिखाओ। तुम्हारे लिए बाएँ हाथ का खेल है।"

सारे शोर को दबाती गणितवाले मोहन सर की आवाज उसके कानों में उसका कन्धा झकझोरती हुई पहुँची। सर की आत्मविश्वासी मुस्कान को जीतू हैरत से देखता रहा तो मुस्कान कुछ सिमट गई। सर ने दोबारा उसका कन्धा झकझोरा और आँख के सख्त इशारे से उसे ब्लैकबोर्ड की तरफ धकेला। क्लास में कानाफूसी शुरू हो गई। मरी चाल से जीतू बोर्ड के पास पहुँचा। यंत्रचालित मुद्रा में चॉक उठाया और सवाल समझने के लिए सर के लिखे शब्दों-अंकों पर गौर किया। आज शब्द और अंक उसे अजनबी-से लगे। यूँ आठवीं का यह

जीतू नवीं क्लास के लाभ-हानि के सवाल भी चुटकियों में हल कर देता था पर आज उसके पल्ले कुछ नहीं पड़ रहा था। दो बार कुछ लिखकर उसने डस्टर से मिटा डाला। फिर निरीह मुद्रा में सर को देखा। सर की हैरानी का ठिकाना नहीं था वहीं क्लास के बच्चे मुँह दबाकर हँसने लगे।

"सॉरी सर।" कहते हुए थके कदमों से जीतू अपनी सीट पर लौट आया। क्लास चलती रही पर जीतू का ध्यान न आज किसी विषय में लगा न ही खेलकूद में। यहाँ तक कि आधी छुट्टी में टिफिन की तरफ लपकनेवाले जीतू का डिब्बा भी आज उपेक्षित ही रहा। पूरी छुट्टी में थके कदमों से जीतू घर की तरफ लौटा और बिना कुछ बोले मुँह ढाँपकर सोने का नाटक करने लगा। माँ ने सोचा थका हुआ आया है। सोकर तरोताजा हो जाएगा इसलिए उसे छेड़ा भी नहीं। जीतू देर तक लेटा रहा जब तक पापा के आने से घर की शान्त दीवारें शोर नहीं उठाने लगीं।

"शारदा! अरे...अरे सँभालकर। दरवाजे के पल्ले में पहले ईंट लगा दे तभी तो दुकान का पूरा सामान एक बार में निकलेगा। नहीं जानती खुले पल्ले से मैं हमेशा टकरा जाता हूँ। चोट लग-लगके एड़ी के नीचे पक्का काला निशान बन गया है। टकराने से बचा हुआ सौदा भी गिरकर मिट्टी हो जाता है सो अलग।" हरि सर पर सामान धरकर और दोनों हाथों में चूल्हा-कड़ाही थामे सन्तुलन बनाए हुए घर में घुसा और अचक से सारा सामान कमरे में रख दिया। पीछे-पीछे शारदा भी रिक्शे में रखा बाकी बचा सौदा लेती आई। मिन्नी उसके पीछे कूदती चल रही थी। सारा सामान कमरे के भीतर लाकर हरि ने चैन की साँस ली। जेब से दिन भर की कमाई निकालकर कुछ पैसे अलमारी में रखे। कुछ शारदा को दिये और रोज की तरह एक हिस्सा सौदा लाने के लिए वापस जेब में रख लिया। पानी पीकर मिन्नी से बतियाते हुए उसने देखा जीतू आज सोया हुआ है। उसे हैरानी हुई। शारदा, हरि की थाली लगा रही थी। रोज खाना खाते तीन बज ही जाते थे हरि को।

"तबीयत तो ठीक है न इसकी?" हरि ने हौले से जीतू के सिर पर हाथ फेरकर शारदा से पूछा।

"ठीक है...थक गया होगा। शाम को खा लेगा कुछ। तुम खाना खा लो।" कहते हुए शारदा ने खाना परोस दिया। मिन्नी, पापा की बगल में बैठ गई। हरि बार-बार जीतू की तरफ देखता रहा कि बच्चा उठे और रोज की तरह उसके साथ दो निवाले मुँह में डाल ले। हँसे-खेले पर जीतू को लेटे देखकर हरि उदास हो गया। हरि का घर में आना बच्चों के लिए किसी त्योहार-सा होता था।

उसके आते ही पूरे घर में रौनक छा जाती। हरि और जीतू की बातों और हँसी के छूटते फव्वारों की जुगलबन्दी घर भर में शोर उठाती। दोनों बच्चों को सारे दिन की अपनी बातों के साथ, एक-दूसरे की चुगली और अपनी-अपनी फरमाइशें बताने की जल्दी रहती। आज मिन्नी को पूरी आजादी थी पापा के साथ अकेले बतियाने की।

घर की एक-एक बात पर जीतू के कान लगे थे। बन्द आँखों से भी घर भर को देख-सुन पा रहा था पर आज न घर सुहा रहा था, न पापा। सुबह से सुभाष का बार-बार एक भद्दी गाली की तरह पड़ा चाबुक उसकी खाल उधेड़ दे रहा था—"अबे! कचौड़ी के।" ऊपर से स्कूल के लड़कों की मजाक उड़ाती हँसी की याद उधड़ी चमड़ी पर नमक गिराने-सा काम कर रही थी। जीतू के पैर पेट में धँसे थे। गले में शब्द घुटे हुए थे। मुट्ठियाँ तनी हुई थीं। चेहरे पर गुस्सा और किसी से कुछ कह न पाने की विवशता आँखों से आँसू बनकर रिस रही थी। वह बार-बार सोच रहा था लाल कुँआ स्कूल में पढ़ते हुए ऐसी छेड़ किसी ने नहीं रखी पर कुछ महीने पहले इस बड़े स्कूल में आते ही साथ के लड़कों ने उसका नाम बिगाड़ दिया। उसके दिलोदिमाग में बार-बार एक ही सवाल गूँज रहा था—"आखिर पापा थोड़ा और पढ़लिखकर कहीं क्लर्क ही हो गए होते। ऑफिस के चपरासी की इज्जत भी एक कचौड़ी बेचनेवाले से कहीं बड़ी होती है। पूरी दुनिया में यही काम मिला था पापा को?" गुस्से भरी रुलाई की एक भी सिसकी किसी को सुनाई न दे इसलिए जीतू ने चादर के भीतर दोनों हाथों से कसकर मुँह दबा लिया।

जीतू को आज पापा के उस काम पर शर्म आ रही थी जिसकी बदौलत घर चलता था। उसकी और मिन्नी की फरमाइशें पूरी होती थीं। माँ को शादी-ब्याह, हारी-बीमारी में किसी के आगे हाथ नहीं फैलाने पड़ते थे। आज सुबह घर से निकलने तक इस घर में जन्नत का नूर फैला था पर अब जीतू के लिए यह जगह दुनिया के एक बड़े बजबजाते गटर में तब्दील हो गई थी। जहाँ से सिर्फ बदबू का तेज भभका ही उठ सकता था। लेटे-लेटे शाम हो गई। मर्जी न मर्जी जीतू को उठना ही पड़ा। बेमन से सबको देखकर मुस्कुराया। शारदा ने उसका चेहरा पढ़ा तो कुछ समझ नहीं आया। हरि को लगा मुँह-हाथ धोकर रोज की तरह जीतू उसके साथ बाजार चलने की जिद करेगा पर आज ऐसा कुछ भी नहीं हुआ।

"मैं राजेश के घर जा रहा हूँ। टेस्ट के लिए पढ़ाई करनी है। देर से आऊँगा।" वह मम्मी-पापा से नजरें मिलाए बिना घर से निकल गया।

"देखा टेस्ट की वजह से लड़का परेशान था वरना रोज की तरह न हँसा-न कुछ खाया।" जीतू को बाहर निकलते हुए एकटक देखते हरि ने शारदा से कहा।

जीतू को कहीं भी नहीं जाना था। झूठमूठ को उठाई किताबें बगीची की पुलिया पर एक ओर रखकर पुलिया पर बैठकर तेजी से पैर चलाने लगा। दिमाग में परेशानी के बढ़ते ही कभी कुर्सी तो कभी पलँग पर जीतू के पैर खुदबखुद ऐसे ही चलने लगते हैं। वह सोचने लगा पापा बाजार पहुँच गए होंगे। आज आलू खरीदने थे। हर बार तो जीतू ही आलू का थैला हाथ में लटकाता चलता। कचौड़ी के साथ आलू की गाढ़ी सब्जी के लिए चार-पाँच दिन के आलू एक साथ खरीदे जाते और बाकी सामान हरी लाद लेता। मैदा, घी, मसाले, दाल, पुदीना पत्ता, दोने—जो भी चीज कम रह गई होगी पापा ने पहले ही सब सोच लिया होगा। रोज पापा रास्ते भर जीतू से बतियाते। उसे हर चीज याद दिलाने की कहते और जीतू गाँठ बाँधता जाता। कुछ भी भूलने पर ठसके से याद दिलाता। पर आज क्या होगा? कैसे होगा?—भाड़ में जाए सब जीतू की बला से। सारी दुनिया डॉक्टर बनती है, इंजीनियर बनती है। कुछ नहीं तो बाबू बन जाते पर नहीं इन्हें तो सबसे निराला कचौड़ी का धन्धा करना था। चलो धन्धा करना था तो कायदे से करते। कहीं किसी रौनकदार दुकान से काम शुरू करते। पहले की ही तरह शर्मा हलवाई या किसी ऊँची दुकान पर। नहीं तो अपनी दुकान खोलते और ठाठ से गल्ले पर बैठकर ऑर्डर देते। क्या बुरा था शर्मा हलवाई के यहाँ काम करना जो बेकार उससे झगड़कर अपना धन्धा शुरू कर लिया। पहले भी तो करते ही थे न वहाँ काम। अब कहते हैं—"अपना कारोबार है बेटा! जरा जम जाने दे फिर देखना।" क्या देखूँ...हनुमान मन्दिर के पीछे पटरी पर उकड़ू बैठकर वहीं स्टोव जलाकर धर दी कड़ाही। दोने-पत्ते, घी-मसाले बिखेर लिए सब वहीं। फिर टौंटे को कचौड़ियों का लालच देकर उसकी मदद से पटरी पर ही ग्राहकी जमा ली। यह भी कोई जगह है काम की? जीतू के मन से फिर आवाज उठी—"हो न हो मॉर्डन बस्ती के सुभाष ने देख लिया होगा यह पटरी जुगाड़। जान ली होगी हमारी चिन्दी बराबर हैसियत। तभी तो अपनी हैसियत तले दबाकर मसल दिया आज।" उसने पुलिया पर धरा एक पत्थर अपनी हथेली में मसला और सामने रखे लकड़ी के फट्टे पर तेजी से फेंका। पत्थर फट्टे पर तेज चोट करके कुछ गुलाटियाँ खाता दूर जा गिरा। पत्थर की चोट से हुई आवाज ने आसपास पसरी खामोशी में खलल डाल दिया।

अगले दिन मरे मन से जीतू स्कूल के लिए तैयार हुआ। हरि, बेटे की उदासी का कारण जानने को बेचैन था। बार-बार पूछे जाने पर भी उसने अपनी चुप्पी का कोई कारण नहीं बताया। स्कूल के लिए एक कदम आगे बढ़ाता तो मन चार कदम पीछे भागता। जैसे-जैसे स्कूल नजदीक आ रहा था उसका मन तेजी से घट रहा था।

कल का पूरा दृश्य आँखों के आगे तैर गया। एक गहरी टीस के साथ जीतू स्कूल में घुसा। चपरासी से नमस्ते नहीं की फिर भी उसने प्यार से उसका सिर सहलाया। जीतू के आँख, कान, नाक चौकन्ने थे। उसने तिरछी नजरों से देख लिया था कि सुभाष अपने साथियों के साथ खड़ा है। सुभाष भी जैसे जीतू की राह तक रहा था।

"ओए कचौड़ी के..." सुभाष ने फिर जीतू को छेड़ा। जीतू ने ज़ब्त किया और आगे बढ़ने लगा तो सुभाष तेज आवाज में बोला—"उल्टी छोड़ी, सीधी छोड़ी तेरे बाप की...। गरम कचौड़ी।"

सुभाष के साथ के सारे लड़कों ने जोरदार ठहाका लगाया। कल के आए जीतू को पढ़ाई में शिक्षकों की अधिक तारीफ मिलने से सुभाष की जलन इस ठहाके से कुछ ठंडी पड़ी। इधर जीतू का पारा चढ़ने लगा।

"देख सुभाष! जबान सम्हाल के बात कर। मैं यहाँ पढ़ने आया हूँ। तेरी बकवास सुनने नहीं।" जीतू तेज़ आवाज़ में बोला।

"क्यों बे तुझे पढ़ने-वढ़ने की क्या जरूरत? सुबह उठकर चला आया स्कूल। धन्धा सीख बाप से और कचौड़ियाँ तल। पढ़ाई का क्या अचार डालेगा? साला...। कचौड़ी का..." भद्दी गाली की तरह बोले गए सुभाष के शब्द जमीन पर फेंके उसके घृणा से भरे थूक से भी बदतर थे। सारे लड़के उसकी हाँ में हाँ मिलाते जीतू को गाली देने पर ताली पीटकर हँसने लगे। जीतू का दिमाग कल से ही ठिकाने पर नहीं था। सुभाष के बढ़ते हौसले देखकर जीतू बौखला गया। उसने आव देखा न ताव सुभाष पर टूट पड़ा।

"साले! बाप की गाली देता है..." गुस्से में दाँत पीसता सींकिया-सा जीतू, सुभाष पर टूट पड़ा। मुक्के बरसाने लगा। इस औचक हमले के लिए सुभाष तैयार नहीं था। दो-एक मुक्के खाते ही उसे भी जोश आ गया। साथ के लड़कों के संग उसने जीतू को बुरी तरह धुन दिया। हाथ-लात-घूँसे जीतू पर बेभाव पड़े। तगड़े शरीर के सुभाष ने उसे कॉलर से घसीटा। जीतू की शर्ट फट गई। पैंट मिट्टी में लिथड़ गई। हाथों पर खरोंच, मुँह पर उँगलियाँ उछर आईं। पूरा शरीर चोट के निशान से भर गया फिर भी जीतू की आँख से एक आँसू नहीं बहा। अपने स्वभाव के विपरीत वह लड़कों को चीख-चीखकर गालियाँ देता रहा। दोनों हाथों को छुड़ाने की कोशिश में हवा में पैर मारता ही रहा जब तलक असेम्बली के लिए जल्दी आए शिक्षक मैदान में नहीं आ गए। शिक्षकों के डर और बीच-बचाव से लड़ाई-झगड़ा तो रुक गया पर मामला प्रिंसिपल ऑफिस तक पहुँच गया। झगड़े की शुरुआत जीतू ने की थी सबने देखा पर

सुभाष ने उसे उकसाया बहुत लोगों ने उसे नहीं सुना। सो सारा ठीकरा जीतू के सर ही फूटा।

"नया-नया दाखिला दिया है तुम्हारे लड़के को, ऐसे ही लक्षण रहे तो अगली बार स्कूल से निकाला जाएगा। यहाँ पढ़ने आता है या गुंडागर्दी करने? यहाँ शरीफ घरों के बच्चे आते हैं।" प्रिंसिपल ने हरि से जवाब तलब करते हुए उसे चेता दिया कि अनुशासनहीनता किसी कीमत पर बर्दाश्त नहीं की जाएगी।

"सर जी! इस बार माफ कर दो। गलती हो गई। बच्चा है अगली बार से नहीं करेगा। जीतू की तो ऐसी आदत ही नहीं वह क्या है कि लड़के बड़े हो रहे हैं उम्र का असर है शायद। मैं समझा दूँगा। आगे से ऐसा नहीं होगा पर आपसे विनती है कि दूसरे लड़कों से भी पूछ लें एक बार। मेरा लड़का किसी को बगैर बात तो मारेगा-पीटेगा नहीं।" हरि ने माफी माँगते हुए भी जीतू के पक्ष से अपनी बात प्रिन्सिपल को कह ही दी। इस घटना के दो दिन तक जीतू स्कूल नहीं गया अलबत्ता हरि उसे जबर्दस्ती डॉक्टर के पास ले गया। हरि ने हर तरह से इस घटना का कारण जानने और बड़े प्यार से उसे समझाने की कोशिश की पर जीतू ने उससे एक शब्द नहीं कहा। जीतू की गाली देने और लड़ने की बात पर हरि का मन बेहद खिन्न था। भीतर से चाहता था लड़का उसके आगे अपनी गलती कबूले लेकिन हरि झगड़े की जड़ से वाकिफ नहीं था। उसने शारदा से कहा लड़के के मन की थाह ले। रात में हल्दी वाला दूध पिलाते हुए शारदा ने बेटे का मन टटोला—"तू तो ऐसा नहीं था रे कभी। लाल कुँआ के स्कूल से तो कभी तेरी एक भी शिकायत न आई। अब ऐसा क्या हो गया?" शारदा ने प्यार से उसके गालों पर हाथ फेरते हुए कहा।

मन के घाव पर माँ की ममता का स्पर्श पाकर जीतू फूट-फूटकर रोने लगा। शारदा का कलेजा चाक हो गया। उसने बेटे को सीने से लगाया। छुटकी मिन्नी सब देखकर हैरान हो रही थी। माँ के सीने से लगकर जैसे जीतू के मन की गाँठ खुलने लगी—"पापा को मना कर दो कचौड़ी का धन्धा करने से। वापस शर्मा हलवाई के यहाँ दुकान में काम करें। पटरी का धन्धा अच्छा काम नहीं है। इज्जत का काम नहीं है। मेरी क्लास के लड़के मजाक उड़ाते हैं। गाली देते हैं। मैं स्कूल नहीं जाऊँगा जब तक पापा वह धन्धा नहीं छोड़ेंगे।" कहते हुए जीतू ने दोनों हथेलियों से अपने आँसू पोंछ डाले और खाली आँखों से शून्य में निहारने लगा। शारदा ने जीतू को पानी पिलाया। उसे गले से लगाया और फिर आँखों में आँखें डालकर बोली—"बता तो जरा कैसे उस शर्मा हलवाई के यहाँ काम करें तेरे पापा? उसके यहाँ जिसने बेईमानी से उनका पैसा मारा और अपना हक

माँगने पर तेरे पापा की बेइज्जती की। तेरे पापा खुद्दार आदमी हैं अपने हक के लिए लड़े और हक न मिलने पर काम छोड़कर निकल आए। क्या तू यही चाहता है कि वह फिर से काम के लिए उसी शर्मा हलवाई के हाथ जोड़े, पाँव पड़ें? तेरे पापा ने जीवन भर मेहनत करके सब काम सीखा है। उसी के दम पर अपने काम का जोखिम उठाया है। इसमें क्या बुरा किया?"

"इसमें अच्छा ही क्या है मम्मी? पटरी पर सामान बेचना कोई इज्जत का धन्धा है? न सर पर छत, न कोई पक्की जगह। यहाँ भी तो इज्जत गई ही न?" जीतू पर शारदा की बात का कोई असर नहीं हुआ।

"परिवार को भूख से मरने देने से तो अच्छा ही है बेटा। उसी धन्धे की वजह से तू,मिन्नी और मैं कभी भूखे सोए हैं क्या? तू आज थोड़े अच्छे स्कूल में जाने योग हुआ...धीरे-धीरे और भी कुछ जुट जाएगा जिन्दगी में। अपना काम है किसी की गुलामी थोड़े है। जितना कमाएँगे हमारे हिस्से। फिर मेहनत का काम इज्जत का काम नहीं है क्या? तेरे स्कूल के मास्टर,प्रिन्सिपल मेहनत नहीं करते क्या तुम लोगों के लिए। ठीक वैसे ही तेरे पापा करते हैं घर के लिए। मेहनत से ही हम अच्छे बनते हैं। तेरे पापा का धन्धा भले तुझे अखरे पर वह मेहनत से कभी जी नहीं चुराते।"

मम्मी की बात का कोई जवाब देते जीतू से नहीं बना पर पिता के धन्धे के प्रति उसका गुस्सा वैसा ही बना रहा। देर तक कसमसाती उसकी हथेलियाँ इस बात की गवाह बनी रहीं। शाम को हरि जब लौटा तो एकान्त में शारदा से उसने एक-एक बात जानी। हरि को जितना दुख जीतू की मार-पिटाई और गाली-गलौज से हुआ उससे कहीं ज्यादा यह सोचकर हुआ कि उसके बेटे को उसके धन्धे पर शर्म आती है। सारे दिन की शारीरिक थकान के बाद भी कड़ी मेहनत से उपजा आनन्द ही हरि के चेहरे पर हरदम सजी रहनेवाली खुशी की चाबी था। आज उसका चेहरा मुरझा गया। चाबी न जाने किस अन्धे कुँए में गिरकर खो गई। खुशी के सारे रंग जाने किस वीरानी के सुपुर्द हो चले। कुछ दिन पहले तक हरि के साथ हर काम सीखने और हर जिम्मेदारी उठाने को आतुर जीतू आज उसके काम पर शर्मिन्दगी महसूस कर रहा है-यह सोच हरि को बेचैन किये दे रही थी। उसे समझ नहीं आ रहा था कि जीतू ने सुभाष की बात को दिल से क्यों लगा लिया। आज अर्से बाद उसने पाया समय की छलनी से जैसे सुख रीत रहा है। मेहनत के पसीने से सींचे अपने सुखी जीवन का एक-एक पल उसे व्यर्थ लग रहा था।

"शारदा! पटरी के काम का कोई भरोसा नहीं। आज है तो कल नहीं। सुना है मैंने जल्दी ही सबके छोटे-मोटे ठिए तोड़ दिये जाएँगे। तो मैं सोचता हूँ कि कल जाता हूँ शर्मा हलवाई के पास...देखूँ कुछ काम हो शायद मेरे लायक। जिस काम से बच्चों को शर्मिन्दा होना पड़े वह धन्धा करना ही क्यूँ?" उदासी के स्याह साए संग दिन की उधेड़बुन के बाद रात को बच्चों के सो जाने पर हरि ने शारदा से कहा। हरि जानता था कि दिल पर पत्थर रखकर ही यह निर्णय उसने लिया है। बरसों-बरस हलवाई की दुकान में उसने एक-एक काम सीखा। अपने हुनर को परवान चढ़ाया। तब जाकर आज वह अपना काम करने की स्थिति में पहुँचा था। अपना काम शुरू करना हँसी-खेल नहीं था। चौबीस घंटे धन्धे को बढ़ाने की फ्रिक संग रहती थी। बाजार में एक-से एक कचौड़ीवाले बैठे थे पर हरि हर समय अपने माल के स्वाद और गुणवत्ता के लिए जी-तोड़ मेहनत करता। एक-एक सीढ़ी चढ़ते हुए उसने सामान ही नहीं हौसला भी जोड़ा था। समय ही नहीं पसीना भी सींचा था। हरि के चेहरे पर दुख की एक-एक परत शारदा अँधेरे में भी महसूस कर सकती थी। जीवन की चुनौतियों से लोहा लेनेवाले अपने साथी को पस्त हिम्मत देखकर शारदा को अच्छा नहीं लगा। बच्चों की नींद की परवाह किये बगैर वह साफ बोली—"खबरदार जो तुम शर्मा हलवाई के यहाँ गए। दोबारा अपनी बेइज्जती कराने। और पटरी के इस धन्धे के खतरे तो पहले भी तुमने जाने-परखे थे। तुमने ही कहा था जैसा सबके साथ वैसा अपने साथ। तो अब नया क्या हो गया? अरे! ये तो बालक हैं तुम तो बड़े हो। इन्हें अभी क्या समझ दुनिया की? आज ये कह रहे हैं तो कल कुछ और कह देंगे। बच्चे हैं आखिर पर शर्म-वर्म की परवाह तुम कबसे करने लगे? तुम्हें चाहिए जीतू को समझाओ। न समझे तो तुम अपनी राह क्यूँ छोड़ो? कोई चोरी की है क्या? किसी का गला रेता है? तुम बस अपनी धुन की लकीर और गाढ़ी करते चलो जब निशान गहरा हो जाएगा तो अकल के अन्धों को भी दीखने लगेगा।" शारदा की बात में ऐसी दृढ़ता समाई थी कि हरि को घुप्प अँधेरे में भी एक चमकती रोशनी दिखाई दी। उस रोशनी में उसे दिखाई दिया जीतू का वही पुराना खिलखिलाता चेहरा। दो दिन की परेशानियों के बाद यह पहला सुकून से भरा लम्हा था। हरि इस लम्हे से लिपटकर सोया तो सुबह ही जागा।

अगली सुबह जीतू ने देखा घर में वही पुराना मेहनत का राग छिड़ा है। बड़ी वाली एल्यूमीनियम की परात में पापा मैदे में मोमन डालकर, पानी के छींटे देते हुए मुठ्ठी से दाब-दाबकर कचौड़ी का आटा गूँध रहे हैं। बार-बार उसे आटे को समोलकर परात के बीच में पटकते, फैलाते और फिर मुट्ठी की थपकियाँ देने लगते।

आटा एकदम चिकना होकर नया रूप लेता जा रहा था। मम्मी ने अब तक धनिए-मिर्च की चटनी तैयार कर दी थी। पापा ने आटा गूँथकर चटनी में अपना बनाया मसाला बुरककर नींबू का रस छोड़ दिया। इधर गैस पर आलू की सब्जी खदक रही थी। पूरे घर में उसकी खुशबू फैली थी। वही खुशबू जो जीतू को बहुत पसन्द थी। सब्जी के लालच में कितनी बार उसने एक रोटी फालतू खाई थी। जीतू ने महसूस किया भूख से उसकी आँतें कुलबुला रही हैं। लेकिन पापा के लिए मन में बँधी गाँठ के कारण उसने खाने की ओर देखा तक नहीं। उसे समझ नहीं आ रहा था कि पापा क्यों उसकी समस्या को नहीं समझ रहे? आज से पहले हमेशा जीतू के लिए दिलोजान हाजिर करनेवाले मम्मी-पापा पर आज उसके इतने बड़े अपमान का भी कोई असर नहीं हो रहा। घर में मम्मी-पापा का सामान्य व्यवहार जीतू की आत्मा पर एक बड़े धक्के की तरह लगा। उसके दिमाग की नसें तनती जा रही थीं। नहा-धोकर बड़ी मुश्किल से जीतू नाश्ता करने बैठा ही था कि हरि अपना काम करते हुए बोला—"जीतू! आज तेरी छुट्टी है। नाश्ते और पढ़ाई के बाद सीधा ठिए पर चला आना। कुछ काम है।" इससे पहले कि जीतू आनाकानी करे हरि अपना काम समेटता बाहर निकल गया। जीतू जानता था कि पापा ने जब जो ठान लिया फिर वह उससे डिगता नहीं। जीतू ने मना करने के अन्दाज में मम्मी को टटोला। वहाँ से भी उसे कोई राहत नहीं मिली। जीतू की बेचैनी और गुस्सा बढ़ते ही जा रहे थे। उसके मन ने सवाल किया—"आखिर क्या रखा है उस दो कौड़ी की जगह में जो उसके लिए अपने ही बच्चे की बात तक सुनना पसन्द नहीं दोनों को?

बेमन से ठिए पर पहुँचे जीतू ने देखा ग्राहकों की भीड़ लगी है और आज टौंटा भी कहीं दिखाई नहीं दे रहा। यों उसका नाम जगदीश था पर एक हाथ लम्बाई में छोटा रह जाने से न जाने कब यह नया नाम पड़ गया। हरि कड़ाही से गरमागरम और सुर्ख कचौड़ियाँ उतार रहा था। साथ की साथ ग्राहक भी निबटाता जा रहा था। जीतू को देखते ही उसने आँख के इशारे से अपने पास बुलाया और कहा—"मैं कचौड़ी उतार रहा हूँ तो दोने सजाकर ग्राहक को देता चल।" आज इतवार का दिन था यानी तगड़ी ग्राहकी। तगड़ी ग्राहकी यानी अच्छी कमाई। पूरे हफ्ते हरि को इतवार का इन्तजार रहता था। हरि के पास फुर्सत नहीं थी जीतू की अनिच्छा का चेहरा पढ़ने की। जीतू मन मारकर काम करने लगा पर मन के चोर कोने में शंका सिर उठाए रही कि स्कूल के किसी लड़के ने उसे देख लिया तो क्या होगा? स्कूल में फिर से नक्कू बनना पड़ेगा। पटरी पर यूँ बैठकर दोने लगाना उसे आज बहुत नीचा काम लग रहा था।

चोर नजर से पापा को भी देखता जा रहा था। पापा के चेहरे पर पटरी पर बैठकर ग्राहकों को निपटाने में कोई शर्म दिखाई नहीं दे रही थी। माथे पर एक शिकन नहीं थी और आवाज भी खासी खनकदार थी। जीतू के मन ने सवाल किया—ग्राहकों की फरमाइशों के आगे ऐसे क्यों बिछे जा रहे हैं? ग्राहकों को भाई, बेटा, अंकल जी, दीदी बोलने से कोई सगा या बराबर का हो जाएगा क्या? सीधे से काम करें फालतू बात क्यों? पटरी पर बैठकर महलों की कैसी बराबरी? जीतू सोच भी नहीं पा रहा था कि कल तक सुभाष को पीटनेवाला जीतू आज उसकी ही नजर से पापा के काम को देख रहा है। दोने लगाते हुए जीतू यही सोचता रहा जिस दिन पढ़-लिख जाएगा,शरीर में थोड़ी ताकत आ जाएगी तो पटरी पर धरे इस स्टोव में ऐसी लात लगाएगा कि स्टोव कहीं जाएगा और उस पर चढ़ी कड़ाही कहीं दूसरी ओर। उसकी ताकत देखकर पापा कभी नहीं कह सकेंगे—इधर आ और ग्राहकों के दोने सजा। पापा के काम से उपजी इस नई नफरत ने उसे भविष्य में उनसे बदला लेने को उकसा दिया। जीतू के मन पर एक के बाद एक गाँठें कसती ही चली जा रही थीं।

छुट्टी के दिनों में जीतू को हरि के साथ काम पर जाते और हाथ बँटाते देख शारदा को लगा जैसे अब सब ठीक हो गया है। एक दिन उसने पति से कहा—"सुनो! जीतू ने काफी काम सीख लिया है। कुछ समय बाद यह भी अपना धन्धा जमा लेगा तो कमाई दोगुनी हो जाएगी।" हरि, शारदा को देखता रह गया फिर उसने चुप्पी तोड़ी—"शारदा मैं बच्चे को इसलिए काम पर नहीं ले जा रहा कि मुझे उससे यही धन्धा करवाना है। मैं तो चाहता हूँ वह खूब पढ़े-लिखे। जो मैं नहीं कर पाया वह सब करे। मेरी इच्छा तो बस इतनी है कि जीतू किसी भी काम को नीची नजर से न देखे। जिस पटरी से उसे आज नफरत हो गई है वह पटरी हमारी जिन्दगी की पटरी भी है। हम जैसे न कितने लोगों की जिन्दगी की पटरी जिन्हें सरकार और बड़े लोग हटाना चाहते हैं लेकिन हम लोग आखिर कहाँ जाएँगे यह कोई नहीं सोचता।"

एक मिनिट की खामोशी के बाद हरि ने शारदा का हाथ थामकर कहा—"मैं सिर्फ इतना चाहता हूँ जीतू मेहनत के काम में शर्म महसूस न करे। आखिर मेहनत-ईमानदारी की जिस कमाई से घर चलता हो वह कमाई ही भगवान है। पूजने जोग। इस भगवान से कोई नाराज होता है भला?" कहते हुए हरि ने एक गहरी साँस ली।

जीतू के साथ दिनोंदिन घटती बातचीत और कामचलाऊ रिश्ते को लेकर हरि बहुत दुखी रहता था। उसकी हर कोशिश बेकार जा रही थी। कभी-कभी गुस्सा भी आ जाता लेकिन जीतू की उम्र ऐसी थी कि मारने-पीटने पर कहीं कोई

ऊँच-नीच न कर बैठे यही ख्याल उसके मन को डराता रहता। बार-बार हरि मन को मथता आखिर ऐसा क्या कर दूँ कि जीतू पहले जैसा हो जाए। कैसे जीतू के मन से शर्म का कीड़ा निकाल बाहर फेंके उसे इसकी कोई सूरत नजर नहीं आती थी। जीतू इतना छोटा भी नहीं था कि घर की हालत से अनजान हो। दिन-दिन बढ़ती महँगाई और घटती नौकरी के समय में मेहनत-मजूरी से खिंचती चार जन की गाड़ी हाँकना आसान था क्या? हरि के मन में गुस्से और प्यार के भाव साथ-साथ उठते-गिरते और फिर निराश होकर किसी अँधेरी खोह में समा जाते। धन्धे में थोड़ी बरकत थी पर घर से खुशी नदारद थी। शारदा के कुछ दिन शान्त रहने की बात पर ही हरि भरोसा किये था पर हर दिन जीतू के चेहरे पर खिंचाव की रेखाओं को और गहरा होता देख उसे किसी करवट चैन नहीं मिलता।

दिन बीत रहे थे। इतवार और छुट्टी के दिन जीतू को मर्जी के विरुद्ध हरि के साथ पटरी पर धन्धा देखना ही पड़ता। कई बार सौदा-सुलुफ भी लाना होता। इसमें पापा के लिहाज जैसा कोई भाव नहीं था। बेमन से ही सही मम्मी के कहने-सुनने और कुछ न होने की मजबूरी में जीतू ने खुद को पापा का बन्धक मजदूर ही मान लिया था। काम करते हुए पापा की एक-एक हरकत पर उसकी नजर रहती। पिता की मेहनत को देखते हुए भी अब कोई सम्मान उसके मन में नहीं जगता। हालाँकि जीतू की नजर से यह नहीं छिप पाया था कि पापा अपना कामधन्धा बढ़ाने और चमकाने के लिए लगातार कुछ नया ही सोचते रहते हैं। परसों ही तो जगदीश ने कहा कि कम तीखी हरीमिर्च ऊपर से सब्जी में डाल दी जाए तो स्वाद बढ़ जाता है। उसी दिन शाम को सौदे में मिर्च की थैली जीतू को सामान संग दिखाई दी। यही क्यूँ इसरार करके हरि जीतू को कभी-कभी कड़ाही में कचौड़ी तलने और मन्दी आँच पर सेंकने, पलटने के गुर सिखाता। खस्ता कचौड़ी और गाढ़ी सब्जी बनाने के अपने अनुभव उससे बाँटता रहता। इस सबके बावजूद उसके लिए पापा का काम छोटा था तो चाहे हरि कोई नई कोशिश करे जीतू के लिए बेकार ही थी। पटरी के किनारे झूठे पत्तलों का कनस्तर खाली करने की पापा की बात पर जीतू का दिमाग भन्ना जाता। हरि, उसके काम और कनस्तर तीनों को वह एक-सी घृणा से देखता। जीतू दिल में सवालों के जंगल में दौड़ता-हाँफता-गिर पड़ता पर ऊपर से इंकार की मुद्रा में सब काम करता हुआ चुप्पा बना रहता। अचानक एक दिन पटरी पर सुबह की ग्राहकी जमी ही थी कि न जाने कहाँ से कमेटीवाले चले आए। यूँ उनके आने से पहले ही सूचना बाजार में पहुँच जाती थी पर इस बार ऐसा न हुआ। औचक दौरे से किसी पटरीवाले को कोई मोहलत नहीं मिल पाई।

म्यूनिसिपल कमेटी की गाड़ी आई और उसने एक झपाटे में पूरी पटरी रौंद डाली। आज उनका मकसद दुकानों के बाहर अतिरिक्त बढ़ा ली गई दुकानों को हटाना नहीं था। उन्हें हर हाल में पटरी खाली करानी थी। पटरी की सुन्दरता बनी रहनी जरूरी थी और पटरी पर धन्धा जमाए लोग उसकी बदसूरती के दोषी थे। पटरी पर बैठा बैग की जिप ठीक करनेवाला मुरारी, छाता सुधारनेवाला गणेश, प्लास्टिक का छोटा-मोटा सामान बेचनेवाला गंगू, भुट्टा भूननेवाली पुष्पा, कचौड़ी तलनेवाला हरि और इन जैसे कितनों को जल्दी-जल्दी अपनी दुकान का सामान लेकर अन्दर की गलियों में तितर-बितर हो जाना चाहते थे। औचक दौरे में समय की मोहलत नहीं मिली। औरों के संग हरि की दिनभर की कमाई खोटी हुई और सामान भी खराब हुआ। जैसे-तैसे सब सामान समेटकर और जान बचाकर हरि घर लौटा। भागदौड़ में चटनी का मर्तबान फूटा ही, सब्जी भरा भगोना पलट गया। स्कूल से लौटकर आते समय जीतू को बाजार में कमेटी के हल्ले की खबर हो चली थी। बहुत दिनों से गुस्से का जमा उबाल आज रोक-टोक छोड़ बह निकला—"और ले लो मजे। अब पता चला न पटरी के धन्धे की हैसियत का। बड़े आए अपने कामवाले।" जीतू के शब्द क्रोध में लिपटे थे और उन पर उसकी फूहड़ हँसी में नहाई बदतमीजी का रंग भरपूर चढ़ा था। हरि पहले ही आज की कमाई खोटी होने के गम में बैठा था। जीतू के शब्दों ने उसे उकसा दिया।

"तो बताओ लाटसाहब कौनसा धन्धा कर लें जिसमें तुम्हारी शान में गुस्ताखी न हो?" आज दोनों के दिल के फोड़े का मवाद चोट खाकर बह निकला।

"...देख लो क्या बाल भी बाँका हुआ शर्मा हलवाई का? उसका सामान तो दुकान के बाहर पड़ा रहा किसी ने उँगली से भी न छुआ और तुम्हारी आलीशान दुकान उनकी दो लातों में ही ढेर हो गई।" जीतू के कुबोल आज टूटे बाँध से बह चले।

हरि आँखें फाड़े जीतू को घूरता रह गया। जीतू आँखों के लिहाज से परे बोलता ही गया—"क्या दुकान जमाई है? कभी भी कोई पुलिसवाला डंडा चला जाता है। रुपया ऐंठ ले जाता है। तब तो इज्जत में चार चाँद लग जाते हैं न?"

"बताऊँ अभी, बड़ी जबान निकल रही है तेरी...।"

हरि उठकर एक हाथ उसके गाल पर जड़ने ही वाला था कि शारदा बीच में आ गई। हरि का हाथ पकड़े और उसके शरीर को आगे बढ़ने से रोकने में अपनी सारी ताकत लगाकर वह लड़के को सख्त आँख के इशारे से समझाती रही।

"हाँ-हाँ मारो न खूब मारो। निकाल लो सारी कसर। अच्छा ही है मर-मरा जाऊँ इस नरक से छुटकारा मिलेगा। पटरी पर बैठने और दोने लगाने से तो मर जाना ही अच्छा। पर सच्ची बात बताऊँ तुम भी मरोगे। देखना एक दिन ये सारे पटरी के काम बन्द होनेवाले हैं फिर कर लेना अपना काम।" जीतू ने आज कोई बात दिल में बाकी नहीं रखी। मिन्नी यह सब देखकर तेज-तेज रोने लगी।

घर में उठे तेज तूफान के बाद शान्ति जरूर छा गई पर यह शान्ति एक तेज शोर अपने सीने में दबाए थी। ऐसा शोर जिसमें हरि के प्यार के बोल सुनाई नहीं दे रहे थे। उसकी मेहनत के रंगों की चमक फीकी पड़ रही थी बेटे से उसके मीठे रिश्ते की यादें धुँधलाती जा रही थीं। जीतू ने भी सोच लिया था अब चाहे जो करना पड़े उसे इस घर में नहीं रहना है। जितनी जल्दी हो सके काम ढूँढ़ना है और इस घर से निकल जाना है। बाप-बेटे के बीच न दिखाई देनेवाली एक बड़ी पक्की दीवार उठ खड़ी हुई थी। जीतू इस कदर परेशान था कि अब स्कूल में उसका मन नहीं लगता था। दो बार स्कूल से मोहन सर के जरिये प्रिंसिपल ने हरि को बुलवाया और बताया कि काफी होशियार जीतू का मन अब पढ़ाई में जरा नहीं लगता। ऐसा ही रहा तो वह फेल भी हो सकता है। सारे मामले को समझकर हरि ने जीतू की तरफ से पूरी तरह चुप्पी साध ली। न ही पहले की तरह उससे ठिए पर आने को कहता, न सौदा लाने को और न ही सलाह-समझाइश। उसकी केवल एक ही इच्छा थी कि जीतू कैसे भी करके अपनी पढ़ाई अच्छी तरह पूरी करे और अपनी पसन्द की जिन्दगी जी सके।

कुछ समय बीता। जीतू के स्कूल में पन्द्रह अगस्त की तैयारियाँ शुरू हो गईं। सारे सांस्कृतिक कार्यक्रमों के लिए समूह में बच्चे बाँट दिये गए। खेल-कूद की प्रतियोगिताओं की तैयारी चल रही थी। जीतू को भी उसके तेज भागने के कारण रेस में रखा गया था।

"जीतू! कल अपने साथ पापा को भी स्कूल में लाना। जरूरी काम है। भूलना नहीं।" प्रिंसिपल सर ने जीतू को ऑफिस में बुलाकर कहा तो जीतू ने सोचा कल फिर किसी बात पर उसकी शिकायत होनेवाली है। हालाँकि धीरे-धीरे उसकी अकल में यह बात साफ हो रही थी कि पढ़ाई से बैर रखना उसके भविष्य के लिए ठीक नहीं। इन दिनों उसे अपना नफा-नुकसान समझ में आने लगा था। शाम को उसने हरि को सर की बात बताई तो हरि ने जवाब में आँख के इशारे से 'देखता हूँ' जैसा कुछ कहा। रात भर जीतू को चिन्ता रही अगर हरि कल स्कूल नहीं पहुँचा तो प्रिंसिपल उसे डाँट लगाएँगे और नाराज हो जाएँगे। उसे परीक्षा में फेल कर दिया तो क्या होगा? सुबह उठकर जीतू ने देखा पापा को ठिए पर जाने की जल्दी है।

"पापा! स्कूल जरूर आ जाना। प्रिंसिपल सर ने बुलाया है।" बहुत दिनों बाद आज घर की दीवारों ने जीतू को पापा से शान्ति से कुछ कहते सुना तो चौंक गईं।

हरि ने नजर भरकर जीतू को देखा और हाँ में सर हिला दिया। इधर जीतू एक पल को खुश हुआ तो अगले ही पल परेशानी में घिर गया—"आखिर पापा को क्यों बुलाया गया है?" हरि स्कूल आया। प्रिंसिपल सर से बात की पर जीतू को इस बारे में कुछ नहीं बताया। कुछ दिन बाद जीतू भी सब भूलभाल गया।

आज पन्द्रह अगस्त का दिन था। पूरा स्कूल सजा हुआ था। मंच की धजा निराली थी। मैदान में रेस के लिए ट्रैक बना दिये गए थे। प्रिंसिपल सर बार-बार स्कूल की हर तैयारी का निरीक्षण कर रहे थे। तभी हरि अपने सहायक जगदीश के साथ रिक्शे पर सामान लिये स्कूल में घुसा। जीतू मैदान में ही खड़ा था। अपने पापा को देखकर उसे तीखी शर्मिन्दगी महसूस हुई। ऐसा एहसास कि घड़ी एक मिनिट पीछे घूम जाए और पापा का स्कूल में आना किसी तरह रुक जाए। उसे लगा जो फजीहत स्कूल के बाहर पटरी तक सीमित थी वही आज स्कूल में होनेवाली थी। उसे अब समझ में आया प्रिंसिपल सर ने पापा को क्यों बुलाया था। जीतू में दौड़ने का थोड़ा-बहुत उत्साह भी जगदीश और पापा को कचौड़ियों का सामान लाते देखकर ठंडा पड़ गया। वह चुपचाप देखता रहा उसके पापा स्कूल के गेट पर खड़े हैं। शर्मिन्दगी के कारण न वह पापा के पास दौड़कर गया न उनकी कोई मदद को आगे बढ़ा। सबसे नजरें चुराता जीतू एक झुंड में शामिल हो गया। उसकी गर्दन सिर से बहते पसीने से भीग रही थी।

"सुभाष-निखिल जहाँ कहीं हों मंच के सामने आएँ।" तभी मंच पर खड़े मोहन सर ने घोषणा की। कार्यक्रम शुरू होने में कुछ देर थी। मंच पर अनौपचारिक बातचीत चल रही थी। माइक ऑन ही था। तभी प्रिंसिपल सर की आवाज जीतू के कानों में पड़ी।

"सुभाष-निखिल आज तुम लोगों की ड्यूटी वहाँ हरि के साथ है। देखो उन्हें जगह वगैरह दिखा दो और ध्यान रहे उन्हें किसी तरह की दिक्कत न आए। स्कूल के सभी बच्चों को खाने का सामान सर्व करने की ड्यूटी भी तुम दोनों की है। अच्छी तरह काम करना।"

सुभाष और निखिल चुपचाप हरि और जगदीश को खेल के मैदान के कोने में लगे टेंट में ले गए। जीतू का दिल तेजी से धड़कने लगा। कुछ समय बीता जीतू की हैरत का पारा सुभाष को देखकर चढ़ता ही जा रहा था। जो सुभाष कल तक उसका और उसके पापा का मजाक उड़ा रहा था आज प्रिंसिपल सर

के आदेश का पालन करते हुए जगदीश के संग मिलकर कड़ाही, स्टोव और बर्तन उतरवा रहा था। टेंट के आगे लगी मेज पर निखिल के साथ दोने, पानी के ग्लास आदि सारी व्यवस्था कर रहा था। जीतू का मन हुआ कि अब खबर ले सुभाष की। मन ने दूसरे ही पल कहा सुभाष क्या जानता है काम? दोने लगाने से क्या काम हो जाएगा? कचौड़ियाँ कैसे तलनी हैं उसे क्या पता? उसने सीखा है अपने पापा से? उसके शरीर में झुरझुरी सी पैदा हुई कि जाए और सुभाष को जाकर काम समझाए। हरि पूरे उत्साह में अपना काम कर रहा था। किसी स्कूल में पहली बार उसे काम मिला था। उसकी फुर्ती और खुशी दूर से देखी जा सकती थी। सुभाष को बड़े ही प्यार से वह सब काम समझा रहा था और सुभाष भी सिर हिलाकर काम करता जा रहा था। तभी खेल प्रतियोगिताओं की घोषणा हुई। दस मिनिट में सारे बच्चों को पहली रेस के लिए ट्रैक पर इकट्ठा होना था। बच्चों के कोच करीब आ गए तो कुछ और टीचर्स भी वहाँ उनकी मदद को जुट गए। सभी निर्देश देने के बाद टीचर्स कार्यक्रम के बाद मिलनेवाली कचौड़ियों की चर्चा करने लगे। जीतू के कान वहीं लगे रहे। मोहन सर बोले—

"शर्मा हलवाई फेल है हरि के आगे। सर ने बड़ा सही काम किया आज हरि को बुलाकर। मौज करवा दी सबकी।"

"अरे मोहन जी! कमाल का स्वाद है इसकी कचौड़ी-सब्जी का। लोग माल तो खरीद सकते हैं पैसे से पर कोई पैसे से स्वाद नहीं खरीद सकता।"

"गुप्ता सर जी! और जो तृप्ति मिलती है खाकर उसका कोई मोल नहीं। कुछ दिन पहले प्रिंसिपल सर खाकर आए तो गद्गद थे। कह रहे थे देखो भई रुपया खाया नहीं जा सकता न ही स्वाद रुपये से बनाया जा सकता है। यह तो हुनर और मेहनत है जो रंग लाता है। हरि के हाथों में कमाल का हुनर है।"

"सोलंकी साहब! बन्दे का बात करने का सलीका देखो। चाहे कितनी भीड़ हो इसकी मीठी बोली में वह जादू है जो इसकी ग्राहकी कभी टूटने नहीं देगा।" पासवान सर की आवाज में हरि के लिए सम्मान का भाव था।

जीतू के मन में पापा के लिए इतने दिनों से उठी अबोले और नफरत की बर्फीली चट्टान पिघलने लगी। उसने पूरे शरीर में एक गर्मी महसूस की। मन में बँधी गाँठें धीरे-धीरे खुल रही थीं। वह चाहता था कि सभी टीचर्स को बताए आप सब जिसकी बात कर रहे हैं वही मेरे पापा हैं। न जाने इतने दिनों से शर्म का कुलबुलाता कीड़ा आज अचानक कहाँ गायब हो गया। जीतू हसरत भरी निगाह से मेहनत करते अपने पापा को अपलक देख रहा था। अचानक घर भर के वे सभी दृश्य उसके दिमाग में साकार हो उठे जिनमें पापा की मेहनत और

खुद्दारी के चटख रंग भरे थे। उन रंगों में उसे पापा के साथ मम्मी, मिन्नी और अपना खिलखिलाता चेहरा भी साफ-साफ दिखने लगा। तभी पहली रेस के लिए बच्चों के नाम पुकारे गए। सारे बच्चे ट्रैक पर अपनी-अपनी पोजीशन पर मुस्तैद हो गए। जीतू ने देखा पापा इसी तरफ देख रहे थे। काम के साथ-साथ उनका ध्यान जीतू पर भी था। फिर सीटी बजी और बच्चों ने दौड़ना शुरू किया। ट्रैक पर दौड़ते-दौड़ते जैसे ही जीतू खाने के पंडाल के करीब पहुँचा उसका हाथ पूरी मस्ती में हवा में लहराया। हाथ की जुगलबन्दी में गले से एक तेज शब्द-पापा... उसके बदन के हर रोएँ के कम्पन को खुशी में समेटता फूटा। हरि हसरत भरी निगाह से अपने दौड़ते हुए बेटे को देख रहा था।

सीताओं की देहरी

"टन...टन...टन...जय सीता मैया की जय हो, जय हो। भक्तो! आज रामनवमी है। भगवान श्रीराम का जन्मदिवस...पर यह मैया सीता की भी शरण स्थली मानी जाती है । कहते हैं कि माँ जगज्जननी ने पत्नी धर्म की मर्यादा का पालन करते हुए यहीं अपने एकान्त के दिन काटे थे। इसी वाल्मीकि आश्रम में उन्होंने शरण ली थी। बोलो सीता मैया की जय..."

मन्दिर के लाउडस्पीकर पर प्रवचन चल रहा था। सरोज अपने पति वजीरसिंह के साथ सन्ध्या आरती के लिए मन्दिर आई थी। वजीरसिंह ने अभी प्रसाद चढ़ाया और दंडवत किया ही था कि रामेसर आ खड़ा हुआ।

"भैया जी! दो मिनट...।"

"क्या है रे रामेसर! तुझे दो पल भर का चैन नहीं है ? पीछे-पीछे ही चला आया..." वजीरसिंह झल्लाया।

"भैया जी! बात ही कुछ ऐसी है...वह फिर आ गई है।"

"कौन?" वजीरसिंह ने चिढ़कर पूछा।

"भैया! वही...उस कमीने राजू की माँ..."

"हैं?...क्या कह रहा है? सच में?" वजीरसिंह की त्योरियाँ चढ़ गईं।

"और क्या भैया! मेरी क्या मजाल कि आपसे मज़ाक कर सकूँ।"

"अच्छा! चल अभी देखते हैं।"

"अरी! सुन सरोज घर चल जरूरी काम है।"

"पर अभी तो आए हैं...अभी से..." सरोज, वजीरसिंह के कार्यक्रम में अचानक आई इस तब्दीली को समझ नहीं पा रही थी।

"तुझे एक बार में बात समझ नहीं आती क्या?" वजीरसिंह ने खीजते हुए कहा।

सरोज चुपचाप पति के पीछे चल दी। रास्ते में रामेसर से बतियाते हुए वजीरसिंह गुस्से से बौखलाया जा रहा था।

"भैया! इससे पहले कि आँसू ढरकाके लोगों को पिघलाए, ढिबरी टाइट कर दो। तुरन्त।" घर पहुँचते ही रामेसर बोला। वजीरसिंह चौखट से भीतर आँगन में कदम रखते ही आवेश में आकर राजू के खानदान को जी भरकर गालियाँ देने लगा—

"साली की इतनी हिम्मत?...कुतिया इतनी मार खाकर भी न समझी?"

"देख लो भैया! इस बार कोरट-फोरट का झमेला हो गया तो फिर सारी बात खुल जाएगी।"

रामेसर की बात सुनते ही वजीरसिंह हरकत में आ गया—"चलो रे! देखें तो सही कि आखिर हमारे मोहल्ले में किसके बलबूते कूद रही है? साली का इस बार ऐसा इलाज करूँगा कि हमेशा के लिए ही टंटा खतम।"

पति के इस आग उगलते गुस्से को देखकर सरोज डर गई। साल भर पहले उठा तूफान फिर से लौट आया था। पिता की चीख-चिल्लाहट से काँपती रमा और छुटके ललित को सरोज ने कमरे के अन्दर ठेल दिया। आनन-फानन में कुछ योजना बनाकर गुस्से से बौखलाया वजीरसिंह, दोस्तों के संग, साथ सटी गली में राजू के घर की ओर बढ़ गया। सरोज का दिल बुरी तरह घबरा रहा था पर डरे और असहाय बच्चों को छोड़कर वह कहाँ निकलती? बच्चों को थामे कमरे की दीवार से सटी-सहमी सरोज खड़ी रह गई। वह समझ नहीं पा रही थी कुछ देर पहले धर्मात्मा बने वजीरसिंह का दान-धर्म सच्चा था या इस समय खून की प्यासी उसकी आँखें? आज तन की शुद्धि के साथ पति का वाल्मीकि आश्रम जाना और एक-एक बात उसे याद आई। वहाँ सीता की रसोई को बार-बार प्रणाम करना, सीता के कुँएँ की परिक्रमा करना और गंगा घाट पर प्रसाद बाँटना-सब इस समय सरोज को बेतरह खलने लगा। आश्रम में पति के इस सारे ढकोसले को देखते हुए भी सरोज सोच में थी कि जीवन में शरण आई स्त्रियों की बलि चढ़ानेवाला यह शैतान सीता का कैसा भक्त बन रहा है। उसके मुँह से सीता मैया की जय-जयकार सरोज को कितनी खोखली लग रही थी। सरोज का दिमाग दो ही बातों की ओर लगा रहा-एक, राम के त्यागने के बाद इस जगह सीता ने कैसे अपने अपमान के दिन बिताए होंगे और कैसे लिखी होगी वाल्मीकि ने सीता की दुख भरी कथा? दूसरे, तन की शुद्धि को सर्वस्व माननेवाले वजीरसिंह के मन में कितना मैल भरा है। आज की शाम ने उसके पाखंड की पोल मिनटों में खोल डाली। कहाँ सीता भक्त और कहाँ राजू की माँ के लिए गाली उगलती उसकी गन्दी जबान और आग उगलती हिंसक आँखें?

सरोज अपने जीवन में घट रहे बड़े खेलों पर मूक दर्शक-सी देखती-सोचने लगी। सवाल की शक्ल लिये वह आए दिन के समाचारों को देख-सुनकर यही समझ पा रही थी कि इस देश में न जाने कितने बिठूर हैं और उनमें न जाने कितनी सीताएँ समाई हैं। अचानक उसके शरीर में तेज कम्पन हुआ। बच्चों को वहीं छोड़ छत की ओर दौड़ी और पीछेवाली गली का नज़ारा देखा तो दंग रह गई। वहाँ राजू की माँ पूनम निरीह-सी खड़ी थी। कुछ लोग घरों से बाहर निकल आए थे वजीरसिंह के दोस्त पूनम को घेरे हुए थे और वजीरसिंह की नफरत से भरी आँखें पूनम को जिन्दा निगल जाने पर आमादा थीं। सरोज ने देखा छीना-झपट चल रही है। पूनम अपनी ओर से पूरा जोर लगा रही थी पर वजीरसिंह का पलड़ा भारी था।"

"भैया! मेरा सब कुछ तो छीन लिया अब किसलिए मुझे मार रहे हो?" पूनम गिड़गिड़ा रही थी।

"साली! तुझे चैन नहीं पड़ा। मेरा भी तो सब कुछ ले गई तू। सोचती है मेरी इज्जत उतारेगी...अरे रामेसर! धर साली को।" वजीरसिंह गुर्राया। रामेसर आगे बढ़ा ही था कि मार-पिटाई से पूनम की चीख-पुकार सुनकर आसपास के कुछ लोग इकट्ठे होने लगे। वजीरसिंह ने माहौल भाँपकर तुरन्त पैंतरा बदला और पीड़ित बनकर न्याय की गुहार लगाने लगा—

"भाई लोगो! मैं तो खुद मरा हुआ हूँ। मेरी बेटी इसी के लौंडे ने भगाई थी। कालिख मल दी मेरे पूरे खानदान पर, अब भी इसे चैन नहीं पड़ा। फिर चली आई यहाँ। इसके यहाँ रहने से...आखिर मेरी दूसरी बेटी भी है...कौन ब्याहेगा उसे?" पक्के खिलाड़ी वजीरसिंह ने अपने आखिरी शब्दों को बेहद तरल करके सहानुभूति बटोरने के काम को अंजाम दिया।

तिस पर भी गली से एक आवाज़ उठे बिना नहीं रह पाई—"तो तुम कानून से ही फैसला क्यों नहीं करा लेते?"

कोई और समय होता तो वजीरसिंह उस आवाज़ का गला पकड़ लेता पर इस समय हाथ जोड़कर बोला—"तुम सबके लिए कानून क्या जात-धर्म से ऊपर हो गया? हमारी एका कुछ भी नहीं ? भूल गए इन लोगों की करतूतों को? बाढ़ का पानी घर-द्वार नहीं देखता, आखिर को तुम भी बहू-बेटीवाले हो। इसकी तरफ से दिल पसीजा तो भुगतने को तैयार रहना। कल को यहाँ अनेक राजू जनम लेंगे और घर-घर में कलंक लगेगा। अब क्या ठाकुरों की बेटियाँ नीच जात के घर जाएँगी?"

सरोज ने साफ देखा मदद को आगे बढ़नेवाले पैर वहीं ठिठक गए। मोहल्ले में ठाकुर परिवार अधिक संख्या में जो थे। सरोज ही अकेली विजातीय ठहरी।

रही-सही कसर वजीरसिंह के प्यादों ने पूरी कर दी—"इनके आपस का मामला है। ये जानें, इनका काम। खुद ही सुलट लेंगे।"

जिन दिलों में पूनम के प्रति करुणा उपजी थी वे तुरन्त प्रभाव से उदासीन-से हो गए। अधिकांश तो पहले ही तमाशाई बने खड़े थे अब वजीरसिंह की दबी चेतावनी से सचेत भी हो गए। बाजी हाथ में आई देख वजीरसिंह और उसके साथी चौड़े होकर पूनम पर हावी होते गए। तमाशाई भीड़ ने वजीरसिंह के पूनम से हिसाब चुगता करने का खूब तमाशा देखा। कुछ देर बाद सरोज भरे मन से नीचे उतर आई। बेजान शरीर के साथ देर तक सुन्न-सी बैठी रही।

सरोज के दिमाग के रेशे उलझते ही जा रहे थे कि भड़ाक से दरवाज़ा खुला। पति की आँखें किसी अभिमानी विजेता के नशे से चूर थीं और चेहरे पर एक निहत्थी, वक्त की मारी औरत को सताने की क्रूर हँसी पसरी थी। सरोज ने देखा सुबह और शाम के दानी का चेहरा पूरी तरह विद्रूप हो चला था। इस बीच किसी ने पुलिस चौकी को इत्तला कर दी। चौकी से एक सिपाही सीधे वजीरसिंह के घर चला आया।

"भैया जी हैं क्या?"

"अरे! कौन? सुरेश?" वजीरसिंह ने आवाज़ पहचानकर बेहद मुलायम आवाज़ में पूछा।

"जी, भैया जी!...मैं ही हूँ।"

"भीतर आ, बाहर क्यों खड़ा है?" सीढ़ियाँ उतरते हुए वजीरसिंह आँगन में आ खड़ा हुआ।

"चौकी पर खबर पहुँची है कि वो सूरजपाल यादव की बेवा से किसी ने मार-पीट की है। कह रहे थे कि आपने और...।"

"क्या कहना चाह रहा है रे तू? तू ही बता सुरेश! तू तो अपनी जात का है...कोई कमीन जात तेरी बहन-बेटी को भगा के ले जाएगा तो तू क्या चुप बैठेगा? साली! फिर से चली आई। मैंने बस सख्ती से कह दिया कि शरीफों का मोहल्ला है...तो थोड़ी हुज्जत के बाद चली गई।" वजीरसिंह ने दाँत पीसते हुए बड़ी सफाई से झूठ बोला।

"बस भैया जी! वर्दी का कायदा है। आप तो जानते हैं...सो आना पड़ा। अच्छा ही हुआ जो वापस चली गई। भैया जी! जमाना बहुत खराब हो गया है।" सुरेश ने अदब से कहा।

मन के झंझावात को देर तक काबू करती सरोज दरवाजे के पीछे से चुपचाप यह सुनती रही। सुरेश के जाने के बाद देर तक छत आज के कारनामे पर इतराकर धीरे-धीरे खामोश हो गई।

सरोज ने बच्चों को खिला-पिलाकर सुलाया और न जाने क्यों उसके लड़खड़ाते कदम उसे पूनम के घर की ओर ले आए।

शाम और रात के चन्द घंटों के बीच बहुत कुछ तेजी से घट चुका था जिसके आघात से बेदम पूनम अचेत और असहाय अपने घर में पड़ी थी। उसके शरीर पर पड़ी चोटों के निशान कराह रहे थे पर गली के कानों में शायद रूई ठुँसी थी। मदद को कराहते उसके बोल हर उम्मीद छोड़ बैठे थे। आसमान में चाँद और घरों में रोशनी की उठती-गिरती आवाज़ों के बीच से अलग निस्पन्द गली का उभरी शक्ल का खड़ंजा पूनम के दुख का अकेला साथी था। खड़ंजे पर मद्धिम होती रोशनी में आवाज़ों से चहकते अगल-बगल के घर खामोश हुए जा रहे थे। कुछ दरवाजे खुलने को हुए भी तो किसी ने डपटकर उन्हें चेता दिया। धीरे-धीरे गहरी रात की आवाज़ें सिर उठाने लगीं। एक कुत्ता लगातार भौंककर जरा चुप हुआ ही था कि कहीं दूर किसी अड़ियल दरवाजे की चीख ने पूनम को चौंका दिया। शरीर से उठता दर्द और रात की आवाज़ों के बीच आँतों की ऐंठन भी थी जो उसके भूखे होने की एकमात्र साक्षी थी। पीली-सी रोशनी बिखेरता गली से घर में झाँकता बिजली का खम्भा पूरे वाकये का चश्मदीद गवाह था जिसकी गवाही किसी भी अदालत के लिए बेमानी थी। पूनम ने बहुत हिम्मत करके, दर्द को ठेलते हुए उठने की कोशिश की पर नाकाम रही। देह में बार-बार मुक्ति की पुकार और बार-बार मिलनेवाली शिकस्त के बीच दर्द और भूख से पूनम पर बेहोशी तारी हो गई और दिमाग में गड्डमड्ड सपनों का ढेर खड़ा होने लगा।

"उठ! जाग...। उठ न पूनम...देख...देख न..."

बेहोशी में अचेत देह को हिलाते एक स्वर से पूनम को अचानक किसी हलचल का भान हुआ। अचेतनता से चेतना की ओर आते हुए झटके से उसे उठाते किसी स्वर से पूनम के गड्डमड्ड सपनों का ढेर धराशायी हो चला। चेतना आते-आते अकेलेपन को बाँटती एक मनुष्य आकृति सजीव हो चली। पूनम ने अपनी बिखरी देह को तुरन्त समेटकर उसे अगले हमले से बचाव के लिए तैयार कर लिया। पर यह क्या स्पर्श की यह हथेली बड़ी मुलायम थी। पूनम के कन्धे से चेहरा सटाए उसे जमीन से उठाकर बिठाने के बाद आकृति जब कायदे से उसके सामने आई तो मानो एक और तेज झटका पूनम को लगा। झटके के साथ डर से कुछ पीछे सिमटती पूनम जड़ हो गई। कुछ सेकंड गुजरे कि उस आकृति ने बढ़कर पूनम को गले लगा लिया। हैवानियत की घड़ियों से गुजरकर रात के दामन में एक जिन्दा इंसान निकल आना गली के लिए भी किसी अचम्भे से कम न था।

सिसकते हुए पूनम की ज़बान इतना ही कह पाई—"सरोज...तू?"

और आकृति उसके मुँह पर हाथ धरते फुसफुसाई—"हौले बोल...बिलकुल हौले।"

"तू क्या तमाशा देखने आई है सरोज? यही न कि मैं अभी तक मरी या नहीं?" पूनम ने तड़पकर कराहते हुए पूछा।

"न पूनम! ऐसा न बोल?" सरोज ने भीगे गले से कहा।

सरोज ने पूनम के कड़वेपन को नज़रअन्दाज कर अपनेपन के दो बोल और भरपूर सहारे से पूनम को थाम लिया। आँगन के खम्भे से टिकाया और कबसे धूल फाँक रहे फोल्डिंग बेड को खोलकर उसने पूनम को लिटाया। रात के अँधेरे और चोरी से दाखिल होते उजाले में आँगन की दुर्गति पूनम से छिप न सकी। बड़े चाव से रोपे बिरवे कबके सूखकर ठूँठ हो चले थे। कभी घर में गूँजनेवाली खुशी की दफ्न हो चुकी आवाज़ें उसके कानों में उठीं। इस बार अपनी सिसकियों को पूनम रोक न पाई और आँसुओं का बाँध टूट जाने दिया। सरोज भी उसे देखकर रो पड़ी। कुछ देर बाद अचम्भे के साथ पूनम ने सरोज को देखा और अपने रोने को काबू किया।

"घर खँडहर बन गया मेरा...सरोज! कैसा जगमगाता था...यहाँ आँगन में इसी जगह खड़ी रहती थी मेरे राजू की मोटरसाइकिल...लाख मना करती कि सीढ़ी के ठीक सामने न खड़ी किया कर, कोई गिर-गिरा गया तो मुसीबत होगी। पर उसकी बला से...। सब खत्म हो गया री! अब कहाँ से लाऊँ अपना वही राजू?" एक आह के साथ पूनम बोली।

"अब यहाँ क्या मिलेगा तुझे? पहले भी कैसे भागना पड़ा था तुझे रातों-रात? तू यहाँ आई ही क्यों? नहीं जानती थी हत्यारे तेरी ताक में बैठे हैं।" सरोज पहली बार पूनम पर झुँझलाई।

"राजू के इलाज की खातिर घर बेचना पड़ेगा सरोज...सारे सहारे मदद करके पीछे हट गए। भाई भी कब तक हमारा बोझ ढोएगा? फिर यहाँ लौटकर भी मैं क्या लौटा पाऊँगी? अब यही जमीन आखिरी उम्मीद है। काग़ज़ घर में रखे हैं। घर बिकने से पहले सिर्फ एक बार इसे पूरी तरह देख लेने की आस थी। इस घर के बाद मेरा जीवन ही बिखर गया और बेटा...।" आँखों से आँसू पोंछते हुए पूनम बोली—"जिस तरह से यहाँ से भागना पड़ा था तुझसे कुछ छिपा तो नहीं। आँगन मेरा छूटा, घर मुझसे छूटा, और मेरा राजकुमार, मेरा बेटा...। उस रात डर के मारे थोड़ा-बहुत जो बन पड़ा लेकर भागी थी। दर-दर की ठोकरें खाईं... और आज लौटी तो फिर वही सब। घर में घुसने की देर नहीं हुई कि पड़ गए मेरी जान के पीछे। तू उस दिन कुछ क्यों न बोली सरोज? मेरा तो सब कुछ लूट लिया तेरे खानदान ने।"

कुछ ही देर पहले सरोज के रूप में जिस सहानुभूति को पाकर पूनम भीग उठी थी उसके झुँझलाते सवालों पर वह खीज गई। अतीत की बुझी राख में दबी कोई चिंगारी अचानक धधक उठी।

सरोज दुःख , पीड़ा और अपमान से तड़प उठी।

"न पूनम! तू नहीं जानती किस नरक से गुजरी हूँ इस एक साल में। हर दिन मैं मर-मर जीती रही हूँ।

मैंने साल भर डर-डरकर ही तो काटा। साल भर में सैकड़ों तूफान और लाखों थपेड़े सह गई पर एक चिनगारी आज अचानक तेरे आने पर सुलग गई। जिस समय वह हैवान घर से निकला मन तेजी से धड़क रहा था। बार-बार यही सोचती रही कि यह घड़ी किसी तरह टल जाए। पर न घड़ी टली और न आज मेरी करवट लेकर खड़ी हुई हिम्मत चुकी। आगा-पीछा कुछ नहीं सोचा। तूने इस मौत के कुँएँ में पैर रखा तो मेरी भी हिम्मत बढ़ गई...तू बता राजू कैसा है तेरा?"

पूरे एक बरस बाद सरोज की जुबान पर राजू का नाम आया और इस गली में भी बहुत दिनों बाद उसका नाम किसी गैर ने आत्मीयता से लिया था। पूनम फफककर रो पड़ी। आज की रात साल भर से दबे आँसुओं में डूबनेवाली थी।

"मेरा राजकुमार तो साल भर से बिस्तर पर अचेत पड़ा है। आँखें न जाने किस शून्य को ताकती रहती हैं। न कुछ बोलता है न कोई जवाब देता है।" पूनम को याद आया साल भर पहले वज़ीर सिंह और उसके साथियों ने राजू को घर से दूर ले जाकर बुरी तरह पीटा था। रीढ़ की हड्डी के टूटने और सिर पर पड़ी वज़नी चोट ने राजू को पूरी तरह मिटा दिया। लड़का हँसना-रोना ही भूल गया। थाना-पुलिस करने का भी कोई फायदा न हुआ। गवाह तो मिले नहीं जान से मार देने की धमकियाँ जरूर मिलीं। इसी कारण पूनम ने यहाँ पलटकर नहीं देखा न किसी से कोई बात की। पूनम ने बताया अचेत बेटे की फिक्र उसे खाए जा रही है।

"पता नहीं एकटक निहारता राजू मुझे पहचानता भी है कि नहीं...पर जब तक साँस है आस कैसे छोड़ूँ? पीर-फकीर से दवाई-गोली तक क्या नहीं किया? पर मेरा राजू लौटता ही नहीं। कैसे दिन काट रही हूँ, मैं ही जानती हूँ।" पूनम भर्राए गले से बोली। प्यास से उसके होंठ पपड़ा रहे थे और शरीर बेजान लग रहा था। सरोज कुछ भाँपकर तुरन्त उठी और न जाने क्या सोचकर पड़ोस की शान्ति ताई का दरवाजा हौले-से खटखटाया। उम्मीद के परे दरवाजा जल्दी खुल गया जैसे किसी की प्रतीक्षा में बैठा था। ताई की बहू सुषमा से उसने पानी और खाने के लिए कुछ माँगा तो बिना आनाकानी के ले आई। फुसफुसाते मगर दृढ़ शब्दों में उसने कहा—"खुद को अकेली न समझना चाची! सबका तो नहीं जानती पर जात की

दुहाई और ताकत के जोर के मारे कुछ लोगों की जबान और हाथ बँधे हैं। देखना जिस दिन हाथ और जबान खुले गली का नक्शा बदल जाएगा। बेसहारा औरत को बहुत मारा है चाची।"

सुषमा की बात सुनकर सरोज को महसूस हुआ गली के मन का कोई कोना पूनम के लिए शाम के प्रकरण के बाद नम हुआ है। सरोज के शरीर में अचानक एक तेज झनझनाहट दौड़ गई-शायद दूसरे दरवाजों के पीछे भी उसकी मदद के लिए कुछ लोग तैयार हो जाएँ। यह सोचकर उसकी हिम्मत बढ़ गई। सरोज बड़ी मिन्नतों से पूनम को दो-तीन निवाले खिला पाई। अन्न-पानी की आंशिक तृप्ति के बाद पूनम के चोट खाए शरीर को जरा आराम पहुँचा तो पूनम ने यहाँ से निकलने की बात सोची। सरोज ने तुरन्त विरोध किया—"इतनी रात में घर से निकलना खतरे से खाली नहीं।"

आकाश के अँधेरे को चीरकर कोई किरण टटोलने की कोशिश करती पूनम की चाक हो रही आँखें निष्ठुर भगवान से शिकायत करतीं ऊपर की ओर टिकीं और धीरे-धीरे उनमें एक बेहोशी समाने लगी।

आसमान में केवल रात थी, गहरी और अँधेरी जो उम्मीद से कोसों दूर थी। पूनम पर टिकी सरोज की आँखें वहीं ठहर गईं मगर स्मृति उसे जीवन की कई-कई बदनसीब रातों की ओर खींच ले गई। उस रात मृत जेठ-जिठानी की अनाथ बिटिया चंचल और अपनी रमा संग बतियाने नन्हें ललित को गोद में लिये वह भी छत पर जा रही थी। दोनों की खनकदार हँसी ने उसे सीढ़ियाँ चढ़ते जरा हँसाया ही था कि अचानक बातों में राजू का नाम सुनकर वह ठिठक गई। पैर जम गए और कान दोनों के बीच चल रही हँसी-ठिठोली पर जा लगे। दिल की तेज धड़कनों को थामे, ललित को सीने से दबाए सरोज दीवार से चिपक गई।

"क्यों दीदी! मुझे नहीं पढ़ाएगी राजू भैया की चिट्ठी?" रमा पूरे जोश में चंचल से जिद कर रही थी।

"अरी! धीरे बोल किसी ने सुन लिया तो आफत आ जाएगी...। कुछ नहीं कल मिलने की बात लिखी है। घाट के पास मिलने को बुलाया है।"

"बड़ी चालाक है री तू दीदी!...चिट्ठी मैं लाई...पूरे पन्द्रह मिनट बाथरूम में तू उसे पढ़ती रही और मुझे एक लाइन की बात बताकर टरका रही है। अब आना किसी काम को।" सरोज ने रमा को देखा तो नहीं पर अपनी नखरीली बिटिया की आदत वह जानती थी कि कहते-कहते मुँह फेर लिया होगा उसने।

"चल,तू भी क्या याद रखेगी, पढ़ लेना सुबह को चिट्ठी...पर मेरे संग तो चलेगी न कल?"

"चलूँगी भी और तुझे चाट भी खिलानी होगी।"

दोनों बहनें हँसी-ठिठोली करती न जाने कब तक छत पर रहीं लेकिन सरोज के होश उड़ गए। सूरजपाल यादव का लड़का राजू और हमारी लड़की? कौन तैयार होगा इनके रिश्ते को? उसका पति बिन माँ-बाप की बच्ची को जीते-जी निगल जाएगा। सब सोचकर सरोज दहल गई।

उस रात के बाद सरोज कभी पूरी नींद न सो पाई। थकान से चूर अपने शरीर को वह जरूर बिस्तर के हवाले कर दिया करती पर हमेशा एक खटका उसकी जान को लगा रहता। बच्चियों को उसने न धमकाया, न ही उनसे कुछ उगलवाने की कोशिश की। उसे पूरी उम्मीद थी यह उम्र का उठता ज्वार है जो कुछ दिन बाद शान्त हो जाएगा। पर उसकी निगाह अब चौकन्नी जरूर हो गई थी। चंचल के बाहर जाने और घर लौटने के समय को लेकर वह अधिक सचेत हो गई थी। सरोज जानती थी पति को इस मामले की भनक भी लगी तो उसके भीतर का राक्षस तुरन्त कार्यवाही करेगा, ठीक वैसी, जैसी बरसों पहले उतरी थी उसके मनहूस आँगन में। पति की मौत के ग़म में पगलाई उसकी भाभी ने नीम बेहोशी में देवर को अपना एकमात्र सहारा मानकर कह दिया—"अब सिर्फ तुम्हारा ही सहारा है।" कहते हुए सरोज की जेठानी देवर की बाँहों में अचेत हो गई जिसे कोई नीच इशारा समझकर वजीरसिंह ने लपक लिया और फिर जैसे भाभी पर उसका मालिकाना हक हो गया। उसने न भाई की मौत का ग़म मनाया न भाभी के दुख को समझा और न ही नई ब्याहता के सपनों की परवाह की। नई दुल्हन बनकर आई सरोज इससे पहले कुछ सोच-बूझ पाती पानी सर से ऊपर गुजर गया। एक शिकार करके भी उसके पति का मन न माना। उसने नये शिकार की योजना भी साध ली। भाभी ने भी हालात से समझौता कर लिया। वजीरसिंह को अपना सच्चा सहारा मान बैठी। सरोज आज जिस निष्पक्ष भाव से अतीत को देख रही थी वह अतीत जब वर्तमान था तो उसे बार-बार दुख के सागर में फेंक आता था। जहाँ वह डूबती-उतराती और थककर किनारे पर पटक दी जाती। कल तक उसकी अपराधी बनी दीदी आज सभी दोषों से मुक्त थी। वह उसके पति का आसान शिकार थी और उस शिकारी की आँख तन और मन के बाद दीदी के धन पर लगी थी। भाई साहब आधे घर के मालिक थे। फिर पेंट-पॉलिश की उनकी चलती दुकान और उससे जोड़ा हुआ धन भी कम न था। उनके मरने के बाद दीदी ने धन के सारे सुराग भी सगे देवर को दे डाले। एक अकेली औरत, लम्बी जिन्दगी और दो बच्चे, क्या करती? कहाँ जाती? घर का इकलौता मर्द वजीरसिंह और उसका दबदबा-दीदी को सुरक्षित भविष्य की एकमात्र गारंटी से दिख रहे थे। कुछ साल यूँ ही गुजर गए।

रमा के आने से सरोज की गोद हरी हो गई थी। फिर एक दिन दगा और दुख के अन्धड़ में पछाड़ खाती सरोज सिहर गई जब रात को निश्चिन्त सोई दीदी अगली भोर न देख सकी। अच्छी-भली दीदी का यूँ चले जाना सरोज को हैरान कर रहा था। देर-सबेर उस पर सच खुल भी गया। वजीरसिंह ने ही इस काम को अंजाम दिया था। पाप वजीरसिंह ने किया था पर आत्मा सरोज की दहल गई।

मृत दीदी का चेहरा कभी भूल सकती थी क्या? उस सुबह उसकी जिठानी धरती का पूरा नरक भोग ऐसे शान्त पड़ी थी मानो एक जीवन में हज़ारों मौत भोगने की आदी हो। सूद पर पैसा उगाहनेवाले वजीरसिंह की दबंगई और उसके पाले दोस्तों की मंडली ने जल्दबाजी में दीदी का दाह-संस्कार कर दिया। छह-सात बरस का बालक संजीव और उससे साल भर छोटी चंचल का रो-रोकर बुरा हाल था। कैसे छाती से चिपटाकर पूनम ने दोनों बच्चे पाले। इसीलिए दीदी की चंचल के जीवन में एक हरियल सपने की शाख देखकर वह काँप गई। कमाल की बात तो यह थी कि राजू की शराफत, उसकी सादगी, ऊंचा कद, और प्यारी बातों के साथ वह मन ही मन चाहने लगी थी काश राजू और चंचल का ब्याह हो जाए। पिता के बाद माँ के संघर्ष का अकेला, जिन्दादिल योद्धा था राजू। सादगी और सच्चाई से भरा एक सुन्दर नौजवान। पर था तो दूसरी जात का? ठाकुरों के अभिमान के लिए चुनौती सरीखा। न...न यह गलत है...पर थोड़ी देर बाद मन में उठे इस सवाल से सरोज जी भर जिरह करती-उसके पिता ने जिससे कुल, गोत्र, बिरादरी, धर्म सब देखभाल के शादी की उसने कौन से सुखों से सरोज को निहाल किया? वह तो किसी भी रिश्ते में ईमानदारी न बरत सका।

सरोज की सोच से अलग न कभी चिट्ठियाँ रुकीं, न लड़कियों का हँसी-ठट्ठा। हर पल चंचल-राजू को सावधान करने की बात सोचती फिर दोनों के बढ़ते प्रेम को अनदेखा कर देती। कारण था दीदी के प्रति हुए अपराध की भरपाई। कभी मंसूबा बाँधती दोनों बच्चों को यहाँ से भगा दे। कभी मन करता बेटे संजीव को अपना राजदार बना ले। पर यह सोचकर चुप रहती कि सीधा-सादा लड़का अपने चाचा का विरोध न कर पाएगा। बुरे होने के बावजूद चाचा को उसने अपना पिता ही माना था और वजीरसिंह को भनक लगने की देर थी कि तबाही सीधी घर में घुसी चली आती। एक दिन अनिष्ट घटकर रहा। रामेसर दोनों की खबर निकाल लाया और वजीरसिंह से बोला—

"भैया! कॉलेज के लड़कों ने बताया है कि उस सूरजपाल यादव के लौंडे से चंचल की आशनाई चल रही है। कल पाथर घाट पर दोनों साथ घूमते दिखे हैं।"

“इसने मुँह पर कालिख पोत दी...आने दो आज, भुस भरकर टाँग दूँगा इसी छज्जे पर।” वजीरसिंह पूरे आवेश में बोला। उस रोज चंचल की खूब पिटाई हुई और फिर राजू को उसकी औकात बताने की ठोस योजना बनाई गई। वजीरसिंह की आवाज गूँजी—“हरामी! कमजात ने सोच कैसे लिया हमारे घर की लड़की के बारे में?” घर की दीवारों में कितने दिन धँसा रहा था यह सवाल। धोखे से राजू को घेरकर बदले की आग ठंडी की।

नींद में अचेत पूनम के शरीर को जरा आराम मिला था कि अचानक दर्द की लहर के साथ एक झटका शरीर को लगा और पूरा बदन काँप गया। वह चौंककर जाग गई। करवट ली और पास बैठी सरोज को उसने गौर से देखा।

“ चंचल का ब्याह हो गया सरोज?

“ब्याहताओं के कहीं ब्याह होते हैं?” पूनम के सवाल का एक ठंडा जवाब सरोज ने दिया।

“क्या मतलब?”

“भले नासमझ थी मेरी चंचल, पर प्रेम उसका सच्चा था। फेरे न हुए, घर न बसा पर प्रेम का घर उसके मन में जो बसा कभी उजड़ा ही नहीं।” सरोज ने पूनम की बात का जवाब उसकी ओर देखे बिना ही दिया।

“तो फिर...?” हैरान पूनम ने चौंककर सवाल किया।

“उसकी शादी की खबर तो बाढ़ का पानी रोकने को बाँधी थी और यह बाँध मेरे सहारे ही टिकाया सगे चाचा ने। उसे अच्छी तरह जानते-बूझते भी मैं मोहरा बन गई। कहता था कि भैया-भाभी की आबरू मिट्टी में न मिलने दूँगा। चंचल का मन जरा ठीक हो जाए तो देखना ऐसी शादी करूँगा जैसे किसी ने पूरे बिठूर में अब तक न की होगी अपनी बेटी की। संजीव तो चाचा का भक्त बन गया और मैं कूढ़मगज समझ बैठी कि पापों से भरे अपने घड़े को इसने फोड़ डाला। अपनी बोई विषबेल को काटकर पुण्य कमाना चाहता है पर उसकी खूनी योजना इस बार नया चोला पहनकर उतरी। चंचल की सगाई की बात फैला दी गई। एक तीर से कई शिकार किये।” सरोज की बात सुनकर हैरान पूनम ने अपने मन पर अजीब-सा भार महसूस किया।

सरोज आज घर की चौखट के साथ सारे भयों को भी लाँघ आई थी। जो पीड़ा आज तक अनकही रही , दुख जो आज तक किसी से बाँटा न गया था वह सारे रोमरन्ध्रों से बहने को आतुर था। दुख की उमड़ती नदी आज किसी सागर को ढूँढ़ती भागी जा रही थी। सरोज ने पिछले साल के सभी महीनों और महीनों के सभी दिन-घंटों का हाल पूनम के आगे खोलकर रख दिया। कैसे उसकी रोती-सिसकती

चंचल पर जुल्म ढाए गए। कैसे उसने राजू की रट न छोड़ी। कैसे एक दिन भागकर वाल्मीकि आश्रम में छिपकर बैठ गई थी जैसे सीता की तरह यही उसकी भी शरणस्थली बनेगी और कैसे जालिम हाथों से घसीट लाई गई थी। चंचल पिटती तो सरोज अपने शरीर को ढाल बनाकर खड़ी हो जाती। वह चुप रही कि जल्द से जल्द चंचल की सगाई-शादी से हालात सुधर जाएँगे। तीन महीने पहले की बात है कि एक रात अचानक चाचा, संजीव को काफी देर समझा-बुझाकर चंचल के कमरे में घुसा। किवाड़ बन्द कर लिये। किवाड़ बन्द होने से खुलने तक सरोज की जिन्दगी भँवर के बीच डोलती रही। कई बार उसने किवाड़ खटखटाए पर जब किवाड़ खुले तो उसने एक नई चंचल को देखा। जो पिछले कई महीनों के बाद आज बेहद शान्त थी। सरोज खुद हैरत में थी पर आज इस शान्ति को भरपूर जीना चाहती थी।

"क्या बताऊँ पूनम! लड़की मुझसे गले मिलकर घर से निकली तो मैं कहाँ जानती थी कि इसके बाद कभी उसका मुँह न देख पाऊँगी..." कहते-कहते निढाल होकर सरोज का शरीर पूनम के सहारे टिक गया।

"कहाँ है चंचल?" पूनम के माथे की रेखाएँ सिमट आईं।

"राजी-खुशी गई थी चाचा और भाई के संग। जाने क्या पट्टी पढ़ाकर ले गया मेरे दोनों बच्चों को। चंचल ने तो मुझसे यही कहा कि यहाँ से दूर अपनी पढ़ाई-लिखाई करेगी। चाचा एडमिशन करा देंगे। पर कुछ दिन बाद मुझे खटका हुआ। पहले कहा कि पढ़ रही है। मैं चंचल के चाचा से कहती इतने दिन हुए हमें फोन क्यों नहीं करती? तो सुनने को मिलता हालात सही हो जाएँ फोन भी कर लेगी, मैंने ही मना किया है। बाद में एक दिन कहा किसी रिश्तेदार के घर है। मैंने शोर मचाया तो मुझे धमकाया-पीटा। फिर खबर फैला दी कि पढ़ने का बहाना करके भाग गई राजू के संग। इस तरह तेरे राजू के चरित्र पर खूब कालिख पोती गई। दुनिया भले मेरे पति पर भरोसा करती हो पर मैं जान गई थी दोनों बातें झूठी हैं और यह भी कि मेरी बच्ची बिछड़ गई मुझसे...हमेशा के लिए।"

दम साधकर सुन रही पूनम ने अपना सिर पीट लिया। उसके राजू को जीते-जीते मारकर भी वजीरसिंह को चैन न पड़ा। देह से अपाहिज करने के बाद भी उसके चरित्र की धज्जियाँ उड़ाई गईं। गली के लोगों की बेरूखी का कारण अब जाकर पूनम को समझ आया। दो नौजवान बच्चों की खिलखिलाती हँसी दम तोड़ती पड़ी थी। तितलियों जैसे रंगोंवाले पर बेदर्दी से नोंच डाले गए थे। दोनों औरतें एक-दूसरे के दुख से लाचार सगी बहनों की तरह दुख बाँट रही थीं। कुछ पल की शान्ति के बाद पूनम ने बात शुरू की।

"तेरा संजीव भी संग था उस दिन जब मेरे राजू को...मन को लाख रोकती हूँ कि बिन माँ-बाप के संजीव के लिए कुबोल न निकालूँ पर बददुआ निकल ही जाती है। जैसे मेरा जवान बेटा निढाल पड़ा है वैसे ही..."

गहरी साँस छोड़कर पूनम बोली।

"नहीं री! तेरी बद्दुआ बेकार न गई।" सरोज के यह कहते ही घुप्प अँधेरे में भी पूनम की आँखें उसके चेहरे पर स्थिर होकर सच खोजने लगीं।

"पूनम! दुनिया की नजर में मैं जरूर संजीव की चाची थी पर पाला उसे मैंने अपने बेटे की ही तरह। दीदी के जाने के बाद कभी ममता की चादर कम न पड़ने दी। रमा के बाद बरसों मेरी गोद हरी न हुई तब मैंने सोच लिया ईश्वर ने ही मुझे इन तीनों को सँवारने का मौका दिया है। बच्चे हाड़-माँस के पुतले कहाँ होते हैं वे तो बरसों माँगी दुआओं की जीती-जागती मूरत होते हैं। दीदी के जाने के बाद दस बरस मैं इन्हें अपनी छाया देती रही और खुद को इसका बाप कहानेवाले ने संजीव को खूब लाड़ लड़ाए। उसे यकीन हो चला था कि वह निपूता ही रहेगा। निराश होकर संजीव को ही अपना बेटा मान लिया था। उसके खाने-पहनने का, पढ़ाई-लिखाई का पूरा ध्यान रखता। चाचा के पास देने को भरपूर ऐब थे—जात का गुरूर, पैसे की ठसक और शरीर की दबंगई। फिर भी मेरे बच्चे में कोई ऐब न था। इस माहौल के साथ मेरी ममता और पढ़ाई-लिखाई के बीच संजीव की परवरिश हुई। "

"पर तेरा तो अपना लड़का...।" पूनम बीच में बोल पड़ी।

"हाँ...पता नहीं दुनिया में भगवान है भी या नहीं? और है भी तो मैंने उसे बुरे का हितैषी बने ही देखा। बरसों बाद फिर से माँ बनने की खबर से मुझे कोई खुशी नहीं मिली थी। कोख के जीव के साथ कई सारे डर मेरे मन में पल रहे थे। मैंने न जाने कितनी मनौतियाँ माँग लीं कि मेरी कोख बेटा न जने पर मेरे डर सच साबित हुए। जबसे ललित का जन्म हुआ तभी से चाचा की आँखों में संजीव खटकने लगा था, आखिर सगे ने पराए को परे धकेल ही दिया। उसे संजीव से पहले-सी प्यार-मोहब्बत न रही। वजीरसिंह मौके की तलाश में बैठा था और मौका दे दिया चंचल ने। फिर संजीव की कच्ची उमर और भोले मन को चाचा ने पूरी तरह काबू में कर लिया।"

इसके बाद सरोज ने जिस सच से पर्दा उठाया तो पूनम की आँखें खुली की खुली रह गईं।

"पिछले दो महीनों से संजीव दर-दर की ठोकरें खा रहा है। उसकी गिनती न जिए में है, न मरे में। सबसे छिपता-छिपाता फिर रहा है।" कहते हुए सरोज की आँखें दुख और गुस्से से भर उठीं।

"क्या हुआ है संजीव को?" पूनम से रहा न गया।

बड़ी मुश्किल से खुद को संयत करके सरोज ने पूनम को वह सच बताया जो खुद उसे भी काफी दिनों बाद पता चला था। सरोज ने बताया कि तीन महीने पहले जिस दिन चंचल को लेकर संजीव,उसका चाचा घर से निकले तो उसे भरोसा दिलाया कि उसे राजू के परिवार को सौंप देंगे। इस शर्त पर कि अब कभी वो घर न लौटे और निकलने से पहले किसी से कुछ न कहे। नहीं तो जग-हँसाई होगी। चंचल समझ रही थी कि चाचा के विचार की यह तब्दीली बहुत बड़ी है इसके आगे बिठूर वापस न लौटने की कुर्बानी मामूली है। चंचल ने राजू की ओर जानेवाले रास्ते को चुन लिया। जाने से पहले चंचल बिना कुछ बोले कितने क्षण सरोज से लिपटी रही। उसने सरोज से भी कुछ नहीं कहा। सरोज हैरान थी पर महीनों बाद चंचल के चेहरे पर खुशी देखकर उसकी चिन्ता की तनी रेखाएँ शिथिल हुईं थीं। फिर संजीव साथ में जा ही रहा था। दो दिन बाद वजीरसिंह अपने दो करीबी दोस्तों संग लौटा। साथ में संजीव को न पाकर सरोज पहले परेशान हुई फिर बौखलाई। बरसों से पति के कारनामे देखती आ रही थी इसलिए शंका से मन बुरी तरह काँपने लगा। चंचल के बारे में पति की बताई सारी बातें भी उसे झूठी लग रही थीं। दोनों बच्चों का अचानक गायब होना समझ में नहीं आ रहा था पर उसी रात संजीव का फोन आने से सरोज के मन में ठंडक पड़ी। सप्ताह बीता, दस दिन, पन्द्रह दिन, महीना भर होने को आया तब जाकर संजीव लौटा।

"अब कहाँ है संजीव?" पूनम से पूछे बिना न रहा गया।

"क्या बताऊँ सरोज। जबसे लौटा बुखार में बुरी तरह तप रहा था। चेहरा देखकर लग रहा था जाने कितने बरसों की थकान हो। आँखें मुंदी जा रही थीं और होंठ बुरी तरह पपड़ाए थे। भरे-पूरे चेहरेवाला मेरा बेटा आधा हो गया जैसे कई दिनों से कुछ न खाया हो। लड़खड़ाते कदमों से घर में घुसा और बिस्तर पर अचेत पड़ गया। लाख कहा मैंने कि हॉस्पिटल ले चलो पर नहीं। जो इलाज हुआ घर में ही हुआ। एक रात बेहोशी में संजीव ने मुझे बता दिया कि चंचल अब नहीं लौटेगी। पूनम उस राक्षस ने संजीव को पट्टी पढ़ाकर गोद खिलाई बेटी भी खत्म कर दी। उसने सोचा होगा या तो संजीव सदमा बर्दाश्त नहीं कर सकेगा या फिर वह हत्या का इल्जाम संजीव पर ही मढ़ देगा। सच है पूनम! स्वार्थ को खून के रिश्ते भी रास नहीं आते।"

काँपती आवाज़ में सच बयाँ करती सरोज के आगे पूनम का दुख अचानक बौना हो चला। सरोज ने उस पूरे हत्याकांड का खुलासा किया। भरोसा करके संग गई चंचल धोखे को भांप न सकी। पहले उसे बड़े प्यार से कुछ खिलाया-पिलाया।

कुछ देर बाद चाचा और रामेसर ने मिलकर किसी सुनसान जगह पर उसका गला दबाया और वहीं गाड़ दिया। संजीव को भी जात-बिरादरी का वास्ता देकर अपराध में घसीट लिया। फिर कुछ दिन सोच-समझकर चाचा ने संजीव को यहाँ से दूर अपने किसी साथी के घर छिपाकर रखा।

"पूनम! लड़का बौरा-सा गया है। कभी रोता है तो कभी घंटों घुटनों में सिर दिये पड़ा रहता है। सारी घटना तो उसने मुझे बता दी पर रह-रहकर एक ही बात दोहराता-तिहराता रहा-' चाचा की कोई गलती नहीं है चाची।'-जाने क्या डर उसके मन में समाया है। मासूम ने जाना ही नहीं दोनों भाई-बहनों की गर्दन के लिए फन्दा एक ही हाथ ने तैयार किया था।"

"संजीव यहीं है क्या?" पूनम ने जिज्ञासा से पूछा।

"नहीं...बड़ी होशियारी से मैंने कुछ दिन पहले अपनी बहन के साथ उसे रवाना कर दिया।"

"आगे क्या होगा सरोज?" पूनम ने हैरानी से पूछा।

"जब घर से चली थी तो तुझसे मिलने और माफी माँगने के अलावा मैंने कुछ नहीं सोचा था पर अब सोच रही हूँ हम दोनों मिलकर क्यों न चंचल की गुमशुदगी की रपट लिखवा दें...देर-सबेर जब सारा मामला खुलेगा तो राजू के साथ भी न्याय होगा, चंचल को भी इंसाफ मिलेगा और मेरा संजीव भी बच जाएगा। कहीं कुछ न भी हुआ तो भी चंचल की बात तो खुलकर आएगी ही, राजू के सिर चढ़ाए इल्ज़ाम के भी चीथड़े होंगे...बता, तेरी क्या राय है?"

"सोच-समझ ले सरोज! मेरे पास तो अब खोने को बचा ही क्या है?...मेरे भाग में अकेलापन साल भर पहले लिख दिया गया था पर तू जानते-बूझते क्यों अकेलापन चुन रही है?" अपनी तकलीफों से उबरकर सरोज के दुख की साझीदार बनते हुए पूनम ने सरोज का सिर सहलाते हुए कहा।

"संजीव को मरने नहीं दूँगी पूनम!...लड़का गहरे सदमे में है। अपने चाचा की करनी भुगत रहा है। भले ही चाचा ने उलटी-सीधी पट्टी पढ़ाई लेकिन उस पर मेरी परवरिश का रंग गाढ़ा है। बरसों से इतने पापों के बीच मैं अकेली घुट रही हूँ। पहले दीदी, फिर चंचल, उसके बाद तू और तुम सबके साथ-साथ हर पल मेरी आत्मा भी सैकड़ों कष्ट पाती रही है। पूनम! अब तो लगता है मेरी जिन्दगी का हर अँखुआ दबकर पत्थर हो गया है। हर पल धुकधुकी लगी रहती है। दिन में उसे दबा ले जाती हूँ पर रात में तेज तूफान उठ खड़ा होता है। अपने जाए बच्चों का मुँह देखकर चुप रहती हूँ पर हर रात कभी दीदी सामने खड़ी दीखती हैं तो कभी चंचल। दीदी उँगली दिखाकर कहती हैं-'सरोज! तुझे सौंपकर गई थी अपने बच्चे।' मैं चौंक पड़ती हूँ।

चंचल की चीखें मेरे कान फाड़ डालती हैं। मैं दोनों से हाथ जोड़कर माफी माँगती हूँ पर न दोनों की चीखें मुझे सोने नहीं देतीं। रात रोज कसाई-सी मेरा गला रेतती है। दीदी और चंचल खून में तर-बतर दिखाईं देती हैं...कब तक सहन करूँ? और क्यों किसी के अपराधों की चक्की में पिसूँ? ब्याह के समय माँ ने कहा था कि सीता की पावन जगह जा रही हो उसी के जैसा निबाहना। पर पूनम! अब मैं सीता नहीं बन सकती। ये बोझ इतना बड़ा है कि मेरा दम घुटा जा रहा है। जी करता है एक लम्बी छलांग लगाकर इस देहरी को पार कर जाऊँ।" सामने की दीवार को घूरती सरोज ने आज पहली बार मन के गुबार को निकाल डाला।

"सरोज! कौन जाने सीता यहीं बैठी अपने जैसी सीताओं की बही तैयार कर रही हो? जिस दिन बही सामने आएगी पाप-पुण्य का फैसला होगा। सच बताऊँ रात पिटाई खाकर मैंने सोचा था अब यहाँ मेरी छाया भी नहीं फटकेगी। हत्यारों ने यही सोचा होगा कि डर-डराकर भाग जाएगी लेकिन तेरी हिम्मत मुझे भी हौसला दे रही है। तुझे क्या लगता है संजीव हमारा साथ देगा?"

"पूनम! एक रात संजीव ने अपनी बेहोशी में मुझसे होश से सच्ची बातें कह डालीं। कहता था—'चाची! गड्ढे में सोई है तेरी चंचल। जागेगी तो पुकारेगी तुझे, खोजेगी रमा को अपने लाडले ललित को। मैं उसे ले आऊँगा चाची...अभी ले आता हूँ...न जाने उस पर कितनी धूल-मिट्टी चढ़ गई होगी। तुम खूब अच्छे से नहला देना, चाचा को कुछ नहीं बताना'—जानती है लड़का बार-बार घर से भागने को तैयार था जैसे सचमुच में चंचल को लिवा लाएगा। उसका हर शब्द मुझसे,चंचल से माफी माँग रहा था पर असली गुनहगार बरसों से आज तलक हर अपराध से बरी, निश्चिन्त बैठा है। पति के बिना मेरा क्या होगा-यही सोचकर तो बरसों चुप रही पर अब सहन नहीं होता। मुझे उसकी शकल से घिन आती है। जो होगा, देखा जाएगा। संजीव को हौसला मिलेगा तो हमें चंचल तक पहुँचने का रास्ता भी मिल जाएगा और मेरा संजीव भी बेमौत न मारा जाएगा। मुझे भरोसा है कोई न कोई सुराग मिलेगा तो अब तक के अपराधों पर से पर्दा उठ जाएगा। सरोज! रमा और ललित ही नहीं चंचल और संजीव भी तो मेरे अपने हैं। उनके दोषी को सजा दिलाए बिना मेरी मुक्ति सम्भव नहीं...बस तू माफ कर दे मेरे बच्चों को, उनका कोई दोष नहीं है री!" कहते हुए सरोज, पूनम के पैरों में गिरने को हुई कि पूनम ने आगे बढ़कर उसे गले लगा लिया।

रात का अन्तिम पहर था। आसमान का अँधेरा करवट लेने लगा। उसकी काली सिलवटों के बीच नीला रंग छिटका और फिर उसमें गहरी लालिमा फूट पड़ी जैसे देहरी से आगे एक पगडंडी निकल आई हो।

गुलमोहर के गुच्छे

"बार-बार एक ही बात, आखिर कितनी बार समझाऊँ तुम्हें? कान खोलकर सुन लो गरिमा! अपनी सहेली के एक्टिविज़्म को मेरे घर से दूर रखो वर्ना यह घर भी एक दिन टूटकर रहेगा। धेले भर की अक्ल तो होगी, उसी का इस्तेमाल कर लिया करो।"

घर की दीवारें आज जयन्त के गुस्से से थर्रा रही थीं। ज्वालामुखी से उसके चेहरे से शब्दों का धधकता लावा और आग उँड़ेलती आँखें घर भर को भस्म करने पर उतारू थीं। कुछ-कुछ देर में जयन्त के क्रोध का एक बवंडर उठता और पूरा घर उसकी धूल में गायब हो जाता फिर कुछ देर बाद धूल जैसे ही स्थिर होकर बैठने लगती तो एक नया बवंडर उठ खड़ा होता। जमीन पर बिखरा लावा और हवा में बिखरी धूल में घर गायब होता चला जा रहा था। लावे का धुआँ और धूल घर की साँस घोंट रहे थे। घुटी हुई साँसों और डर से गरिमा की देह थरथरा रही थी। वह जानती थी जयन्त का यह बेकाबू क्रोध जल्द नहीं थमनेवाला। आज फिर गरिमा के नये-पुराने गुनाहों की बही निकल आई थी। पिछले कुछ समय से जयन्त का क्रोध बातों की सीमा से गुजरकर घर की चीज़ों पर उतरना शुरू होता जिससे गरिमा ही नहीं, उनके बच्चे अनन्त और छवि बेतरह डर जाते हैं। दोनों दस साल से कम उम्र के हैं। अनन्त आठ साल का और छवि पाँच की होने जा रही है। जयन्त के गुस्से की आग से बचने के लिए दोनों गरिमा से चिपककर खड़े हो जाते। आग जैसे-जैसे हमलावर होकर गरिमा के करीब आती दोनों भीतरवाले कमरे में एक-दूसरे को थामकर देर तक बैठे रहते जब तक गरिमा खुद आकर उन्हें हिम्मत नहीं बँधाती। जयन्त के बिगड़े-बेपरवाह गुस्से का यह हाल है कि गरिमा चूँ भी कर दे तो घर की दीवारें ढह जाएँ। इसलिए अक्सर ऐसे हालात को सँभालने के लिए गरिमा ने चुप रहकर सब स्वीकारना सीख लिया।

शुरुआत में उसके इस रूप से जयन्त कुछ देर में सँभल जाता था पर अब हालात बेकाबू हो गए थे।

"दिमाग तो तुम्हारी औंधी खोपड़ी में है ही कहाँ? बाहर की दुनिया में सर्वाइव करना कितना मुश्किल है तुम्हें क्या पता? घर में मजे से रोटियाँ तोड़ती हो और बड़ा-सा मुँह हिला देती हो यह ले आना, वह ले आना।"

भरी आँखों से गरिमा सारा अपमान सिर झुकाकर पी गई पर वह क्या करे? सुरेखा को कैसे मना कर दे घर आने से? कई बार सोचती जयन्त खुद ही क्यों मना नहीं कर देते? कुछ साल पहले तक जयन्त की जुबान सुरेखा के गुणगान करती न थकती थी। जबसे सुरेखा ने पति के बढ़ते ज़ुल्म से आजिज आकर तलाक लिया है तबसे सुरेखा, जयन्त को फूटी आँख नहीं सुहाती।

जयन्त शिक्षा विभाग में टीचर ट्रेनर है पर उसका असली धन्धा कमीशन का है। नौकरी लगवाना, स्थानीय नेताओं से काम निकलवाना, प्रापर्टी या गाड़ियों की खरीद, शेयर बिकवाना, झगड़े-फसाद-मुकदमेबाजी में वकील आदि का कमीशन-कोई भी काम हो जयन्त हाज़िर। जीवन भर जयन्त ने रसूखदार लोगों से सम्बन्ध बनाए और उनसे खूब कमाया। इसीलिए जयन्त को लगता है सुरेखा का आदर्शवाद न सिर्फ बेमानी है और उसके घर के लिए खतरनाक भी। सुरेखा स्कूल में पढ़ाती है और बच्चों की संस्था 'तितली' से जुड़ी हुई है। इसी संस्था में सुरेखा बाल-पत्रिका का काम देखती है। बच्चों की रचनात्मक प्रतिभा को आकार देती है जिसे जयन्त, एक्टिविज़्म कहकर अपमानित करता आया है। आज इसी खुद्दार सुरेखा के घर आने से जयन्त चिड़चिड़ाया हुआ था। गरिमा पर गुस्सा उतारकर जयन्त बाहर चला गया। जाते-जाते उसने धमकी भरे अन्दाज में दरवाजे को भड़ाक से बन्द किया कि उसकी चौखट तक झनझना गई।

"मम्मी! पापा को इत्ता गुस्सा क्यों आता है? मुझे उनसे बहुत डर लगता है।"

हिचकियाँ लेते हुए भरे गले से छवि ने पूछा। आँसुओं से उसके चेहरे पर खिंच आईं काली धारियों को अपनी हथेली से बहुत प्यार के साथ गरिमा ने पोंछकर उसे अपने सीने से सटा लिया। छवि का दिल बहुत तेजी से धड़क रहा था। जयन्त के जाने के बाद अस्थिर गरिमा बच्चों के भयभीत सवालों से घिर गई।

"पहले जब सुरेखा आंटी, अंकल, विदित और कावेरी के साथ आती थीं तब तो पापा उनके लिए समोसे लाते थे? अब उनके आने पर इतना क्यों चिल्लाते हैं?"

घबराए से अनन्त ने पूछा तो गरिमा को कोई जवाब नहीं सूझा पर इतना समझ में आ गया कि अब सुरेखा को घर आने से मना करने का समय आ गया है। दुख उसे यही था कि जयन्त की नजरों ने आज सही को गलत मानने और मनवाने की जिद ठान ली थी। कभी बच्चों और पत्नी पर जान छिड़कनेवाले जयन्त की प्राथमिकताएँ एकाएक इतनी क्यों बदल गईं? न पत्नी से पहले-सी मोहब्बत रही न बच्चों से कोई लाड़-लगाव। तेजी से दौड़ रही जिन्दगी में जयन्त की भूख जल्द से जल्द पैसा, नाम, ताकत सब एक साथ पाने को मचलने लगी थी। जमाने की चमक-दमक से भरा फ्रेम जयन्त को दीखता था और उसके घर की टुकड़ा-टुकड़ा तस्वीर गरिमा को। दिक्कत यही थी कि जयन्त के लिए तस्वीर से बड़ा फ्रेम हो चला था।

उस रात गरिमा बच्चों की चिन्ता में सो नहीं सकी। उसे याद आया छुटपन से ही नाना-नानी के साथ बिताया अपना भयमुक्त बचपन और जीवन। खुशियों से सजा नाना-नानी का घर। सुख की छाँह और दुलार का अन्तहीन आकाश और कहाँ इस घर में हर समय डरे-सहमे ये दो बच्चे? बच्चों की खातिर अगले दिन गरिमा ने हिम्मत बटोरकर सुरेखा से घर का सारा हाल कह डाला। वैसे भी वर्षों पहले माता-पिता की असमय मौत और ससुराल से दूर इस शहर में गरिमा की सबसे करीबी दोस्त सुरेखा ही थी। सौम्य स्वभाव की गरिमा बेहद अन्तर्मुखी है। किसी से भी जल्दी घुलती-मिलती नहीं। उसके मन से मिलने के लिए सुरेखा को ही आगे बढ़कर कितने प्रयास करने पड़े थे। आज गरिमा की बात उसे सरासर गलत लगी।

"गरिमा! ठीक है मैं तेरे घर नहीं आऊँगी? पर यह बता इस घर पर तेरा कितना अधिकार है?"

सुरेखा ने गरिमा को आगाह करते हुए कहा। गरिमा के पास सुरेखा के सवाल का कोई जवाब नहीं था।

"आज मैं, कल कोई और परसों कोई...क्यों नहीं है तेरे दोस्तों के लिए घर में कोई जगह? शान्त माहौल में जयन्त से सवाल करके तो देख, मैं बात करूँ क्या?" सुरेखा ने जोर दिया पर गरिमा चुप ही रही।

"अच्छा! अपनी मौसी से बात कर या फिर जयन्त की मम्मी..."

"न रे! ऐसा करने पर तो जीना मुहाल कर देंगे। कहेंगे विक्टिम कार्ड खेलकर अपने वकील खड़े कर रही हूँ। तू तो जानती है कि नाना-नानी के बाद मौसी से मुझे संकोच ही रहा है। वे भी जयन्त के गुस्से से डरती हैं फिर मुझ पर घर की बातें चौक पर ले जाने का इल्जाम अलग लगेगा।" सुरेखा की बात

पूरी होने से पहले ही गरिमा अधीरता से बोल पड़ी। निराश सुरेखा ने गरिमा को हौसला देते हुए फोन रखा। गरिमा को लगा उसकी छोटी-सी दुनिया वीरान हो गई है। उसे हमेशा लगता था उसका और सुरेखा का रिश्ता अटूट है पर दोस्ती के इस हरेपन को रौंदती परिस्थितियों की निर्मम चट्टान दोनों के बीच खड़ी हो गई थी।

कुछ दिन बाद घर का माहौल जरा शान्त हुआ तो बच्चे बीते तूफ़ान को भूल गए। इस उम्र की फितरत ही है ज़ख्म चाहे जितना गहरा हो सब सूखकर कुछ दिन में खुरंट हो जाता है और फिर एक दिन खेलते-कूदते खुरंट भी झड़ जाता है। गरिमा ने बच्चों के लिए अपनी तरफ से जयन्त को सामान्य करने के हर सम्भव प्रयास किये। उसके अड़ियलपन को शिकायत का कोई मौका नहीं दिया। जयन्त पिघला तो नहीं अलबत्ता शान्त जरूर रहा पर एक दिन जयन्त के घर लौटने पर लगा हवा का रुख जैसे कुछ बदल गया हो। सीने में तड़पती अधीर बिजलियाँ अचानक किसी कोने में दुबक गईं हों। उफनता ज्वालामुखी शान्त-स्थिर हो रहा हो। आसमान गर्दन उठाए अपने मद में चूर नहीं बल्कि नरमी से धरती को निहार रहा हो। गरिमा हैरान थी। अनन्त और छवि बच्चे थे पर फर्क उन्होंने भी महसूस कर लिया। बहुत दिनों बाद बच्चों के कमरे से सहमी हुई आवाज़ों की जगह अपने पापा से रूठने और शिकायतों का स्वर सुनकर घर की दीवारें तक हैरान हो रही थीं। आज बहुत दिनों बाद छवि टी.वी. देखते-देखते अपने पापा की गोद में सुख की नींद सोई थी। अनन्त को आज मम्मी के साथ रसोई में हाथ बँटाने पर औरतपन की गाली नहीं पड़ रही थी और आज की रात पति-पत्नी के बीच नरमाई भी साथ सोई थी। गरिमा ने सोचा अगर सुरेखा से दूर रहने पर घर में यह सुख आता है तो क्या बुरा है।

"गरिमा! तुम्हारे नाना जी ने हरिद्वार में अपना जो मकान तुम्हारे नाम किया हुआ है, उसका क्या करना है? उस जगह की मार्केट वैल्यू तो बेहद कम है। वैसे भी नाना जी से प्यार के नाते तुम उसे बेचोगी नहीं पर करोगी क्या?"

"मैं क्या जानूँ?" किसी ठोस जवाब के न होने पर गरिमा ने कन्धे उचकाए।

"क्या वहाँ हम तुम्हारे नाना जी के नाम पर एक स्कूल खोल लें?"

जयन्त के पास जैसे जवाब पहले से ही तैयार था।

"सच कहूँ जयन्त! स्कूल खोलने की नाना जी की बड़ी इच्छा थी। वे स्वतंत्रता सेनानी और गाँधीवादी थे, बालशिक्षा उनके लिए बहुत मायने रखती थी। मुझे भी उन्होंने खूब पढ़ाया और बाद में एम.ए. भी कराया। आप तो जानते ही हैं मैं तो नाना जी के पास ही रहकर पली-बढ़ी। आदतों में भी अपनी नानी जैसी ही हूँ।

घर भर में अकेली लड़की थी तो नाना जी ने बहुत प्यार से वह मकान मेरे नाम कर दिया। उनकी स्मृति में स्कूल खुलेगा तो उनकी आत्मा हमें आशीष देगी।" अपनी रौ में बोलती गरिमा ने सुकून की गहरी साँस लेकर नाना जी को याद किया।

जयन्त जानता था गरिमा के नाना हरिद्वार की नामी हस्ती रहे थे। सच्चे और आदर्शवादी शिक्षक। नाना-नानी के देहान्त के बाद गरिमा अक्सर जयन्त के साथ उस बन्द पड़े घर में यादों को जिलाने जाती तो आसपास के कितने ही लोग उससे मिलकर गाँधीवादी सिद्धान्तों पर चलनेवाले अध्यापक श्री जगदीश प्रसाद शर्मा जी को बहुत आदर के साथ याद करते। जयन्त की व्यवसायी नजर ने वहाँ नया व्यवसाय जमाने का पक्का मन कर लिया था।

"पर इसमें तो बड़ा खर्च आएगा फिर कौन देखेगा स्कूल का काम-धाम?" गरिमा की जिज्ञासा फूट पड़ी।

"उसकी चिन्ता मत करो। सब बात हो गई है। जुगाड़ बैठ जाएगा। वहाँ का विधायक पहचान का है। गरीब बच्चों के लिए स्कूल खोलने पर कुछ साल बाद सरकारी ग्रांट का इन्तजाम हो जाता है। दूसरे, आजकल सारा काम ऑनलाइन होता है। एक फरमाबरदार प्रिंसिपल और स्टाफ की खोज करने में जरूर मशक्कत करनी है। सेलेक्शन में तुम ही बैठना। सब जानते हैं तुम नाना जी की नातिन कम बेटी ज्यादा थीं।" जयन्त ने पूरे इत्मीनान से कहा।

घर भर स्कूल की योजनाओं में चहकने लगा। गरिमा ही नहीं बच्चे भी उत्साहित रहते। जयन्त भी काफी खुश रहने लगा।

"आज शाम मिस्टर नारंग के बेटे का जन्मदिन है। सबको चलना है।" जयन्त ने सुरेखा को याद दिलाते हुए एक अच्छा-सा तोहफा खरीदने को भी कहा।

शाम की पार्टी में जैसे ही जयन्त की निगाह सुरेखा पर पड़ी उसके चेहरे की सारी रौनक काफूर हो गई। गरिमा से यह छिप न सका। सुरेखा, मिस्टर नारंग की परिचित है इसलिए उसे आज होनेवाली भेंट का अन्देशा था। जयन्त के भाव पढ़कर गरिमा पार्टी में सुरेखा से एक निश्चित दूरी पर रहकर मिसेज नारंग के साथ रसोई में मदद कराती रही और इधर सुरेखा बच्चों के कमरे में बैठी उन्हें कविताएँ सिखाने लगी। बाद में बच्चों के खेल देखने में मगन हो गई। खेलते-कूदते बच्चे मुक्त बतिया रहे थे।

"तू बड़ी होकर क्या बनेगी छवि?" अचानक सुरेखा की बिटिया कावेरी ने छवि से पूछा।

"पापा कहते हैं मैं बहुत सुन्दर हूँ। मैं तो बड़ी होकर हीरोइन बनूँगी।" सुरेखा की हँसी छूट पड़ी। यों भी छवि उसे बहुत प्यारी थी पर अगले ही क्षण छवि की बात सुनकर उसकी आँखें हैरानी से फट पड़ीं।

"मुझे नहीं बनना मम्मी की तरह हाउस वाइफ। पापा, मम्मी से कहते हैं घर में मजे से रोटियाँ तोड़ती हो और बड़ा-सा मुँह हिला देती हो यह ले आना, वह ले आना।"

छवि की बात में उसे जयन्त के शब्दों में बसी हिकारत साफ दिखाई दी। इत्तेफाक से बच्चों के लिए कुकीज़ लेकर कमरे में दाखिल हुई गरिमा भी छवि की बात सुनकर ठिठक गई। उसे लगा जैसे साँस लेना दूभर हो रहा है। उसकी कातर निगाहों ने एक क्षण सुरेखा की ओर देखा और अपनी पनियाई आँखों को दूसरी ओर फेर लिया।

"छवि ! गलत बात बेटा। मम्मी अगर घर में न रहें तो आपको कौन स्कूल के लिए तैयार करेगा? कौन आपकी पसन्द का लंच बनाकर देगा? कौन आपके साथ खेलेगा और होमवर्क कराएगा?" सुरेखा ने बड़े प्यार से छवि को समझाया। उसकी बातों का तुरन्त असर हुआ और सॉरी कहकर छवि, गरिमा से लिपट गई। कच्ची माटी-सा बच्चों का मन, जैसा गढ़ो वैसा ही आकार ले लेता है।

इधर हरिद्वार में शहर की भीड़-भाड़ से परे दिहाड़ी मजदूरों, सब्जी ठेले आदि के दुकानदारों और साधारण आयवाले लोगों की एक सघन बस्ती के पास नाना जी के बरसों से उपेक्षित पड़े बड़े-से मकान को स्कूल की शक्ल देने का काम शुरू हो गया। बस्ती से तीन-चार किलोमीटर की दूरी तक कोई स्कूल नहीं था। इस दूरी के बीच रहनेवाले सम्पन्न परिवारों के बच्चे भी कई किलोमीटर दूर स्कूलों में पढ़ने जाया करते थे। बात सिर्फ दूरी की ही नहीं थी रास्ते में पड़नेवाली रेलवे क्रॉसिंग एक बड़ा खतरा थी। पहले देरी, एक्सीडेंट जैसी बातें ही कम न थीं कि पिछले दिनों यहाँ हुई गैंगवार से लोगों के मन में खतरा बैठ गया था। तबसे यहाँ बसे सम्पन्न और मँझोली आर्थिक स्थितिवाले परिवार न जाने कबसे नजदीक के स्कूल के साथ अच्छी और सस्ती शिक्षा का विकल्प अपने बच्चों के लिए ढूँढ़ रहे थे। गरिमा के नाना जी के मकान में पहले से बने हुए कमरों की मरम्मत और उन पर एक और मंजिल बनवाने का खर्च जयन्त ने बरसों से खाली पड़े गरिमा के पापा का मकान बेचकर निकाला। जे.पी. मेमोरियल स्कूल की नींव बड़े ही भव्य जलसे में विधायक और शहर के नामी-गिरामी लोगों की मौजूदगी में रखी गई। जयन्त ने स्वतंत्रता सेनानी जे.पी. शर्मा की नातिन के रूप में गरिमा को विधायक से भी मिलवाया।

वह जानता था कि गरिमा इस शहर में उसके लिए तुरुप का इक्का है। सब बन्दोबस्त चाक-चौबन्द रहा। बस्ती और आसपास के हर तबके के लोगों का जमावड़ा वहाँ मौजूद था। भूमिपूजन और शोर-शराबे से दूर गरिमा सोच रही थी कि स्कूल का नाम जगदीश प्रसाद शर्मा मेमोरियल स्कूल ही होना चाहिए था। उसे नाना जी के नाम और स्कूल के नाम में कोई मेल महसूस नहीं हो रहा था। मन खिन्न था। जयन्त से कुछ कह सकती नहीं थी इसलिए नानाजी के मकान के कोने में लगे गुलमोहर के पेड़ के पास खड़ी अतीत को निहारने लगी। इसी पेड़ के पास गेंदे-गुलाब की क्यारियाँ थीं। तोरई-घिया की बेलें, मिर्च-धनिया के पौधे लगे थे। नाना जी खुद ही अपनी बगिया की गुड़ाई करते थे। बाद में बस्ती के एक निर्धन माली की आर्थिक मदद करने के लिए उन्होंने हर सप्ताह उसे भी बुलाना शुरू कर दिया था। दोनों मिलकर पौधों की गुड़ाई करते। खाद-पानी देते और साथ बैठकर नाश्ता करते। एक दिन सामने चबूतरे पर बैठी नानी, गरिमा के बालों को सुलझाकर गूँथ रही थीं जब नाना गुलमोहर का बिरवा रोप रहे थे। उसे बता रहे थे देखना एक दिन हरे पत्तों में लाल-पीले फूलों के गुच्छे लद जाएँगे। आज नाना-नानी नहीं थे पर गुलमोहर के गुच्छे नाना की बात की तसदीक करते गरिमा के सिर के ठीक ऊपर सजे थे। गुच्छों का चँदोवा आज न जाने कितने सालों बाद गरिमा की साँसों को ताज़गी, मन को सुकून और आँखों को ठंडक पहुँचा रहा था मानो गुच्छे यादों में तब्दील हो गए और नाना खुद गुलमोहर हो चले। गरिमा की खुशबू-सी यादें आज गुलमोहर के फूलों से जा मिलीं।

जल्द ही गरिमा के नाना जी के नाम पर ट्रस्ट बना, गरिमा को स्कूल का मैनेजिंग डॉइरेक्टर बनाया गया हालाँकि सारे काम और निर्णय जयन्त के हिस्से में ही रहते। सरकारी नौकरी के चलते जयन्त सीधे तौर पर स्कूल का चार्ज नहीं ले सकता था। उसके कामों में उसके रसूखदार सम्बन्ध पूरी मदद कर रहे थे। शिक्षा विभाग से लाइसेन्स लेना हो या फिर म्युनिसिपल कार्पोरेशन से कोई दस्तावेज निकलवाना हो, सब आसान था। आसपास गरिमा के नाना जी का इतना सम्मान था कि बहुत-से लोगों ने अपने बच्चों को इस स्कूल में भेजने का मन पहले ही बना लिया। जैसे-जैसे स्कूल की इमारत शक्ल लेती जा रही थी जयन्त की व्यस्तताएँ बढ़ने लगीं। घर तो पहले ही गरिमा के भरोसे चल रहा था अब अपने इन्स्टीट्यूट में अचानक उसकी अनऑफिशियल छुट्टियाँ भी बढ़ने लगीं। जयन्त भावी शिक्षकों की ट्रेनिंग के नाम पर कामचलाऊ इन्तजाम करने लगा। कभी इंटरनल में अच्छे नम्बरों का ख्वाब जगाकर तो कभी फुल अटेंडेन्स का झाँसा देकर उसने क्लास को काबू में कर लिया। गरिमा को यह उचित नहीं

लगता था पर जयन्त बेफिक्र था। नया करने के लिए रिस्क उठाने की उसकी बात गरिमा की हर शिकायत को आँखें तरेरकर डपट देती फिर उसे विभाग में सब कुछ मैनेज करनेवाले लोगों का बड़ा सहारा था।

देखते-देखते आठवीं तक की कक्षाओं के लिए स्कूल तैयार हो गया। विधायक से कह सुनकर जरूरी जेबों को गरम करके जो काम लम्बी प्रक्रिया से पूरे होने थे वे आनन-फानन में निपट गए। जरूरी काम था अब इन कक्षाओं के लिए बच्चे जुटाना। यों तो कई परिवारों ने पक्का आश्वासन दिया था फिर भी नये सेशन के लिए बच्चों की भर्ती सम्बन्धी एक जरूरी मीटिंग बुलाई गई। इसमें छाँटकर खास परिवारों को ही बुलाया गया। सम्पन्न परिवारों के सवाल अजगर की तरह सर उठाए जयन्त के सामने खड़ा हो गए—

"सर! हम अपने बच्चों का आपके स्कूल में एडमिशन करवा भी दें तो अब हमारे बच्चे क्या झुग्गी-झोंपड़ी के गन्दे बच्चों के साथ पढ़ेंगे?"

"देखिए! स्कूल शिक्षा का मन्दिर है। यहाँ सबको बराबर अधिकार है। शिक्षा के मन्दिर में सब एक-समान हैं।" जयन्त ने अभिभावकों को आदर्शवाद की पट्टी पढ़ाई। वह जानता था स्कूल का रास्ता जाएगा तो आदर्श के रास्ते ही।

"आप लोग चिन्ता न करें। जितने अधिक बच्चे आएँगे उतना ही स्कूल और आपके लिए बेहतर होगा। बाद में हम हर क्लास के दो सेक्शन कर देंगे। एक में आप जैसे परिवारों के ही बच्चे रहेंगे। वैसे भी आप जैसे लोगों के परिवारों के बच्चों से गरीब परिवारों का बच्चा कम्पीट कर नहीं सकता। स्कूल पास कर भी ले आगे की महँगी शिक्षा का खर्च उठाना उसके बूते की बात कहाँ? आप लोग निश्चिन्त रहिए।"

जयन्त की व्यवसायी बुद्धि ने आदर्श की आड़ में अपनी चाल चल दी। दो-तीन साल में स्कूल की प्रगति दिखाकर उसे एडेड स्कूल बनाने का रास्ता इन्हीं गरीब बच्चों की भर्ती से निकलनेवाला था। मामला जमने लगा। सम्पन्न घरों के लोगों ने आगे बढ़कर अपने जैसे कई परिवारों के बच्चों को भी इस स्कूल में भर्ती करवाने में मदद की। बच्चों के साथ-साथ अब स्कूल स्टाफ का इन्तज़ाम भी जरूरी था। गरिमा के लाख मना करने पर भी सेलेक्शन बोर्ड में उसे विशेष तौर पर रखा गया। बिना कोई प्रतिवाद के गरिमा ने जयन्त द्वारा की गई सारी नियुक्तियों पर हामी भर दी। उसकी आँखें नाना जी के नाम पर सब उजला ही देख पा रही थीं। इस चकाचौंध के पीछे का अँधेरा उसकी आँखों से ओझल था। जयन्त ने बहुत ही सावधानी के साथ अनुभवहीन शिक्षकों को तरजीह दी। इससे उसके दो काम हल होने थे। एक तो बेरोजगारी की मार के इस हताश

आलम में वे शिक्षक स्कूल के एहसान तले दबते और दूसरे अनुभवहीनता को वे आज्ञापरायणता से भरने को सदैव उत्साहित रहते। प्रिंसिपल पद का चयन भी बहुत सोच-समझकर किया गया। प्रिंसिपल को बस रबर स्टैम्प की तरह जयन्त के हुक्म की तामील करनी थी। वह हुक्म जो शहर से दूर अपने शहर में रहते हुए जयन्त उसे फोन के द्वारा दिया करेगा। इस तरह इलाके का पहला पब्लिक स्कूल शुरू हो गया। इलाके के लोगों को स्कूल दिखाई देता और जयन्त को मोटे-तगड़े आसामियों की खोज रहती जो अपनी काली कमाई के लिए कोई उजली संस्था की फिराक में रहकर काले को सफेद करने का तरीका ढूँढ़ते। कभी फर्नीचर के नाम पर, कभी स्कूल बस के नाम पर, कभी यूनीफॉर्म और किताबों के नाम पर तो कभी कम्प्यूटर लैब के नाम पर फंड आने लगे। कितने सारे एन.जी.ओ. भी निर्धन परिवारों के बच्चों की सालाना फीस एकमुश्त देने को तैयार थे। जयन्त की जुगत और सम्पर्कों से शिक्षा और व्यवसाय दोनों काम सधने लगे। जयन्त ने सोच लिया था कुछ साल बाद सब अच्छी तरह जम जाएगा तो वह नौकरी भी छोड़ देगा।

"जयन्त! नाना जी श्रमदान को बहुत महत्त्व देते थे। नौकरी के अलावा गरीब बच्चों की पढ़ाई में बिना कुछ लिये मदद किया करते थे। अपने लिए कभी कुछ नहीं जोड़ा। कितनी बार बस्ती में जाकर लोगों के हाल-चाल, दुख-तकलीफ पता करते थे। उनके जन्म-मृत्यु में साथ खड़े होते थे। संयम से रहते थे तो हारी-बीमारी में कुछ परिवारों की आर्थिक मदद भी किया करते थे। क्या विचार है हम भी कुछ ऐसा ही करें?"

एक दिन पुलक से भरकर गरिमा ने कहा।

"तुम क्या सोचती हो गरिमा?" जयन्त की आँखें गरिमा के चेहरे पर टिक गईं।

"तुम तो अक्सर दो-तीन दिन हरिद्वार जाते ही हो। शनिवार-इतवार की छुट्टी में हमें भी ले चला करो। मैं भी बच्चों को पढ़ाया करूँगी। हो सका तो कभी-कभी बस्ती के लोगों के बीच जाया करूँगी। अनन्त-छवि भी बच्चों के साथ घुल-मिल जाएँगे। शनिवार-इतवार को दो-एक घंटा पढ़ाई से अलग उनके मन की कहानियाँ, बातचीत और खेल मेरे जिम्मे रहेंगे तो मुझे भी अच्छा लगेगा। कहो तो सुरेखा से भी बात करूँ। उसके पास तो बहुत सारे सुझाव हैं।"

अपनी रौ में बात करते हुए गरिमा, सुरेखा से जयन्त की नाराजगी की वजह ही भूल बैठी। जयन्त ने एक क्षण उसे आँखें तरेरकर देखा पर अगले ही क्षण सामान्य हो गया।

"सुरेखा?...हाँ यह शनिवारवाला मामला मुझे जम रहा है।"

जयन्त ने कहा और उसकी बुद्धि कई कदम आगे बढ़कर सोचने लगी। अब गरिमा और बच्चों का हर दूसरे और चौथे शुक्रवार की शाम स्कूल जाना तय हो गया। दूसरे और चौथे शनिवार को गरिमा स्कूल के बच्चों के साथ समय बिताती। औपचारिक पढ़ाई के साथ बच्चों को शनिवार का इन्तज़ार रहने लगा। गरिमा उन्हें कभी भजन याद करवाती तो कभी कोई खेल खेलवाती। साथ ही साथ सुरेखा की भेंट की गई कविताओं की किताबों से उन्हें कविताएँ सुनाकर उन पर अभिनय करवाती। प्रकृति से समभाव की बातें बतलाती। उसे लगता नानाजी अतीत के झरोखे से केवल झाँक नहीं रहे थे बल्कि उसके साथ खड़े हैं। अनन्त और छवि भी स्कूली बच्चों के साथ मगन रहते। किसी शनिवार कोई बच्चा अपनी लिखी पंक्तियों और याद किये गीतों से गरिमा को हैरान कर देता। कभी-कभी बच्चे अपनी अनेक जिज्ञासाओं का पिटारा गरिमा के सामने खोल देते। गरिमा पूरे धैर्य से उन्हें सुनती और यथासम्भव राय भी देती। इससे एक ओर निर्धन बच्चों को एक सुलझा हुआ हमदर्द मिल गया था तो दूसरी ओर भौतिक समृद्धि में डूबे बच्चे भी गैजेट्स और मोबाइल से परे के संसार में उड़ान भरने लगे। इस तरह सभी बच्चे हर तरह की दूरी मिटाकर पास भी आ रहे थे। दोस्ती, अपनापन और विश्वास के रंग बच्चों के बीच गहरे होते जा रहे थे। गरिमा जैसे हर बच्चे के सिर पर गुलमोहर का चँदोवा रच देना चाहती थी। गरिमा का मन चाहता कि छवि और अनन्त भी स्थाई तौर पर इसी स्कूल में पढ़ें पर जयन्त की नौकरी आड़े आ रही थी जिसे अभी वह हरगिज छोड़ना नहीं चाहता था।

गरिमा की इस योजना का असर इलाके पर गहरा पड़ा। गरिमा की सौम्यता सबको यूँ भी प्रभावित करती थी फिर मैनेजिंग डॉइरेक्टर के बच्चों के साथ स्कूली बच्चों का खेलना एक नया ही मानक गढ़ रहा था। इधर जयन्त ने श्रमदान की आड़ लेकर स्कूल स्टाफ के काम के घंटे बढ़ा दिये। दूसरे और चौथे शनिवार जो छुट्टी उन्हें मिलती थी वह तो श्रमदान की भेंट चढ़ी ही साथ ही हर दिन स्कूल के बाद घर जाकर शाम के समय एक घंटा श्रमदान के लिए निर्धारित किया गया। इस एक घंटे में सम्पन्न घरों के अभिभावक वीडियो चैट से अपने बच्चों की प्रगति सम्बन्धी रिपोर्ट लेने लगे। बहुत ही आसानी से श्रमदान के नाम पर शिक्षकों के कई घंटे बिना किसी अतिरिक्त वेतन के बढ़ा दिये गए। जहाँ तक वेतन की बात थी वहाँ भी आज्ञापरायणता का उत्साह शिक्षकों को भारी पड़ा। पहले ही माह में जो तनख्वाह बैंक में आई अगले दिन उसका एक बड़ा हिस्सा नगद रूप में स्कूल में जमा कराने को शिक्षक बाध्य थे।

“सर! चाहें तो शनिवार को एक घंटा हमारा और बढ़ा दीजिए पर रोज स्कूल के बाद यह श्रमदान हमारे निजी समय के जरूरी कामों में दिक्कत पहुँचाता है।” साइन्स टीचर मिस्टर सम्पत ने एक दिन स्टाफ मीटिंग में जयन्त से यह बात कही।

“यह वैसे भी सही नहीं है सर! हमारे स्कूल के निर्धन परिवारों के अभिभावक तो हमसे जुड़ नहीं पाते। यह सुविधा कुछ ही लोगों तक सिमट गई है। इससे भेदभाव भी बढ़ेगा इसलिए इसे रहने ही दिया जाए।” सोशल साइन्स टीचर मिस आराधना ने भी अपनी बात रखी।

“इन बच्चों से ही स्कूल चल रहा है इन्हें अतिरिक्त सुविधा तो हमें देनी ही होगी न। जो ज्यादा दे रहा है वह ज्यादा की उम्मीद भी रखता है। फिलहाल सब ऐसे ही चलेगा और लोगों को भी कुछ कहना है?” जयन्त की छिपी धमकी से सबके कान खड़े हो गए। बाकी लोगों के पास साफ बात कहने का जिगरा नहीं था फिर उन्हें नौकरी खोने का भी डर था।

कुछ ही महीनों में छोटी-मोटी परेशानियों को छोड़कर स्कूल ने रफ्तार पकड़ ली। इलाके में स्कूल का सिक्का जमाने के हर प्रयास जयन्त करने लगा। इस बीच बार-बार दिल्ली-हरिद्वार की यात्रा में जमकर बाहर का खाना-पीना करने और काम के बढ़ते तनावों में आधी नींद सोने से जयन्त का स्वास्थ्य प्रभावित रहने लगा। अक्सर ही जयन्त घर लौटने पर दो-एक दिन पेट की गड़बड़ी से त्रस्त रहता लेकिन उसके लिए इस गड़बड़ी से ज्यादा बड़ा मसला स्कूल था। इसलिए स्वास्थ्य की अनदेखी करके स्कूल और उसकी शोहरत ही जयन्त की प्राथमिकता थी।

“देखिए! स्कूल की तरक्की के लिए हम सबको हर स्तर पर प्रयास करना होगा। न केवल कक्षाओं में बल्कि पूरे इलाके का सबसे बेहतरीन स्कूल कोई होगा तो वह होगा जे.पी. मेमोरियल स्कूल। स्कूल के नाम, बच्चों के विकास के बारे में आप लागों के सुझाव आमंत्रित हैं।” शिक्षकों की साप्ताहिक बैठक को जयन्त ने सम्बोधित किया।

“सर! हमारी कोशिश हो, हम बेहतर रिज़ल्ट दें। एनुअल रिपोर्ट का काफी असर पड़ता है।”

प्रिंसिपल ने कहा तो जयन्त का चेहरा सपाट बना रहा।

“देखिए! यह दूरगामी मामला है। कुछ ऐसा सुझाइए जिससे जल्दी और ज्यादा असर पड़े।”

“सर! हम बच्चों की मदद से अपने आसपास के माहौल की जरूरी जानकारियाँ दे सकते हैं।”

हिन्दी टीचर मिस सुमन ने जैसे ही यह सुझाव दिया जयन्त की आँखें चमक उठीं। उसके बाद स्कूल का एक शेड्यूल बनाया गया। प्रभात फेरी, झंडा रैली, एकता यात्रा का मासिक शेड्यूल। नई सरकार के स्वच्छता अभियान को स्कूली बच्चों की मदद से अंजाम दिया गया। आसपास लोगों को सामाजिक सन्देश गया और सरकार के नुमाइन्दों को उनके साथ होने का पुख्ता संकेत पहुँच गया। उसके बाद 'बेटी बचाओ-बेटी पढ़ाओ' के प्लेकार्ड बनवाकर रैली निकलने लगी। स्कूल की धाक जमाने के लिए कुछ दिनों के अन्तराल पर स्कूल में विधायक, ज़िला अधिकारी, पार्षद, मंत्रियों आदि को किसी समारोह में शामिल करने और स्थानीय व्यापारियों को सम्मानित करने का अभियान-सा चल पड़ा। ये लोग आते तो इमदाद का सिलसिला संग आता। बार-बार इन लोगों के स्कूल के समारोहों में आने से स्कूल को मीडिया कवरेज भी मिलने लगी। अखबारों और स्थानीय टी.वी. पर स्कूल सुर्खियाँ बटोरने लगा। हालाँकि गरिमा को बच्चों के समय और ऊर्जा की बर्बादी खटकती पर उसकी बात नक्कारखाने में तूती की आवाज थी। पहला साल स्कूल ने शानदार सफलता के साथ पूरा किया। स्कूल के सालाना जलसे में शिक्षामंत्री को स्कूल में बुलाया गया। सब कुछ विधिवत चल रहा था कि मंत्री के भाषण में एक भारी व्यवधान आ गया।

"प्यारे बच्चो! जन्मभूमि स्वर्ग से भी प्यारी होती है। हमारा राष्ट्र महान है। हमारा धर्म महान है। तुममें से हरेक इसका सच्चा सैनिक है। इस महान हिन्दू भूमि को सभी विरोधियों-घुसपैठियों से बचाना हम सब भारतीयों का परम कर्तव्य है। आज राष्ट्र के हर देशभक्त के पास हर विरोधी का घमंड तोड़ने का इरादा और साहस होना ही चाहिए।"

मंत्री ने भाषण के बाद बच्चों को खुली छूट देते हुए कहा उनके मन में यदि कोई विचार या बात हो तो वह भी बता सकते हैं। पिछले स्कूली जलसे में यह हथकंडा अपनाकर उसने अभिभावकों और स्कूल की काफी तारीफ बटोरी थी। कुछ बच्चे झिझके पर कुछ ने शिक्षकों के उकसाने पर मंत्री का धन्यवाद दिया। तभी आठवीं क्लास का एक प्रखर छात्र अपने सवाल के साथ खड़ा हुआ—"सर! हमें तो यही पढ़ाया गया है कि यह भूमि सबकी है। सभी जातियों और धर्मों के लोग यहाँ समभाव से रहते आए हैं।"

सबकी निगाहें उस लड़के की ओर उठ गईं। अभी-अभी वाह-वाही बटोरते मंत्री की आँखें बाहर निकल आईं पर वह मंत्री था पर ऐसे चने चबाकर उसने खूब चूरा किये थे।

"देखो बेटा! कह तो सही रहे हो तुम। हम भी मानते हैं सबका साथ हो सबका विकास हो पर सच्चाई को झुठला तो नहीं सकते न? वेद, पुराण, उपनिषदों तक में लिखा है शताब्दियों से हिन्दू सबसे श्रेष्ठ और महान हैं।" अपनी बात में मंत्री ने वजन रख दिया।

"सर! वही धर्म कहता है-'वसुधैव कुटुम्बकम्'। इस तरह जब सारी धरती ही एक परिवार है तो सिर्फ यहाँ किसी एक धर्म और जाति कैसे महान होगी? फिर सारी धरती में भारत के साथ अनेक देश भी हैं।" लड़का किसी भी तरह हार नहीं मान रहा था। लोगों को इस शास्त्रार्थ में आनन्द भी आने लगा। कुछ लोग मंत्री को नाराज नहीं करना चाहते थे पर अधिकांश लोग लड़के के बुद्धिकौशल का लोहा मान रहे थे।

"तुम बेकार की बहस कर रहे हो। हम इस देश की बहुसंख्या हैं। हम मूल हैं। कुछ पढ़कर आओ, दुनिया को समझो जाने कौन सिखाता है तुम्हें ये सब?" मंत्री की आवाज में तल्खी उतर आई। कम उम्र का बच्चा उसे पटखनी दिये चला जा रहा था दूसरे, उसकी सीधी अवज्ञा कर रहा था। इधर लड़के ने अपनी विनम्रता न छोड़ी पर अपनी बात पर अड़ा रहा—"सर! हमारा देश तो आजादी के समय से विविधता में एकता की बात करता आ रहा है। आजाद भारत का संविधान भी यही कहता है फिर आप बार-बार हिन्दू राष्ट्र, हिन्दू भूमि की बात क्यों कर रहे हैं?"

जयन्त की हालत काटो तो खून नहीं जैसी हो गई। मंत्री, बच्चे की बात का जवाब देने की बजाय जयन्त को घूरने लगा। लड़का साहस के साथ उत्तर की आस में खड़ा था। अजीब से हालात में जयन्त ने जाकर माइक सँभाला—"बच्चे चाहे किसी उम्र के हों आदर की भाषा न भूलें और अपनी हद में रहें। मंत्री जी ने अपना कीमती समय हमें दिया हम उनके आभारी रहेंगे।" कहकर उसने मंत्री, स्कूल और अपनी जान बचाई। शिक्षकों ने पटाक्षेप करते हुए तालियाँ बजवा दीं और कुछ टीचर्स आदर के साथ मंत्री को प्रिंसिपल ऑफिस में रिफ्रेशमेंट आदि के लिए ले गए। मंत्री ने अकेले में जयन्त की सही खबर लेते हुए उन टीचर्स से खबरदार किया जो बच्चों को कुराह पर ले जाकर बहस करना सिखा रहे थे। साथ ही उसने डैमेज कंट्रोल के लिए जल्द कोई कदम उठाने की चेतावनी भी जयन्त को दे दी। चाँदी की प्रतिमा भेंट करके और क्षमायाचना के साथ मंत्री जी को विदा किया गया पर जयन्त के गले में हड्डी अटक गई थी। उसने लड़के की कुंडली निकलवाई। शक था कि हो न हो यह लड़का बस्ती का ही होगा पर

लड़का न दलित था न मुसलमान और न ही मजदूर बस्ती से उसका दूर-दूर का कोई लेना-देना था। जाहिर है इस आधार पर उस लड़के को डाँटना-फटकारना भी खतरे से खाली न था। पढ़े-लिखे सम्पन्न परिवारों को नाराज करना यानी अंडे देनेवाली मुर्गी को झटके से काट डालना था। क्लास के सभी टीचर्स की अर्जेंट मीटिंग बुलाई गई। अंग्रेजी, हिन्दी, गणित के टीचर्स पर यों भी जयन्त को कोई शक नहीं था। यह जरूर हुआ कि उनसे बातचीत में मालूम पड़ा कि गरिमा बच्चों को कहानियों, कविताओं और विश्व इतिहास की जानकारी देते हुए समानता, सेवा और इन्सानियत के पाठ पढ़ाती है। श्रमदान को मामूली चीज समझने का भारी नुकसान आज जयन्त उठा चुका था। अब साइन्स और सोशल साइन्स के टीचर्स उसके घेरे में थे। जयन्त, स्कूल प्रिंसिपल मिस्टर पन्त और उन दो टीचर्स के अलावा कमरे में कोई नहीं था। जबकि गरिमा आज वहाँ मौजूद थी पर उसे जान-बूझकर अभी इस मामले से दूर रखा गया था।

"मिस्टर सम्पत! आजकल साइन्स में यह पढ़ा रहे हैं आप?" जयन्त के शब्दों की पैनी तलवार साइन्स टीचर की गर्दन पर जा टिकी।

"यह उन्होंने नहीं मैंने पढ़ाया है। सिक्स्थ क्लास में डेमोक्रेसी और सेवेन्थ में सेक्यूलरिज़्म के बारे में अच्छी तरह पढ़ चुके हैं। एड्थ में पढ़ाते हुए इन सब पर बात भी होती ही है। फिर हर बच्चे का अपना आईक्यू लेवल भी है।" मिस आराधना ने आगे बढ़कर कहा।

"क्या जरूरत है एड्थ को सिक्स्थ-सेवेन्थ के पाठ दोहराकर समय बर्बाद करने की ?"

"सर! आपको तो खुश होना चाहिए कि बच्चे भयमुक्त होकर अपनी बात कह रहा है। शिक्षा यदि भयमुक्ति न सिखा सकी तो..."

"यहाँ पढ़ाने आती हो या लीडरी झाड़ने? हमारे बच्चों को अर्बन नक्सल बना रही हो।" आराधना की बात काटकर जयन्त चीखा। अपमान में नहाया चाबुक आराधना की पीठ पर पड़ा। अब तक वह संवाद से सब सुलझाने के पक्ष में थी पर गलत आरोप सुनकर उसकी खामोश जबान चुप न रही।

"इसमें लीडरी की क्या बात है? जैसे इतिहास पढ़ाते हुए राजनीति और भूगोल का ज्ञान देना होता है वैसे ही नये कोर्स की कड़ी को लगातार पुराने से जोड़कर ही पढ़ाया जाता है। "

"तुम पढ़ाती हो या बच्चों को जबानदराजी करना सिखाती हो? जाओ पहले खुद तमीज सीखकर आओ।" प्रिंसिपल ने मिस आराधना को उसकी औकात बताते हुए कहा।

"बहुत दिनों से सोच रही थी मैनेजमेंट से कहूँ कि हमारी योग्यता के अनुरूप हमें पूरा वेतन दे पर बार-बार यही सोचकर चुप रही कि नया स्कूल है और यहाँ के इलाके के बच्चों को एक अच्छे स्कूल की सख्त जरूरत है। अब लगता है न तो यहाँ योग्यता के अनुरूप कभी वेतन मिल सकेगा न योग्यता की कभी कद्र होगी। आपको यों भी अब मेरी जरूरत नहीं होगी हाँ, मुझे बच्चों के साथ गुजारा समय जरूर याद आएगा।"

अनुराधा ने गहरी साँस छोड़ते हुए कहा और स्कूल से चली गई।

प्रिंसिपल को कड़ाई बरतने और स्टाफ को आइन्दा के लिए खबरदार करके जयन्त, गरिमा के साथ घर लौट रहा था। मंत्री की आँखों में बसी छीछालेदर जयन्त का पीछा नहीं छोड़ रही थी। कानों में बार-बार उसके कहे 'डैमेज कंट्रोल' के शब्द गूँज रहे थे। तिस पर आराधना की बेखौफ आँखें भी उसे परेशान कर रही थीं। कुछ समय की चुप्पी के बाद गरिमा ने उससे पूछा—

"जयन्त! ये आए दिन की रैलियाँ निकालना, विधायक-मंत्रियों को स्कूल के जलसों में बुलाना क्या सही है? बच्चों का कितना समय इन उबाऊ और बेकार भाषणों में जाया होता है।"

"मैनेजिंग डॉइरेक्टर की पोस्ट है न तुम्हारी? है न? पर क्या मैनेज करती हो? सारा काम हमें देखना होता है। महीने में दो-तीन बार श्रमदान क्या कर आती हो सोचने लगीं इससे चलता है स्कूल? श्रमदान के बहाने क्या कचरा भर रही हो बच्चों के दिमाग में? बन्द करो ये श्रमदान-फ्रमदान। यहाँ सैकड़ों चीजें मैनेज करनी होती हैं। सौ काम निकलते हैं इन मंत्री-विधायकों से। सत्ता और पूँजी मिलकर ही पूँजी को खींचते हैं। धेले भर की अकल नहीं और निकली हैं स्कूल चलाने?"

गरिमा, जयन्त से सवाल के बहाने आराधना जैसी नेक और समर्पित टीचर की बात छेड़ना चाह रही थी। उसने सोचा था किसी भी तरह जयन्त को मनाकर आराधना को फिर से स्कूल में ले आएगी पर अब उसकी कोई सूरत गरिमा को दिखाई नहीं दे रही थी। पहली बार स्कूल से लौटते समय गरिमा का मन अस्थिर था। यह वह सपना तो नहीं था जो उसने स्कूल के बारे में देखा था। उसे महसूस हुआ कि जयन्त ने स्कूल बनवाने के लिए उसका और नाना जी की विरासत का इस्तेमाल भर किया है। यह तो तय है कि तकलीफ के साए तक दामन जल्द नहीं छोड़ते। घर लौटकर रोज के कामों में उसने अपने आपको लगाने की कोशिश की पर व्यर्थ। बार-बार जलसे का दृश्य आँखों के सामने आ जाता। बार-बार छात्र के सवाल उसके कानों से टकराते। बार-बार मंत्री की हिंसक और अहंकारी भाषा उसे घायल करती और बार-बार आराधना जैसे शिक्षक का

अपमान उसे द्रवित करता। उसे लगने लगा नाना जी की आत्मा कितनी बेचैन होगी। बच्चों को तर्कपूर्ण शिक्षा देने के हिमायती उसके नाना जी के ही स्कूल में बच्चों को देशभक्ति का कैसा पाठ पढ़ाया जा रहा है? वह भी भ्रष्ट नेताओं की हिंसा और घृणा परोसती भाषा में और असत्य का छौंक लगाकर। गरिमा के मन में बसी स्कूल की उजली तस्वीर के पीछे का सारा धुँधलका अप्रत्याशित रूप से सामने आ गया। यह तस्वीर नाना जी के सिद्धान्तों से एकदम मेल नहीं खाती थी।

घर में जयन्त का गरिमा से अबोला चल रहा था। उसके बावजूद जयन्त की खराब तबीयत में भी गरिमा ने तीमारदारी में कोई कसर नहीं छोड़ी। डॉक्टर ने जयन्त को पाइल्स की तकलीफ बताई थी। लम्बी दूरी की यात्रा और बाहर जाने से अभी एकदम मना किया था लेकिन जयन्त अपनी मर्जी का मालिक था। अगले हफ्ते नये सत्र की शुरुआती व्यस्तता में जब जयन्त का स्कूल जाना हुआ तो लम्बे अरसे के बाद गरिमा ने सुरेखा से बात की। हालचाल पूछने के बाद स्कूल की पिछली घटना का जिक्र भी छेड़ दिया। सुरेखा ने बहुत ही साफगोई के साथ स्कूल के नाम पर दुकानदारी चलाने की बात की। जब गरिमा ने स्कूली बच्चों के भविष्य की चिन्ता की तो सुरेखा ने साफ कहा—

"जब भविष्य जयन्त जैसे लोगों के हाथ में हो तो यही होगा।" गरिमा को लगा जयन्त अपने मकसद में सफल रहा। सुरेखा ने गरिमा को सलाह दी कि अब समय आ गया है कि स्कूल के निर्णयों में वह भी अपनी राय दिया करे। स्कूल के कामों में पहले से ज्यादा रुचि ले। गरिमा ने हामी तो भरी पर वह अपने मन को जानती थी जिसे जयन्त के सामने खुले तौर पर आने में उसे अभी झिझक होगी।

"सुरेखा! जयन्त को इस वक्त मेरा बोलना अच्छा नहीं लगेगा फिर मैं अकेले...कैसे..."

गरिमा ने अपने मन की बात कह डाली।

"गरिमा! एक बात तू जितनी जल्दी समझ ले अच्छा है, सही बात के लिए संघर्ष करना है तो किनारे बैठकर नहीं चलेगा। उसके लिए समुद्र में उतरना भी पड़ेगा, तेज लहरों का सामना भी करना पड़ेगा और तो और प्रतिकूल लहरों से भी संघर्ष करना होगा। ध्यान रख गरिमा! हम सब अपने संघर्षों में अनेक बार अकेले होते हैं फिर धीरे-धीरे और लोग जुड़ते चलते हैं और राहें निकल आती हैं फिर मैं तो हूँ न तेरे साथ। "

गरिमा के दिमाग में सुरेखा के दो टूक शब्द भरपूर असर दिखाने लगे। आज गरिमा को महसूस हुआ उन दोनों के बीच खड़ी वजनी चट्टान को इस संवाद ने पूरी तरह दरका दिया है।

अगले ही रोज गरिमा ने व्हाट्सएप पर सुरेखा की भेजी एक तस्वीर देखी। तस्वीर में काली-धूसर आकृतियों में कई उम्र के बच्चे विभिन्न मुद्राओं में दिखाई दिये। अगली पाँत में सबसे नन्हें बच्चे फ्राक पहने, निकर-पैंट पहने, कुछ लबादे से लिबास में सीने पर हाथ रखे थे। दो लड़कियाँ आपस में फुसफुसा रही थीं तो एक नन्हा बच्चा मुँह पर उँगली धरे सामने ताक रहा था। गरिमा तस्वीर के सम्मोहन में गिरफ्त थी। पाँच-छह पाँतों में खड़े ये अति साधारण पृष्ठभूमि के बच्चे आखिर क्या कहने की कोशिश में हैं-गरिमा सच को जानने के लिए बेचैन हो उठी। सुरेखा से पूछा तो उसने बताया ये तस्वीर नहीं बल्कि काँसे की मूरत है जिसमें शामिल अलग-अलग उम्र के बयासी बच्चों को दूसरे विश्वयुद्ध के दौरान गैस चैम्बर में झोंक दिया गया था। चेकोस्लोवाकिया के इन बच्चों के बारे में जानकारियाँ इकट्ठी करके शिल्पकार मारी यूशितिलोव ने एक लम्बे समय के बाद उन्हें श्रद्धांजलि देते हुए यह शिल्प स्मारक के तौर पर बनाया था। गरिमा की तमाम इन्द्रियाँ कुछ देर के लिए सुन्न हो गईं। मासूम-सा यह निर्धन बचपन कितनी शताब्दियों से यूँ ही युद्ध की आग में झोंक दिया जा रहा है। अचानक उसने फिर से सुरेखा के सन्देश में बच्चों की सूरतें देखीं वे सूरतें उसे अपने स्कूल के बच्चों की सूरतों से मेल खाती लगने लगीं फिर अनन्त और छवि भी उन बच्चों में दिखने लगे। उसका रोयाँ-रोयाँ काँपने लगा। जबान तालू से कसकर चिपक गई। उसे लगा जयन्त ने भी स्कूल को गैस चैम्बर में तब्दील कर दिया है।

आज सुबह से ही स्कूल में खासी रौनक थी। गर्मी की छुट्टियों से पहले स्कूल का यह अन्तिम बड़ा आयोजन था। स्कूल के गेट को हरी-नीली-पीली-लाल झंडियों से सजाया गया था। सुबह से ही लाउडस्पीकर पर इलाका देशभक्ति के गीत सुन रहा था। मई के मध्य में स्कूल ने पन्द्रह अगस्त का-सा माहौल रच दिया तो सारे इलाके में हलचल मच गई थी। प्राइमरी कक्षाओं के बच्चों को उनके माता-पिता ने सजा-धजाकर स्कूल भेज दिया था। निश्चित समय पर सारे टीचर्स और विद्यार्थी स्कूल के गेट से निकले तो लोग आँखें फाड़े देखने लगे। स्कूल की आठवीं क्लास की एक लड़की सफेद साड़ी में केसरिया झंडा लिये हुए वन्दे मातरम के नारे लगाती हुई सबसे आगे निकली। उसके पीछे स्कूल के सबसे छोटे बच्चे रंग-बिरंगी झंडियाँ लिये चल रहे थे और उनके पीछे बच्चे, डॉक्टर, पुलिस, वकील, जज, नेता आदि के कपड़ों और प्रतीकात्मक संकेतों से सजे निकले और भारत माता की जय-जयकार करते आगे बढ़ने लगे। सभी टीचर बच्चों के साथ-साथ लाइन बनवाते और उन्हें अनुशासित रखते हुए भागदौड़ कर रहे थे।

इस रैली को रिहायशी इलाके की गलियों-बाजार से सटे गोल चक्कर से होकर जाते मुख्य सड़क के चौराहे से घूमकर वापस लौटना था। प्रिंसिपल और कर्मचारी पीछे स्कूल में ही रह गए थे। प्रिंसिपल ने सुबह का नज़ारा जयन्त को फोन से लाइव दिखा दिया था।

दिन ने सुबह से ही सूरज की तपिश का अन्दाजा दे दिया था। बच्चे पूरे उत्साह के साथ भारतमाता की जय के नारे लगाते बढ़ रहे थे। सड़क के किनारे जाते लोग एकटक इन बच्चों को निहारने लगे। यह एकता यात्रा इलाके की गलियों से आगे निकली तो तीखी धूप बच्चों की पीठ पर सीधी पड़ने लगी। बच्चे लाइनों में बँटे लगातार नारे लगा रहे थे। सड़क पर कुछ लोग गर्मी में बच्चों को इस तरह चलते-गाते देखकर चिन्तित होने लगे। बच्चों और शिक्षकों का यह रेला कुछ और आगे बढ़ा तो छोटे बच्चों का बेसब्र बाँध टूट गया। कुछ बच्चों ने पानी माँगा तो शिक्षकों ने यात्रा पूरी करने और स्कूल पहुँचकर पानी देने का आश्वासन दिया। बच्चे फिर जी-जान से नारा लगाने में जुट गए। सूरज जैसे आज बच्चों की परीक्षा लेने पर उतारू था। प्यास से बेहाल बच्चे गोल चक्कर पार करके मुख्य सड़क के चौराहे पहुँचे तो उनके मुँह लाल हो गए थे। सर के बाल पसीने में भीग चुके थे। नारे लगाने का जोश भी हलका पड़ रहा था। उनके कपड़े पसीने से तर-बतर उनके शरीर से चिपक गए थे। इस बीच आर्ट टीचर मिस श्रुति ने प्रिन्सिपल सर को फोन करके बच्चों की यात्रा को कुछ देर रोकने की बात कही। प्रिंसिपल उस समय जयन्त के साथ लाइव चैट पर था। इससे पहले कि प्रिंसिपल, श्रुति को हाँ करता, जयन्त ने यात्रा पूरी करने का सख्त आदेश दिया। प्रिंसिपल ने उसकी बात श्रुति से करवा दी। यात्रा जारी रखने की बात सुनकर और नारों का जोश हलका पड़ने के कारण शिक्षक स्वयं नारे लगाकर बच्चों को जोश दिलाने लगे। प्यास और धूप से बेहाल बच्चों को चौराहे से अब स्कूल की दूरी तय करनी थी। यात्रा अपने मध्य में पहुँची थी। शिक्षक भी गर्मी से बेहाल बच्चों की हालत देखकर परेशान थे लेकिन उन्हें कहीं पर भी न रुकने के आदेश थे। लौटते समय जैसे-तैसे बच्चों ने चौराहे से गोलचक्कर की दूरी पार की। शिक्षक उन्हें आगे बढ़ने और स्कूल पहुँचने के लिए जोश दिला ही रहे थे कि भारतमाता के साथ चल रहे कई छोटे बच्चे और पीछे की भीड़ के कुछ बड़े बच्चे बेहोश होकर सड़क पर गिर पड़े। कुछ के मुँह से झाग निकलने लगे। बाकी बचे बच्चों में घबराहट फैल गई। कई बच्चों ने रोना शुरु कर दिया। रिहायशी इलाका दूर था पर बाजार नजदीक। अचेत बच्चों का शोर सुनकर सड़क पर अफरा-तफरी मच गई। कई दुकानदार मदद को भागे आए।

छोटे शहर में यह खबर जंगल की आग की तरह फैल गई। बच्चों को जब तलक अस्पताल ले जाया गया उनमें से कई के माता-पिता भी दौड़े चले आए। खबर पाकर दौड़े आए प्रिंसिपल का घेराव और जवाबतलब किया गया। घबराकर प्रिंसिपल ने सारी बात जयन्त पर डालकर इलाके के एस.पी. से उसकी बात कराई।

हड़बड़ाए जयन्त ने कुछ लल्लो-चप्पो की पर मामला ठंडा नहीं पड़ा। गरिमा और बच्चों के साथ जयन्त जब तक हरिद्वार पहुँचा तब तक पुलिस ने तहकीकात शुरू कर दी थी। जयन्त ने खा जानेवाली निगाह से प्रिंसिपल को देखा। अपने बच्चों को स्कूल छोड़कर गरिमा सीधे अस्पताल दौड़ी। मीडिया, डॉक्टर्स और बच्चों के अभिभावकों की सख्त नजर से गुजरकर गरिमा ने अस्पताल में बीमार बच्चों को देखा तो उसे एक और गैस चैम्बर दिखाई दिया। सारे बच्चों की शक्लें सुरेखा के भेजे उस चित्र से कितनी मेल खा रही थीं। हिम्मत करके गरिमा आगे बढ़ी। एक-एक बच्चे को जब तक सहलाया नहीं, उससे बात नहीं की उसे तसल्ली नहीं मिली। यही नहीं जिन बच्चों को अस्पताल से छुट्टी मिल गई थी गरिमा स्कूल के एक टीचर के साथ उनके घर भी गई और परिवारों की सख्त नाराज़गी का सामना भी किया। बच्चों से बेपरवाह जयन्त ने विधायक की शरण ली। मंत्री को कई फोन कर डाले। जयन्त इस घटना को लेकर परेशान था। नजदीकी बस्ती और मोहल्ले से लौटने पर स्कूल के प्रिन्सिपल और टीचर्स से बात करने के बाद गरिमा दुखी मन से अनन्त और छवि के पास लौटी। दोनों स्कूल के बच्चों के बारे में उससे तरह-तरह के सवाल करने लगे। जयन्त के आने पर गरिमा से रहा नहीं गया। पहली बार गरिमा ने दो टूक बात की—

"जयन्त! मैंने शुरू से स्कूल के काम में तुम्हारा साथ दिया। मेरे स्वर्गीय नाना के नाम यह स्कूल खोला गया। मैंने एक-एक हिस्से को बनते देखा। मेरा मन हमेशा इस काम में था क्योंकि मेरे नाना जी की आखिरी इच्छा इससे जुड़ी थी लेकिन जान-बूझकर मुझे इससे एक निश्चित दूरी पर रखा गया। कितनी बातों की पर्दादारी रखी। जरूरी निर्णयों में मेरी कोई भागीदारी नहीं थी फिर भी मैं पूरे मन से साथ रही। देख रही थी इस काम को नाना जी के आदर्शों की जगह हमेशा तुमने सिर्फ अतिरिक्त कमाई और लाभ का जरिया माना। स्कूल के एक-एक हिस्से को बनते देखा पर कभी नहीं सोचा था यह दिन भी देखना पड़ेगा। आज एक भी बच्चे की जान चली जाती तो मैं जिन्दगी भर इसके बोझ के तले दबी रहती। तुम्हारा तो पता नहीं तुम क्या सोचते?"

"अरे! यार होता रहता है यह सब। कल से स्कूल की छुट्टियाँ पड़ ही जाएँगी। कुछ दिन बाद लोग भूल-भाल जाएँगे। टेक इट ईज़ी।" जयन्त को विधायक का आश्वासन हिम्मत दे रहा था।

"होता रहता है? जयन्त! तुम अब कुछ मत कहो...अगर बेहोश हो जानेवाले बच्चों में तुम्हें अपने बच्चे नजर नहीं आते तो मुझे शक है तुम इंसान भी रह गए हो।"

जयन्त और अपने रिश्ते को लेकर आज गरिमा को पहली बार लगा कि क्या यह सभी अपेक्षाओं के खत्म होने की चेतावनी नहीं? गरिमा जानती थी कि वह सिर्फ स्कूल की लड़ाई ही नहीं लड़ रही है, अपने होने की लड़ाई भी लड़ रही है।

दो-एक दिन में जयन्त परिवार सहित घर लौटा। स्कूल की फजीहत अखबारों की सुर्खियों में रही। गरमाए मामले को विधायक भी जल्दी न निपटवा पाया। जयन्त का नाम पूरे मामले में शामिल रहा। नाम गरिमा का भी आया पर स्कूल स्टाफ के कुछ लोगों ने खुले तौर पर उसकी पैरवी की। यह खबर जयन्त के शिक्षा विभाग में पहुँची तो उस पर डिपार्टमेंटल इन्क्वायरी बिठाई गई। अन्ततः काम के प्रति उसकी अनियमितताओं और गैरहाजिरी से सम्बन्धित शोकॉज़ नोटिस जारी किया गया। इससे पहले कि जयन्त स्कूल के बारे में कुछ और सोच पाता एक दिन हिम्मत करके गरिमा ने अपना फैसला सुना दिया कि अब जयन्त स्कूल की जिम्मेदारी से मुक्त हो जाए। नाना जी के नाम पर आए अपयश को गरिमा अपने प्रयासों से धोएगी। स्कूल का जो होगा, जैसा होगा उसे गरिमा अपने तरीके से सँभालेगी। गरिमा जानती थी उसके लिए यह राह आसान नहीं होगी पर जीवन का यह बड़ा फैसला पहली बार गरिमा को उत्साह से भर रहा था। उसने तय किया अनन्त और छवि अपनी माँ के साथ हरिद्वार में ही रहेंगे और वहीं स्कूल में पढ़ेंगे।

जयन्त को लगा 'नया शौक है मैडम का, देखें कितने दिन जारी रहेगा?' जयन्त कहाँ जानता था बीते दिनों के अनुभवों ने गरिमा को अपने भयों से मुक्त होना सिखाया है। जयन्त, गरिमा के शब्दों का जोश ही देख पाया था उसने कहाँ देखा कि इस बीच गरिमा ने प्रिंसिपल के सहयोग से स्कूल के सभी शिक्षकों को स्कूल की बेहतरी के लिए आश्वस्त कर दिया। उसने सोशल साइन्स टीचर आराधना को ढूँढ़कर उससे लम्बी बात की और उसे स्कूल ज्वाइन करने के लिए मना लिया है।

आज बहुत दिनों बाद स्कूल के लॉन में छवि और अनन्त की धमाचौकड़ी को निहारते हुए चाय का कप लिये खड़ी गरिमा के चेहरे पर दर्द की परतें उघाड़कर सन्तोष चमक रहा था। इस हिम्मत और सन्तोष के पीछे उसकी सहेली सुरेखा का पूरा सहयोग और प्यार झाँक रहा था। जो कदम-कदम पर उसे जरूरी सलाहों से रास्ता दिखा रही थी। अपने इर्द-गिर्द भरोसे की दुनिया गरिमा का हौसला बनी, बाँहें फैलाए थीं। गरिमा ने एक गहरी साँस ली। बहुत दिनों से उसकी दबी-सहमी साँसों को हवा बेहद साफ महसूस हुई। हलकी और सुगन्ध से भरी। उसकी निगाहें नीले आसमान को ताक रही थीं। इस भरपूर नीले विस्तार में उसे गुलमोहर का गुच्छा साफ दीख रहा था।